本丛书由贵州师范大学政治学博士点建设资金资助出版

本书为国家社会科学基金项目"我国县域治理体系现代化研究"（14XZZ011）成果

中国特色政治文明建设研究丛书

中国县域治理体系现代化研究

古洪能 著

ZHONGGUO XIANYU ZHILI TIXI
XIANDAIHUA YANJIU

中国社会科学出版社

图书在版编目(CIP)数据

中国县域治理体系现代化研究/古洪能著.—北京：中国社会科学出版社，2020.6

(中国特色政治文明建设研究丛书)

ISBN 978-7-5203-6562-8

Ⅰ.①中… Ⅱ.①古… Ⅲ.①县—地方政府—行政管理—研究—中国 Ⅳ.①D625

中国版本图书馆 CIP 数据核字(2020)第 092811 号

出 版 人	赵剑英
责任编辑	田　文
责任校对	张爱华
责任印制	王　超

出　　版	中国社会科学出版社
社　　址	北京鼓楼西大街甲 158 号
邮　　编	100720
网　　址	http://www.csspw.cn
发 行 部	010-84083685
门 市 部	010-84029450
经　　销	新华书店及其他书店
印　　刷	北京君升印刷有限公司
装　　订	廊坊市广阳区广增装订厂
版　　次	2020 年 6 月第 1 版
印　　次	2020 年 6 月第 1 次印刷
开　　本	710×1000　1/16
印　　张	19
插　　页	2
字　　数	322 千字
定　　价	99.00 元

凡购买中国社会科学出版社图书，如有质量问题请与本社营销中心联系调换
电话：010-84083683
版权所有　侵权必究

《中国特色政治文明建设研究丛书》
编委会

主　　任：韩　卉　肖远平
执行主任：徐晓光　陈华森
委　　员：韩　卉　肖远平　徐晓光
　　　　　陈华森　唐昆雄　杨　芳
　　　　　朱健华

总　序

"政者，正也"。政治文明是人类社会政治观念、政治制度、政治行为的进步过程以及所取得的进步成果。高度的政治文明，是有史以来人类共同憧憬的美好梦想。政治文明建设通过上层建筑的能动作用，推动公共权力的规范运行、社会治理体制机制的优化、社会共识的凝聚、社会资源的优化配置、社会力量的整合，为人类社会的持续进步提供丰沛的能量，为人们的社会福祉提供坚强的保障。

在人类文明奔涌不息的历史长河中，中华民族以深邃的政治智慧和深入的政治实践，为世界政治文明作出了独特的巨大贡献。科举考试制度就是古代中国政治文明的创举，并作为西方国家选修的范本，成就了西方的文官制度。新中国成立以来，中国人民立足中国国情、解决中国问题，在政治建设、经济建设、社会建设、文化建设、生态建设进程中，探索、确立、完善人民民主专政的政治进步成果，创造了令世界瞩目的、具有中国特色的政治文明形态和制度体系。如今，"北京共识"获得了国际学界的广泛认可；"言必称孔子"成为西方社会的时尚。

"路漫漫其修远兮，吾将上下而求索"。进一步推进中国特色政治文明建设，以促进物质文明建设、精神文明建设、社会文明建设、生态文明建设，实现中华民族的伟大复兴，仍然是一项长期而艰巨的历史任务，也是每一个中国政治学人义不容辞的历史使命。为此，贵州师范大学聚集了一批年富力强、志趣高远的政治学人，他（她）们以推进中国特色政治文明建设为己任，立足中国现实国情，深入中国现实社会，传承中国政治文明传统，借鉴西方政治文明成果，从丰富的多学科视角展开理论探讨和实践总结。"中国特色政治文明建设研究丛书"的出版,既是其研究成果的展示,更是引玉之砖,欢迎学界同仁批评指正、指点迷津,共同为推进中国特色政治文明建设,为人类命运共同体的发展进步贡献智慧和力量。

本丛书编委会

2017 年 3 月

目 录

导 言 ……………………………………………………………… (1)
  一　国家治理现代化命题 ………………………………………… (1)
  二　本书的研究题目 ……………………………………………… (10)
  三　本书的研究目的 ……………………………………………… (13)
  四　本书的研究大纲 ……………………………………………… (15)
  五　本书的研究方法 ……………………………………………… (16)

第一章　国内外的治理理论研究 ………………………………… (17)
  第一节　治理话语的兴起 ………………………………………… (17)
  第二节　治理概念的内涵和特征 ………………………………… (19)
  第三节　治理理论的形式和流派 ………………………………… (21)
  第四节　治理理论的综合范式 …………………………………… (24)
  第五节　国内的治理理论研究 …………………………………… (29)
  第六节　小结 ……………………………………………………… (36)

第二章　公共治理的理论分析框架 ……………………………… (40)
  第一节　公共治理的概念界定 …………………………………… (41)
  第二节　公共治理的组织和体系 ………………………………… (46)
  第三节　公共治理的目标和任务 ………………………………… (54)
  第四节　公共治理的过程和结果 ………………………………… (59)
  第五节　公共治理的评估和改进 ………………………………… (61)
    一　公共治理的评估 …………………………………………… (61)
    二　公共治理的改进 …………………………………………… (63)
  第六节　公共治理体系的现代化 ………………………………… (65)

一　公共治理体系的历史变革 ………………………………（65）
　　二　公共治理体系的现代化时段 ……………………………（69）

第三章　中国的宏观国家治理体系 ……………………………（73）
　第一节　中国国家治理体系的变迁 ……………………………（73）
　　一　中国传统的国家治理体系 ………………………………（73）
　　二　晚清以来的国家治理体系现代化探索 …………………（80）
　第二节　当前中国国家治理体系的宏观构造 …………………（85）
　　一　构建逻辑与总体框架 ……………………………………（85）
　　二　作为领导核心的党 ………………………………………（93）
　　三　国家机关 …………………………………………………（96）
　　四　社会组织 …………………………………………………（98）
　第三节　当前中国国家治理体系的运行过程 ………………（101）
　　一　党的领导机制 ……………………………………………（101）
　　二　国家治理的过程 …………………………………………（103）

第四章　中国县域治理体系的状况 ……………………………（109）
　第一节　中国县域治理体系的变迁 ……………………………（109）
　　一　中国传统的县域治理体系 ………………………………（109）
　　二　晚清以来县域治理体系的现代化变革 …………………（120）
　第二节　当前中国县域治理体系的基本构造 …………………（123）
　　一　构建逻辑与基本框架 ……………………………………（123）
　　二　县级党组织 ………………………………………………（126）
　　三　县域国家机关 ……………………………………………（133）
　　四　县域社会组织 ……………………………………………（137）
　第三节　当前中国县域治理体系的运行过程 …………………（139）
　　一　动议过程 …………………………………………………（140）
　　二　决策过程 …………………………………………………（147）
　　三　执行过程 …………………………………………………（152）

第五章　中国县域治理的结果评估 ……………………………（156）
　第一节　县域公共福利的供给与获得 …………………………（156）

  一 县域经济发展与民众收入状况 ………………… (156)
  二 县域公共产品供给与民众享受状况 …………… (160)
  三 县域良好制度供给与民众受益情况 …………… (166)
 第二节 县域公共危害的消除与预防 …………………… (167)
  一 县域天灾和事故的消除与预防 ………………… (167)
  二 县域环境污染和破坏的消除 …………………… (171)
  三 县域社会性灾害的消除和防范 ………………… (172)
 第三节 县域社会公正的实现情况 ……………………… (180)
 第四节 总体评估与结论 ………………………………… (183)
  一 中国县域治理的成果 …………………………… (183)
  二 中国县域治理的后果 …………………………… (185)
  三 结论 ……………………………………………… (191)

第六章 中国县域治理的能力检查 ……………………… (193)
 第一节 县域治理能力的界分 …………………………… (193)
 第二节 县域治理能力检查 ……………………………… (197)
  一 动议能力检查 …………………………………… (197)
  二 决策能力检查 …………………………………… (203)
  三 执行能力检查 …………………………………… (205)
 第三节 总体评价与结论 ………………………………… (211)

第七章 中国县域治理体系的现代化 …………………… (215)
 第一节 近年来的基层治理体系改革探索 ……………… (215)
  一 县级层面 ………………………………………… (215)
  二 县以下层面 ……………………………………… (221)
  三 小结 ……………………………………………… (229)
 第二节 匡正县域治理的目标任务 ……………………… (232)
  一 县域治理目标任务存在的偏差 ………………… (233)
  二 匡正县域治理目标任务的途径 ………………… (235)
 第三节 澄清县域党组织的功能定位 …………………… (237)
  一 代表功能 ………………………………………… (238)
  二 组织功能 ………………………………………… (239)

三　发挥领导功能的路径 ……………………………………（240）
第四节　理顺县域治理体系的内部分工 ……………………………（242）
　　一　县域国家机关之间的分工 ………………………………（242）
　　二　县级国家机关与县域社会组织的分工 …………………（251）
第五节　改善县域治理体系的协调控制机制 ………………………（256）
　　一　调整协调机制 ……………………………………………（256）
　　二　改进控制机制 ……………………………………………（257）
第六节　结语 …………………………………………………………（259）

附　录 ……………………………………………………………………（263）

参考文献 …………………………………………………………………（283）

后　记 ……………………………………………………………………（294）

导　　言

2013年11月，中国共产党（以下简称为"党"）十八届三中全会召开，全会的主题是讨论决定全面深化改革的重大问题，最后通过了《中共中央关于全面深化改革若干重大问题的决定》。在此决定中，党首次提出了国家治理体系和治理能力现代化的命题[1]（以下简称为"国家治理现代化命题"）。国家治理现代化命题是本书研究的来源和背景，故有必要首先予以深入理解，然后才是交代清楚本书研究的题目、目的、大纲和方法等必要的问题。

一　国家治理现代化命题

国家治理现代化命题是一个新鲜的题目，在理解上自然存在一些难度。为了更好地深入理解该命题，我们首先摘引习近平总书记的有关论述作为根本指南，然后考察国内学界的有关解读，最后作出我们的评述和理解。

（一）习近平总书记的有关论述

对于国家治理现代化这个命题，习近平总书记在一系列讲话中作出了最权威的论述，包括该命题的历史定位、背景缘由、基本内涵，等等。

关于该命题的历史定位，他指出："三中全会提出的全面深化改革的总目标，就是完善和发展中国特色社会主义制度、推进国家治理体系和治理能力现代化。我们讲过很多现代化，包括农业现代化、工业现代化、科技现代化、国防现代化等，国家治理体系和治理能力现代化是第一次讲。"

关于该命题的背景缘由，他指出："从形成更加成熟更加定型的制度

---

[1]《中共中央关于全面深化改革若干重大问题的决定》，见"人民网·中国共产党新闻网"（http://cpc.people.com.cn/n/2013/1115/c64094-23559163.html）。

看,我国社会主义实践的前半程已经走过了,前半程我们的主要历史任务是建立社会主义基本制度,并在这个基础上进行改革,现在已经有了很好的基础。后半程,我们的主要历史任务是完善和发展中国特色社会主义制度,为党和国家事业发展、为人民幸福安康、为社会和谐稳定、为国家长治久安提供一整套更完备、更稳定、更管用的制度体系。"

"我们必须看到,相比我国经济社会发展和人民群众的要求,相比当今世界日趋激烈的国际竞争,相比实现国家长治久安,我们在国家治理体系和治理能力方面还有许多亟待改进的地方,我们的制度还没有达到更加成熟更加定型的要求,有些方面甚至成为制约我们发展和稳定的重要因素。"

关于该命题的基本内涵,他指出:"国家治理体系和治理能力是一个国家制度和制度执行能力的集中体现。国家治理体系是在党领导下管理国家的制度体系,包括经济、政治、文化、社会、生态文明和党的建设等各领域体制机制、法律法规安排,也就是一整套紧密相连、相互协调的国家制度;国家治理能力则是运用国家制度管理社会各方面事务的能力,包括改革发展稳定、内政外交国防、治党治国治军等各个方面。国家治理体系和治理能力是一个有机整体,相辅相成,有了好的国家治理体系才能提高治理能力,提高国家治理能力才能充分发挥国家治理体系的效能。"

"国家治理体系和治理能力是一个国家的制度和制度执行能力的集中体现,两者相辅相成,单靠哪一个治理国家都不行。治理国家,制度是起根本性、全局性、长远性作用的。然而,没有有效的治理能力,再好的制度也难以发挥作用。同时,还要看到,国家治理体系和国家治理能力虽然有紧密联系,但又不是一码事,不是国家治理体系越完善,国家治理能力自然而然就越强。纵观世界,各国各有其治理体系,而各国治理能力由于客观情况和主观努力的差异又有或大或小的差距,甚至同一个国家在同一种治理体系下不同历史时期的治理能力也有很大差距。正是考虑到这一点,我们才把国家治理体系和治理能力现代化结合在一起提。"

"推进国家治理体系和治理能力现代化,就是要适应时代变化,既改革不适应实践发展要求的体制机制、法律法规,又不断构建新的体制机制、法律法规,使各方面制度更加科学、更加完善,实现党、国家、社会各项事务治理制度化、规范化、程序化。要更加注重治理能力建设,增强按制度办事、依法办事意识,善于运用制度和法律治国家,把各方面制度优势转化为管理国家的效能，提高党科学执政、民主执政、依法执政水平。"①

(二) 国内学界的有关解读

自国家治理现代化命题提出以来，有关研究蓬勃兴起，一时蔚为壮观。这些研究绝大部分都是解读国家治理现代化命题的，这里以十八届三中全会以来先后出版的几本专著②为典型来进行考察。概括起来，这些解读主要包括命题提出的背景意义、命题的基本内涵和推进国家治理现代化的途径方法三个方面内容。

1. 关于命题提出的背景和意义

许海清认为，当前阶段我国发展面临着一些重大课题，包括完善和发展中国特色社会主义制度、维护公平正义、增强社会活力、制导社会矛盾、增进人民福祉、实现党的历史使命等，这是党中央提出国家治理现代化命题的重要背景。以习近平为核心的党中央提出这个命题，直接继承、运用和发展了邓小平关于形成一整套更加成熟和更加定型的制度的思想，以及其他中央领导的相关思想，体现了习近平总书记鲜明的治国和执政理念，为新一届中央领导集体治国理政思想体系注入了新的内容。

江必新等人认为，国家治理现代化命题实际上是要回答怎样治理社会主义社会这样一个全新社会形态的问题。这是在吸取过去经验教训的基础上，根据邓小平关于形成一整套更加成熟更加定型的制度思想提出来的。这是全新的国家治理和执政理念，是马克思主义国家理论和共产党执政理论的重要创新，是以习近平总书记为核心的新一届中央集体对中国特色社会主义理论的重大贡献。它表明党对社会发展规律和国家治理规律有了新的认识，在政治理论上更加成熟。该命题是解决当前中国各方面难题和问题的长效之策，是彰显中国特色社会主义制度优势的基础工程，是国家得以长治久安的基本依托，是党得以长期执政的根本保障。

---

① 以上论述文字全部引自习近平《全面深化改革的总目标是完善和发展中国特色社会主义制度、推进国家治理体系和治理能力现代化》，见"人民网·中国共产党新闻网"（http://jhsjk.people.cn/article/25339444）。

② 参见许海清《国家治理体系和治理能力现代化》，中共中央党校出版社2013年版；江必新等著《国家治理现代化：十八届三中全会决定重大问题研究》，中国法制出版社2014年版；张小劲、于晓虹编著《推进国家治理体系和治理能力现代化六讲》，人民出版社2014年版；胡鞍钢等著《中国国家治理现代化》，中国人民大学出版社2014年版；虞崇胜、唐皇凤《第五个现代化：国家治理体系和治理能力现代化》，湖北人民出版社2015年版；许耀桐《中国国家治理体系现代化总论》，国家行政学院出版社2016年版；王浦劬《国家治理现代化：理论与策论》，人民出版社2016年版。

张小劲等人认为，国家治理现代化命题的提出，源于党治国实践的探索和地方政府的创新经验，是马克思主义理论的重大创新和党的治国方略的重大转型，是党执政成熟的重要标志和长期执政的必然选择。

虞崇胜等人认为，国家治理现代化是时代的要求和现实的需要。就时代要求来看，经济全球化催生出了国家治理的新主体、赋予了国家治理的新内容并且需要国家治理的新方式；信息化改变了国家治理的信息环境、搭建了国家治理的网络平台和要求国家治理采取新方式；市场化赋予了国家新职能、需要国家治理新思想和孕育了国家治理的新结构，作为世界普遍趋势的民主化则是国家治理现代化的内在动力。从现实需要来看，国家治理现代化是全面深化改革的应有之义，是我国渐进式改革道路的必然发展，是解决当代中国改革问题的必然要求、全面建设小康社会的内在要求和实现中华民族伟大复兴的迫切需要。

许耀桐认为，国家治理现代化命题是在习近平总书记提出中华民族伟大复兴的中国梦这个大背景下提出来的，国家治理现代化就是实现这一梦想的全局性和战略性抓手。这个命题也是总结过去苏联等社会主义国家、新中国革命建设和改革开放的经验教训的成果。

王浦劬认为，国家治理现代化命题的提出，是党在新的历史进程中对马克思主义国家理论的继承和发展，是党深入探索和认识人类社会发展规律、社会主义社会发展规律和共产党执政规律的升华，是党努力执掌政权、运行治权、达成社会主义社会治理理想的思想成果。

2. 关于命题的基本内涵

许海清认为，国家治理体系是党领导下管理国家的制度体系，包括经济、政治、文化、社会、生态文明和党的建设等各领域的体制机制、法律法规安排，是一整套紧密相连、相互协调的国家制度。国家治理能力则是运用国家制度管理社会各方面事务的能力，包括改革发展稳定、内政外交国防、治党治国治军各个方面，主要表现为治理的措施、方针、方法的科学正确和高效率。国家治理体系和治理能力现代化是一个包括治理理念、主体、目标、方法、路径和格局在内的完整体系。

江必新等人认为，国家治理体系是经济、政治、社会、文化、生态、政党等多个领域和基层、地方、全国乃至区域和全球等多个层次的国家参与治理体系，其主体部分是党领导人民治国理政的制度体系，是经济、政治、文化、社会、生态和党的建设等领域的体制、规则、机制、程序以及有关法律规范的总和。国家治理能力则是运用国家制度治理国家和社会各方面事务的能力,包括改革发展稳定、内政外交国防、治党治国治军等各方面的能力。所谓国家治理体系和治理能力的现代化,就是使国家治理体系制度化、科学化、规范化、程序化,使国家治理跟上时代步伐,回应国民的现实需求,实现最佳的治理效果,为党的事业发展、人民幸福安康、社会和谐稳定、国家长治久安提供一整套更完备、更稳定、更管用的制度体系,把中国特色社会主义各方面的制度优势转化为治理国家的效能。

张小劲等人根据习近平总书记关于国家治理体系和能力的概念,认为国家治理包括治理体系和治理能力两大维度,二者相辅相成,构成一个有机整体。国家治理是一个开放性和系统性的概念,包括三个方面:一是治理主体,在中国包括作为执政党的各级组织、各级政府、各类社会组织、广大人民群众;二是治理机制,包括价值和方法;三是治理评估,包括目的和意义以及原则和体系。由政治、经济、文化、社会和生态五大领域和执政党自身的法规建设所形成的国家制度安排,就是国家治理体系,国家治理能力则是实施和运用这些制度从事国家事务管理的能力。国家治理体系现代化意味着国家有力有序有效地管理现代化建设各领域事务,同各种范畴、层次、形式的自主网络和自治权威相结合,从全能转向有限、从垄断转向参与、从管理转向服务、从集权转向分权、从人治转向法治、从封闭转向开放、从权力转向责任,做到国家治理、政府治理和社会治理全覆盖。国家治理能力和治理体系密切相关,也跟治理技术密切相关,包括科技型技术(如信息技术)、规则型技术(如协商)和行为型技术(如治理主体的实践技能和操作技术)。

胡鞍钢等人引用习近平总书记关于国家治理体系的权威解释认为,中国国家治理体系最重要的特征是"在党的领导下",这是中国的制度创新,也是其强大生命力之所在,正是因为党的领导才大大加速了中国国家治理体系的现代化,大大提高了国家治理能力。国家治理能力就是实现国家治理目标的实际能力,包括国家机构履职能力,人民群众依法管理国家事务、经济社会文化事务和自身事务的能力,运用中国特色社会主义制度有效治理国家的能力。国家治理体系和治理能力的现代化,就是国家制度的现代化,是制度和法律作为现代政治要素,连续发生从低级到高级的突破性变革的过程,包括国家制度体系(一整套的政治、经济、社会、文化和生态制度)更加完备、成熟和定型,并且在这一制度体系下,制度执行（包括政治、经济、社会、文化、生态、科技和信息等各种现代化手段）能够更加有效、透明和公平。国家制度现代化的本质，是降低国家治理成本，提高国家现代化收益。

虞崇胜等人基于习近平总书记关于国家治理现代化的权威解释认为，国家治理体系就是保证党领导人民有效治理国家的制度体系，而国家治理能力的关键是人的素质，特别是干部素质，提高治理能力的关键在于全面提高人民思想道德素质和科学文化素质，特别是建设适应现代化要求的高素质干部队伍。他们将国家治理体系和治理能力现代化整合为国家治理现代化的概念，认为其含义是指国家治理体系和治理能力适应现代社会发展要求的进化过程，其直接目标是完善和发展中国特色社会主义制度，最终目标是建成富强、民主、文明、和谐的社会主义现代化国家，而衡量国家治理现代化的标准主要有民主化、法治化、制度化、科学化、效能化和公平化。

许耀桐从人的群居逻辑出发，认为治理是人类社会处置自身集体事务的一种有组织的活动，只要人类存在，就需要治理。通过考察从原始社会到现当代的治理史，他认为在原始社会，氏族组织的治理在实际上实行自由、平等、公正、民主和大众参与的原则，这些构成了人类治理的根本原则，是治理的本来含义，代表着治理最可贵的品质以及最终发展和完善的趋向。但在原始社会瓦解和国家出现后，治理便转变成维护阶级统治和与社会公共事务管理相包容的国家治理。国家治理是人类社会发展的一个必然进程，但不是终极完美的治理，而是通向未来无国家的、更好的社会治理的阶梯。其中社会主义国家治理有一个适应社会经济发展而不断调整的过程，随着社会经济的高度发展，越来越追求平等公正，致力于大众参与，逐步复归和提升本原的治理。他还通过考察政治思想史，认为中国古代便已产生了国家治理的思想，而古希腊思想家柏拉图和亚里士多德也致力于研究城邦的或者说国家的治理。但是从古代至近代，国家治理就是统治的意思，直到20世纪90年代以来，治理的含义才发生了新的变化。在对治理作出一般理解的基础上，他专门考察了国家治理，特别考察了现代国家建构及其治理的演变，认为总的来说，现代国家治理经历了从统治型、管制型、管理型到治理型的变化，而治理型将是国家治理的终结。据此他认为，当代中国的国家治理经历了从统治型、管制型到管理型国家的演变，当前正在向治理型国家转变。在上述基础上，他理解国家治理现代化就是民主化、法治化、制度化和多元化，前两者意味着保障主权在民和人民当家作主，保证宪法和法律成为国家治理的最高权威，后两者意味着在党的领导和国家主导之下，建构多元主体参与的协同治理，形成系统完备、科学规范、运行有效的治理制度体系。中国特色的国家治理体系，是由市场经济（公司、企业、经济组织、董事会、法人代表）、政权机构（人大、政府、政协、民主党派）、宪法法律系统（各种法律规定、律师协会、法院、检察院、公安机关）、思想文化系统（意识形态部门、思想道德教育机构）、社会组织系统（工会、共青团、妇联、社区组织、各种公益、科技、行业商会类的社会组织、民间组织）、生态文明系统（资源、环境等生态治理的机构组织）、国防军队系统（中央军委、各战区、各军种）、党的建设系统（中央和地方各级党组织）等构成的系统，分为治理理念、制度、多元组织和运行方式四个层次。

　　王浦劬从马克思主义唯物史观的基本原理出发，认为国家治理是统治阶级及其政治精英集团治国理政的活动和过程，是国家政权建立以后，国家治权的运行和运用。国家治理可以从主客体（谁统治和统治谁）、性质（为了谁）、职能（任务）、制度、发展演进等方面进行考察分析。国家治理体系就是国家治权的制度化体现，是制度体系、行动体系和价值体系的总和。国家治理能力则是统治阶级运用国家治理制度体系治理国家的本领，是国家治理主体思想观念、智力和体力的总和，是国家治理主体状况和客观要素的综合，是人与制度规则相互结合作用的效能，是行为体系、制度体系和价值体系有机结合配合的动能。当代中国语境下的国家治理，指的是在政权属于人民的前提下，党代表和领导人民执掌政权、运行治权的体系过程，是在坚持、巩固和完善国家政治经济根本制度和基本制度的前提下，科学民主依法有效地进行国家和社会管理，是在坚持党总揽全局、统筹各方格局下的治国理政。国家治理体系和能力现代化，就是在完善和发展中国特色社会主义制度的前提下，在党的领导下，优化和创新国家治理的主体格局、体制机制和流程环节，提升治国理政的能力，把我国根本制度和基本制度内含的价值内容、巨大能量和潜在活力充分释放出来，以解决改革中不断面临的问题和难题，在不断解决问题的过程中优化主体格局、体制机制、流程环节和治理能力，最终实现我国根本制度和基本制度内含的价值规范和主张要求。

3. 关于推进国家治理现代化的途径方法

许海清认为，推进国家治理现代化，要以回顾总结历史上的经验教训和思想，以及客观分析当前国家治理体系和能力的状况为前提和基础，以实现国家治理的制度化、规范化和程序化为制高点、切入点、突破点和着力点，以推进经济、政治、文化、社会、生态治理现代化，深化国防和军队改革，推进党的治理现代化，注重现代危机管理为基本内容，以建设高素质干部队伍为依托。推进国家治理现代化，要从国情出发，积极借鉴国外推进治理现代化的经验教训。

江必新等人认为，推进国家治理现代化，必须以完善和发展中国特色社会主义制度为根本方向，更新国家治理的基本理念（从统治、管理到治理），丰富国家治理的价值目标（社会主义核心价值观），把握国家治理的战略要点（以伦理塑造为制高点、以源头治理为着力点、以群防群治为聚焦点、以规则治理为关键点），协调好国家治理的衔接匹配（多元主体的协调匹配），创新国家治理的方式方法（非对抗性和软法的方法、契约化和合作规制的方法、提供服务或社会福利的方法、市场化和竞争机制的方法、程序化和科技手段的方法），妥善处理国家治理的基本关系（制度自信与发展完善、道路坚守与治理现代化、制度体系构建和治理能力提升、总体目标和根本目标、总体目标和具体目标），从加强社会主义民主政治制度建设、树立宪法法律的极大权威、健全宪法法律的实施机制、深化立法改革、加快法治政府建设、规范政府与市场关系、强化权力运行制约和监督机制、切实尊重和保障人权、加强社会治理、推进社会治理创新、深化财税体制改革、深化司法体制与运作机制改革、深化国防和军队改革、深化党的建设制度改革等各方面着手。

张小劲等人认为，推进国家治理现代化，要鼓励地方探索，推动政府创新；加强顶层设计，统筹谋划改革；加强党的建设，提高执政能力；加强体制创新，完善制度体系；树立全球眼光，借鉴国外经验。

虞崇胜等人认为，推进国家治理现代化，应当以构建现代价值体系和塑造现代治理理念为首要前提，以积极稳妥推进现代国家制度建设（法治秩序）为突破口，以国家治理能力现代化为中心环节，以坚持党的领导为政治保证，积极推进体制机制创新。

许耀桐认为，推进国家治理现代化，首先要求构建中国特色社会主义的国家治理体系，以科学治理、民主治理、法治治理、学习借鉴为体系构建的基本原则，为此要树牢目标理念、加强顶层设计、突出法治建设、推进深化改革、夯实社会基础、强调制度治理，具体来说就是要以坚持党的领导为根本保证，以有效的政府治理为关键，以民主的国家治理为根本，以健全法治为重要的维度，以弘扬德治为灵魂，以实施共治为重心，以推进基层群众自治为基础，以深化改革为重要策略。

(三) 小结

从这些研究来看，目前国内学界普遍紧扣习近平总书记对国家治理现代化命题的权威论述，认识到该命题的提出既是对历史经验教训的总结，也是对现实挑战的应对，标志着党的理论水平和治国水平的提升，是一个重大的理论创新。在该命题的内涵方面，学界也是普遍紧扣习近平总书记对国家治理现代化命题的权威论述，认为国家治理体系就是党领导人民有效治理国家的制度体系，国家治理能力就是运用这套制度体系的能力，国家治理现代化则是使这套制度体系更加成熟完善同时提升治理能力。个别学者还从宏观历史和政治思想史的角度，仔细梳理国家治理的逻辑线索，铺垫国家治理的理论基础，并将国家治理及其现代化的内涵具体化，从而加深了对国家治理现代化命题的理解。在推进国家治理现代化的途径方法方面，学界普遍以十八届三中全会的决定和习近平总书记的讲话精神为据，结合自己的理解、思考和研究，作出了丰富的探讨。这些探讨谈不上有什么共同的模式，只是比较多地强调以下几点：坚持和改善党的领导、加强顶层设计、坚持社会主义核心价值观、加强制度建设和创新、提高干部队伍素质、注重借鉴国外经验。

应当说国内学界对国家治理现代化命题的这些研究，紧扣党中央的决定和习近平总书记的讲话精神，是现阶段相关研究所取得的重要成果，也是本书研究的重要基础，值得学习借鉴。特别是许耀桐、王浦劬等人的研究，扎根于比较坚实的理论基础，提供了比较丰富而深刻的启示。

但是客观地讲，目前的研究还存在一些问题，有待学界继续努力加以改进完善。从广度上说，除个别研究外，这些研究普遍过于中国化和当前化，也就是局限于中国背景、局限于当前情况来探讨国家治理现代化命题，而缺乏跟人类历史和全世界联系和对比起来进行理解和审视，也缺乏跟中国自身悠久的历史和未来走向的联系和对比研究。所以这样的研究具有视野和思维上的局限性，容易丧失普遍而深远的意义，这对于如此重大的题目来说是不应该的。

从深度上说,除个别研究外,这些研究更多着力于对策层面的思考,普遍使用官方的政策性或文宣式语言,比较缺乏学理上的深层思考和深厚的理论基础,特别缺乏理论方法的指导和运用,也没有形成清晰而系统的理论分析框架。结果大多数研究更似宣讲,学界本应擅长的理论思考和分析能力没有充分展现出来,致使研究的深度和系统性都有所欠缺。例如,由于普遍缺乏理论方法的切入和运用,结果对于国家治理体系、能力及其现代化的内涵,基本上都是重复中央决定和习近平总书记的讲话,理解的深刻性有所不足。如国家治理体系多被看成是制度体系,但什么是制度,为什么需要制度,制度是如何形成的,制度是如何形成体系的,形成的是什么样的体系,跟国家治理主体之间又是什么关系等,诸如这些问题基本上都缺乏深究,也未见到运用新制度主义或组织学理论方法的研究,从而对国家治理体系的理解也就可能是浮于表面的。对国家治理能力的理解基本也是如此。人们普遍直接引用习总书记的讲话,将其理解为运用制度体系的能力,然后将视野和思维转向运用制度的人(党政干部或者加上普通民众),认为国家治理能力就取决于这些人的素质和能力。但是既然国家治理体系是制度体系,本身就约束着人,那么治理能力便不能简单理解为某些人运用制度的能力。其实制度与人的能力发挥之间的关系是复杂的,但大多数研究对此未加详察。另外,对于国家治理现代化的衡量,大多研究仅限于列举一些标准或指标,而没有进行逻辑和规范的论证,理由不够充分,显得比较随意。最后,在关于推进国家治理现代化的路径方法方面,大多局限于经验之谈,其内在逻辑和理论依据是什么不够清楚,显得比较随意而散乱。

除了这两个主要的问题外,其他一些细节问题也不少,比如在一些研究中,国家治理体系跟国家治理的内容、领域乃至方式方法是混为一谈的。兹不赘述。

二 本书的研究题目

抚今追昔,国家治理现代化命题的提出的确不同凡响,具有极其重要的地位和意义。虽然在此前党的文件中已经出现并且比较频繁地使用"治理"术语,如2002年党的十六大报告中首次出现"党领导人民治理国家"的提法①，2007年十七大报告则修改为"党领导人民有效治理国家"的提法②，2012年十八大报告中更是多次使用治理一词并再次重申了"党领导人民有效治理国家"的提法③。但只是在十八届三中全会的决定中，才第一次使用了国家治理体系和治理能力及其现代化的提法，有人甚至直接称其为"第五个现代化"。

国家治理现代化命题的提出，表明党在这个问题上有了新的认识，达到了新的高度。俞可平认为，这个命题是一种全新的政治理念，是马克思主义国家理论的重要创新，也是党从革命党转向执政党的重要理论标志。④的确，党从过去一些传统提法中生出"治理""国家治理"这样的新提法，表明它改变和确证了自身的定位。早在1956年八大会议上，邓小平就已经明确提出，从1945年七大召开以来的这十来年时间里，党和国家都发生了巨变，中华人民共和国建立起来了，社会主义革命也已基本完成，党已经是执政的党，已经在全部国家工作中居于领导地位。⑤这种从革命党转变为执政党的自我定位，尽管一度经历了曲折反复，但在改革开放后重新走上正轨，最后在十六大报告中形成了"共产党执政就是领导和支持人民当家作主"⑥这个明确而统一的认识和结论。而"治理"和"国家治理"提法的使用，则表明这种认识更为清晰和明确，即党的执政就是党领导和支持人民当家作主，其本质就是党领导人民治理国家。而治理国家的直接目标是国家治理现代化，这是十七大以来"党领导人民有效治理国家"提法的延续，也就是说，国家治理现代化这个目标的本质就是有效——有效治理国家。所以完全可以这样说，国家治理现代化命题，实质上就是探索如何实现党领导人民有效治理国家。

党的十九大报告明确指出，中国特色社会主义最本质的特征是中国共

---

① 中共中央党校教务部编：《十一届三中全会以来党和国家重要文献选编》，中共中央党校出版社2008年版，第459页。
② 同上书，第743页。
③ 《坚定不移沿着中国特色社会主义道路前进，为全面建成小康社会而奋斗 在中国共产党第十八次全国代表大会上的报告》，见"人民网·中国共产党新闻网"（http：//cpc.people.com.cn/n/2012/1118/c64094-19612151-5.html）。
④ 俞可平：《论国家治理现代化》，社会科学文献出版社2014年版，第1页。
⑤ 《邓小平文选》（第1卷），人民出版社1994年版，第213—214页。
⑥ 中共中央党校教务部编：《十一届三中全会以来党和国家重要文献选编》，中共中央党校出版社2008年版，第459页。

产党领导。① 所以在当代中国的体制下,"党领导人民有效治理国家"这个国家治理现代化命题,就揭示了当代中国政治的本质所在和最根本的问题,特别需要大力而深入地开展研究。但这是一个非常宏大的题目,需要各方人士从各个方面不断地开展研究,这不是任何一个人、仅从某个方面或者在短时间内可以完成的任务。有鉴于此,本书所研究的我国县域治理体系现代化问题,便可视为国家治理现代化这个宏大题目下的一个分支,算是对此贡献的一点绵薄之力。

对于本书的研究题目,我们作了两个限定。

一是本书的研究仅限于当前我国的县域层面,相当于是从基层方面来研究中国国家治理现代化问题。对于作为宏观环境的全国层面以及中国县域的过往历史,因其必要,本课题当然会有所涉及,但那不是研究焦点。而本课题所说的县域,主体是作为一种行政区划的建制县,包括与之相当的市辖区、县级市以及少数民族聚居地区的旗、自治县,等等。一句话,县域就是当代中国国家体系的基础层次(基层)。乡镇虽然在法律上是国家体系的最底层,但在现实运作中却是附属于县级的②,所以把县域看成是基层更为合适。对此我们完全不用在意县域的名义,而要看其实际。在当代中国,甚至自秦以来,县域就是作为国家体系的末端而被设计出来的,由此导致县域一头连接着各级国家体系;另一头连接着广大民众。这就是县域的本质特征,至于其名称是县、市、区还是其他什么,完全不重要,也因此不能把县域简单理解为农村地区的行政区划建制。鉴于此,我们甚至认为将县域称作基层可能更准确恰当。

二是本书仅针对县域治理体系进行研究,相当于是以县域治理体系为纲领来展开对中国国家治理现代化问题的研究。但这不意味着本项研究存在偏颇,忽视了县域治理能力。根据我们的理解,治理能力是附属于治理体系的,二者是皮和毛的关系,没有治理体系就不可能存在治理能力,反之却非如此。所以我们在研究县域治理体系的时候,在必要的地方会附带研究县域治理能力,但不会将其作为与县域治理体系相并列的题目来进行研究。

---

① 《习近平在中国共产党第十九次全国代表大会上的报告》,见"人民网·中国共产党新闻网"(http://cpc.people.com.cn/n1/2017/1028/c64094-29613660-4.html)。

② 赵树凯:《重新界定中央地方权力关系》,载《中国经济报告》2013年第9期。

三 本书的研究目的

我们之所以选择我国县域治理体系现代化这个题目来进行研究，主要是基于对现实的考虑，即县域治理体系现代化在我国国家治理现代化中的极端重要性。中国长期以来就是一个地域广袤且地区差异很大的追求中央集权的国家，地方建制一直是整个国家体系构建必须解决的重大问题，也是整个国家体系极其重要的组成部分[①]，从而地方治理状况在相当大程度上影响着整个国家治理的表现。按照自秦以来的国家体系构建方案，县域一直是地方的底层，也是整个国家体系的基层，因而县域治理长期支撑着整个国家治理。所谓"郡县治天下安"之类的话语，尽管更适合于古代的环境条件和古人的观念思维，但对今天的中国来说仍然具有重要的启发价值，因为整个国家体系的构建逻辑和宏观状况一如既往。所以今天要推进国家治理现代化，就不可忽视作为其基础的县域治理，国家治理现代化必须最终传导和落实在县域层面才能真正获得成功。

基于这样的考虑，我们研究这个题目的首要目的，当然是现实取向的，希望本书在实证和对策方面的研究有助于解决现实问题，可以为现实中推进县域治理体系现代化甚至于国家治理现代化提供一些参谋意见；同时也希望本书在理论方面的研究能够启发实务工作者，帮助他们树立和澄清一些重大的观念，理清思路，从而调整其行为，改进其工作。我们对本项研究发挥这种功能也充满信心。国外治理研究中有一种阐释理论（interpretive theory），强调人是有目的性的行为主体，能够因为某些理由而采取行动，所以社会生活本来就是意义性的。治理就是由各种权变性的实践构成的，这些实践来自于不同人之间相互竞争的行动和信念，为的是应对冲突背景下的各种困境。[②] 比如说在西方世界，20世纪早期的进步主义者对专业化和等级官僚制（hierarchic bureaucracy）深信不疑，主张明确分

[①] 即便不局限于近现代西方的民族国家（nation-state）观念，人们也普遍承认国家包含领土、国民和政权三个基本要素，这就构成了国家体系。由此所有的国家体系构建，都必须解决这三个问题：构建一个什么样的政权，这个政权能够统辖多广的地域和什么样的人民。所以恩格斯在《家庭、私有制和国家的起源》中说，和原始氏族部落比较，国家的首要特征就是按地区来划分国民（《马克思恩格斯文集》（第4卷），人民出版社2009年版，第189页）。由此可见，尤其是对于大国来说，地方建制是国家体系建构必须解决的一个重大问题，也是国家体系的重要组成部分。

[②] Mark Bevir (ed.), *The SAGE Handbook of Governance*, London: SAGE Publications Ltd, 2011, pp.4-5.

开政治和行政,把政府理解成行政化国家(administrative state),与市场、网络和社会保持分离状态,并诉诸行政化国家来解决民主腐败和大众超载问题,结果就引发了公务员制度等方面的改革运动。但到了20世纪六七十年代,这种关于公共官僚制的观点遭到了大量理论和实践问题的侵蚀,如公共选择理论学派就对此大张挞伐,认为官僚制是低效甚至无效的,并且欠缺回应性,于是引发了新公共管理(NPM)运动,通过扩展市场和网络的组织形式来改革公共部门,市场和网络作为公共治理工具迅速而大面积地出现,结果又导致新治理(new governance)在地方、全国和全球层面上广泛兴起。实际上由各种公私部门构成的网络及其大量繁衍,原本是公共部门改革的意外结果,但是人们却越来越相信网络化治理是未来的大势所趋,于是许多国家积极推动网络的形成,以克服旧式官僚结构和新式市场进程的缺陷,由此引发了又一波的改革运动。然而网络化治理也逐渐出现了一些问题,人们对此观点愈加审慎,结果又引发了第二波改革运动,其目标在于形成伙伴关系、管理网络和联合治理。[①] 从西方国家的这段治理史我们可以看到人的观念对行为具有多么重要的作用,可以说有什么样的观念就有什么样的行为,有什么样的治理观念就会产生什么样的治理行为。这就给我们一个重要的启发:理论研究可以发挥推进县域治理现代化和改善县域治理工作的作用。

除了现实取向的目的,我们还有一点理论上的追求,希望通过本书的研究,构建一个公共治理理论分析框架,将公共治理的主要范畴及其内在逻辑梳理清楚,形成一种可以直接用于考察和研究公共治理问题的理论方法,推动治理理论创新,为治理理论的发展贡献一点力量。我们产生这个想法,主要源于对有关研究存在理论缺憾的反思,而本书的研究不过是为此提供了一个契机而已——当然本书的研究也迫切需要理论方法的指导和运用。首先我们发现,尽管国际上治理话语已经时兴了几十年,但是总的来说,这些研究不但是基于西方发达国家的情况而开发出来的,基本上只能适用于它们的情形,而且主要局限于公共行政的领域,因此尚不能说具有普遍意义,至少目前还比较缺乏更具一般意义的理论研究范式。至于国内学界,目前主要还是国外治理研究的搬运工角色,而且大多着力于对策应用性研究,理论开发和创造不足,总体理论水平较低,一些应用性的治

---

① Mark Bevir, *Governance: A Very Short Introduction*, Oxford University Press, 2012, pp. 14-15、57-59、67-68.

理研究甚至完全缺乏理论方法的指导和运用而沦为散漫的经验之谈。治理理论的这种滞后状况，使得诸如治理体系这样重要的概念和题目并没有得到有效澄清，不利于研究的进一步开展，在治理理论研究上有所突破势在必行。即便是关于县域治理的研究，也非常有必要加强有关的理论研究，而不可把县域治理这样的研究简单理解为实证研究和对策研究。实际上首要的是确定理论方法指导，我们首先需要一个用以把握、理解和分析研究对象的贯穿始终的逻辑框架，否则研究结果必然散乱且肤浅。

四　本书的研究大纲

为达到研究目的，我们在此首先解释了题目的背景来源、界定了研究对象的范围、明确了研究的目的，接下来将首先解决两个前提问题：一是构建用以指导整个研究的公共治理理论分析框架（第一章和第二章）；二是运用这个理论分析框架，明确我国县域治理体系嵌入其中的宏观国家治理体系（第三章）。

为什么要构建理论框架和为什么这是一个重要的研究前提，其原因已如上文所述。而为什么需要明确宏观国家治理体系，其原因则要从中国的具体国情来看。我们已经说明，中国长期以来就是一个追求中央集权的大国，地方是由中央来统一构建的（而不是如联邦制国家那样，由各个早已存在的地方联合而成一个国家），中央寻求牢牢控制地方，这是两千多年来的传统，迄今未变。这就导致只要是在"大一统"时代，中国的地方体系就永远只是整个国家体系的一部分，具有跟整个国家体系相一致的同构性，各个地方体系也具有相似性，而且地方包括作为基层的县域如何运作和治理，深受整个国家体系的约束。在此情况下，若不首先考察宏观的国家治理体系，则对作为地方基层的县域治理体系的考察，就可谓无从下手，不得门径。

在澄清这两个前提的基础上，针对我国县域治理体系现代化这个核心问题，我们遵循我国县域治理体系是什么、为什么要现代化和怎样现代化的基本研究思路。为此第四章首先考察当前中国县域治理体系的实际状况，解决是什么的问题。然后第五章通过考察中国县域治理的实际结果和进行评估，确证中国县域治理体系有改进完善的必要性。第六章则通过检查中国县域治理体系的能力并剖析其成因，确定改进完善县域治理体系的突破口。最后第七章在前面研究的基础上，具体提出当前中国县域治理体系现代化的基本方案。

五 本书的研究方法

由于本书是一个涵盖理论研究、实证研究和对策研究的综合性研究项目，因此所需采取的研究方法就不可能是单一的。大体上，对于理论研究部分，我们主要是通过阅读理论文献来解决的，其中涉及和运用了诸多重要的理论和方法，比如集体行动理论、组织学理论、博弈论、系统论（结构—功能主义）、政治学理论、政策理论、管理学理论等，而且试图回到政治学的古典传统中去寻找更深厚的理论基础。这里有对历史的考察，更注重逻辑的统一。

对于实证和对策研究部分，本书主要采取调研的方法，制定了专门的调研方案，计划分别从我国东部、中部和西部地区（兼顾南北地区）分别选取若干县域，通过个案调查、问卷调查和访谈调查三种方式，来考察我国县域治理体系的现状和问题。其中个案调查针对县域内的一项重大决策及其实施情况，以了解县域治理体系的结构和运作情况；问卷调查针对县域普通民众，以了解县域治理结果和所存在的问题；访谈调查则针对县域的个别主政者，以全方位了解县域治理的情况。

这些计划大部分得到了实施，获得了比较充足的资料和信息。比如我们曾对西部某县域的一千余名民众进行了问卷调查，这个调查基数是相当大的。我们也曾专程到东部和西部的几个县域进行实地调研，受到了当地领导的热情接待，进行了深度访谈，还实地走访考察了当地一些乡镇和产业，获赠了一些资料。我们还充分调动课题组成员的资源，搜集和调阅了一些县域的官方文件资料，进行了专门的个案考察。但是由于一些客观原因，特别是关系资源的短缺和一些意外变故，调研未能完全按计划进行，比如访谈很难完全按照提纲进行，特别是实地调研的数量未能达到计划，不过课题组试图借助互联网资源和他人的调研成果（综合考虑地区分布均衡的因素而选取），在一定程度上来弥补这些缺憾。

对于所获得的这些资料数据信息，我们主要是进行研读、理解、挖掘、分析和判断，主要目的是在了解实际情况的基础上，发现对本书研究有助益的信息。我们的研究不是为了验证因素之间的关系，所以没有也不必对数据进行相关关系分析，比如对问卷调查结果就是如此处理的。换言之，我们主要采取的是理解阐释的定性方法，而不是数据模型分析的定量方法。

第一章 国内外的治理理论研究

按照研究计划,首先我们需要解决用什么治理理论来开展研究的问题,这是本书研究的理论前提。为此我们首先考察现有的治理理论研究,看是否有可资利用的治理理论工具。

第一节 治理话语的兴起

治理话语在近四十年里蓬勃兴起,治理已成为社会科学中醒目的课题。[1] 在当前的学术语境下,谈及治理,就要从国外的研究说起,因为这个话题是在国外兴起之后,再转入国内而产生影响的。

"治理"是国内学者对governance一词最流行的翻译,早期也有将其译为"治道"的。[2] 这些翻译准确与否恐怕永无定论,所以最好是将其看成一个符号代码,总之,不能以中文的字面含义去反解governance。

在西方学界,治理(governance)属于老词新用。该词早在古希腊语、古拉丁文中就存在,而且在中世纪流行过,本义为掌舵,后来引申为指导、指引、统治、政府(government)等意思,特别是跟政府这个词经常互换着用。[3] 但近代西方民族国家兴起以后,国家(state)、政府(government)这些词汇得到了广泛使用,治理一词从此变得默默无闻。[4] 20

---

[1] Mark Bevir (ed.), *The SAGE Handbook of Governance*, London: SAGE Publications Ltd, 2011, p.15.

[2] 智贤:《GOVERNANCE:现代"治道"新概念》,刘军宁等编《市场逻辑与国家观念》,生活·读书·新知三联书店1995年版;毛寿龙等:《西方政府的治道变革》,中国人民大学出版社1998年版。

[3] [法]让-皮埃尔·戈丹:《何谓治理》,钟震宇译,社会科学文献出版社2010年版,"引言"第4、14页。

[4] Mark Bevir (ed.), *The SAGE Handbook of Governance*, London: SAGE Publications Ltd, 2011, p.13.

世纪 80 年代西方国家推行新公共管理（NPM）改革运动，让治理一词重新焕发了生机。因为新古典自由主义者嘲弄政府（government）这个概念，许多人便寻求另外的术语来描述他们所支持的企业化政府模式，这就是治理。[1] 不过和从前相比，该词的含义发生了很大的改变，所以一般也被称作"新治理（new governance）"。

新公共管理改革运动主要发生在英语国家，治理一词的复兴跟新公共管理改革运动的关系，也主要在这些国家才成立。在欧洲大陆发生的主要是地方分权改革、地区一体化等，加之时值冷战结束，这都让人们对国家在国际和国内的未来地位作用感到困惑，总体上是认为国家的中心地位衰落了，治理老词新用就是对此情势的一种回应和观点表达。[2]

不过承载着新理念的治理一词得以广泛传播，主要不是理论家的作用，而是得益于实务工作者的贡献，比如世界银行提出"良治（good governance）"的目标和标准并将之付诸援助实践，一些非政府组织，如由西方国家前政要组成的全球治理委员会、大型的人道主义组织和环保组织等，以及英国新工党及其第三条道路改革，所有这些都极大地推动了治理一词及其观念的传播。[3]

因此治理一词得以复兴，是新观念和新实践交互作用的产物。从观念上说，其来源主要有三个：一是公司治理研究，主要是美国企业经济学关于在企业内部和企业之间开展有效协调的研究成果；二是政治学领域中的现代治理研究，注意到了公共行为主体的多元性及其相互依赖合作的紧密关系，由此英国学者罗兹（Rod Rhodes）发展出了一种网络分析范式；三是多层次治理研究，主要是德国、瑞士、荷兰等国学者基于合作联邦制或地方分权而提出来的。实际上是第一种来源启发了后两种来源。[4] 从实践上看，合同外包（contracting out）、公共管理（public management）、预算与财政（budgeting and finance）、伙伴关系（partnerships）、多辖区规制（multijurisdictional regulation）、地方治理（local governance）、非政府组织（non-governmental organizations）、跨政府网络（transgovernmental

---

[1] Mark Bevir (ed.), *Encyclopedia of Governance*, Thousand Oaks: SAGE Publications, Inc., 2007, p. 365.

[2] ［法］让-皮埃尔·戈丹：《何谓治理》，钟震宇译，社会科学文献出版社 2010 年版，第一章。

[3] 同上书，第三章。

[4] 同上书，第二章。

networks）、全球治理（global governance）等新实践形式①，给新治理充实了内容。

总之，治理话语的兴起是因为人们的观念（不再把中央国家机构放在中心）和实践（私人、志愿组织和公共部门共同参与）都发生了变化。② 这对传统上以国家或政府为中心甚至是唯一治理主体的观念，形成了强大的挑战和冲击。

第二节 治理概念的内涵和特征

虽然治理一词已经广泛流行，但是目前国际上所说的治理，其含义是含混而多样的，概括起来主要有两层意思：在特殊的意义上，治理指的是某些具体的实践模式；而在一般的意义上，治理则是对所有这些实践模式（包括历史上的）的概括。③ 贝弗尔（Mark Bevir）对此讲得更清楚：在一般意义上，可以把治理理解为社会组织和协调（coordination）的过程④，或者说是关于社会协调的各种理论和题目以及所有统治（rule）模式的性质。⑤ 他认为这种治理一直存在，同时一直在发生变化，最新的变化就是那些在公司、公共部门和全球秩序范围内所发生的组织实践。⑥ 这些最新的变化就是特殊意义上的治理，也被称作"新治理"，其特点是更少强调等级体系（hierarchies）和国家而更多强调市场和网络。⑦ 总之，治理指的是所有治理活动（governing）的过程，而不管这些过程是由政府、市场或网络所承担的，不管这些过程所覆盖的是家庭、部落、正式的或非正式的组织或者国家领土，也不管这些过程是通过法律、规范、权力或者语言来完成的。⑧ 这是治理的一般意义。而现在出现的新型治理则是特殊意义

---

① Mark Bevir (ed.), *The SAGE Handbook of Governance*, London: SAGE Publications Ltd, 2011.
② Mark Bevir, *Governance: A Very Short Introduction*, Oxford University Press, 2012, p. 1.
③ 王浦劬、臧雷振编译：《治理理论与实践：经典议题研究新解》，中央编译出版社 2017 年版，第 4 页。
④ Mark Bevir, *Governance: A Very Short Introduction*, Oxford University Press, 2012, p. 3.
⑤ Mark Bevir (ed.), *The SAGE Handbook of Governance*, London: SAGE Publications Ltd, 2011, p. 1.
⑥ Mark Bevir, *Governance: A Very Short Introduction*, Oxford University Press, 2012, p. 3.
⑦ Mark Bevir (ed.), *The SAGE Handbook of Governance*, London: SAGE Publications Ltd, 2011, p. 1.
⑧ Mark Bevir, *Governance: A Very Short Introduction*, Oxford University Press, 2012, p. 1.

上的治理，它描述的是世界上最近所发生的变化，是指多元利益相关者结成网络而共事的混合的和多辖区的新型治理活动过程。① 按照新型治理模式，这些过程越来越多指涉那些跨越等级体系、市场和网络的组织混合物，接受来自于公共、私人和志愿部门的多元行动者。② 现在人们普遍认识到，最新的治理活动过程卷入了更多样的行动者和更多样的组织形式，是从等级体系到市场和网络的变迁。③

不过无论是一般意义上的还是特殊意义上的治理，都发生在社会的多个领域和层面，其中发生在公共生活领域的治理就是公共治理。奥斯本（Stephen P. Osborne）直接将公共治理理解为实施公共政策和提供公共服务，只不过现在这种治理方式和体制发生了变化。他认为在过去一个世纪，公共政策实施和公共服务提供经历了三种体制变化：一是19世纪后期至20世纪七八十年代的公共行政体制；二是20世纪七八十年代至21世纪初的新公共管理体制；三是此后的新公共治理体制。④ 这三种体制各自的核心要素和特点，分别就是等级体系、市场和网络。⑤ 这三种体制的确是依次出现的，但他不认为这意味着三者是先后替代的，事实上三者目前是同时并存的。⑥

就新型治理（特殊意义上的治理概念）而言，它和庞大而正式的政府这种旧观念相对而立。⑦ 其第一个重要的特征是混合性（hybrid），它把建制的行政安排同市场的特征结合起来，也就是把行政系统和市场机制以及非营利组织联合起来；第二个显著特征是跨域性（multijurisdictional），它是多辖区的并常常是跨国的，把不同政策部门和不同层级政府（地方的、地区的、全国的和国际的）的人们和机构联合起来；第三个显著特征是多元性（plurality），利益相关者的范围和多元性与日俱增；第四个显著特征是网络化（network），治理活动愈加混合、多辖区和多元，把这些

---

① Mark Bevir, *Governance: A Very Short Introduction*, Oxford University Press, 2012, p. 5.
② Ibid., 2012, p. 11.
③ Ibid., 2012, p. 3.
④ ［英］Stephen P. Osborne 编著：《新公共治理？公共治理理论和实践方面的新观点》，包国宪等译，科学出版社2016年版，第1页。
⑤ 同上书，第8页。
⑥ 同上书，第392页。
⑦ Mark Bevir, *Governance: A Very Short Introduction*, Oxford University Press, 2012, p. 4.

治理安排、不同层面的治理和多元的利益相关者连成了网络。①

第三节 治理理论的形式和流派

国际上的治理研究者主要针对既有的治理实践及其产生的问题和困惑进行研究，包括等级体系的留存（the persistence of hierarchy）、合同外包、公共管理、预算与财政、伙伴关系、多辖区规制、地方治理（local governance）、非政府组织、跨政府网络、全球治理、无国家的国家（the stateless state）、正当性（legitimacy）、合作治理（collaborative governance）、参与（participation）、领导（leadership）、网络管理（network management）、社会包容性（social inclusion）、能力建设（capacity building）、权力分散（decentralization）、治理公物（governing the commons）、规制（regulation）、可持续发展（sustainable development）等②，由此形成了一系列治理理论。

对于这些治理理论，奥斯本（Stephen P. Osborne）提出有三大流派：公司治理、良治和公共治理，其中公共治理又包括社会—政治治理、公共政策治理、行政治理、合同治理和网络治理五个分支。③《萨基治理手册》则提出有政策网络理论（policy network theory）、理性选择理论、阐释理论、组织理论（organization theory）、制度理论（institutional theory）、系统理论、顶层治理（metagovernance）、国家—社会关系（state-society relations）、政策工具与治理（policy instruments and governance）、发展理论（development theory）、测量治理（measuring governance）等形式。④

在我们看来，这些理论形式和流派存在一些交叉，有些甚至就是名称差异，总的来说可分为三类。

第一类是理性选择理论。由新古典自由主义者提出的理性选择理论，假定人是自利的，然后采取微观的视角，去解释人们如何根据其偏好在一

---

① Mark Bevir（ed.）, *The SAGE Handbook of Governance*, London: SAGE Publications Ltd, 2011, pp. 2-3.
② Ibid., 2011, section Ⅱ—Ⅲ.
③ ［英］Stephen P. Osborne 编著：《新公共治理？公共治理理论和实践方面的新观点》，包国宪等译，科学出版社 2016 年版，第 5—6 页。
④ Mark Bevir（ed.）, *The SAGE Handbook of Governance*, London: SAGE Publications Ltd, 2011.

定的结构下采取行动。① 该理论激发了公共部门的市场化和新公共管理改革（NPM），却没有具体涉及治理问题，严格说来并不是治理理论。当然不排除有人将其当作一种方法来研究治理问题。

第二类是组织理论、制度理论、系统理论和阐释理论。这些理论带有鲜明的哲学或方法论色彩，严格说来也不是真正的治理理论，只能说运用了这些理论方法去研究治理问题。

其中组织理论根据研究的微观或宏观层次以及决定论或自由意志论的标准，分为四种类型：微观组织理论关注个别的组织，其中自由意志论一派聚焦于策略选择，其对组织行为的解释跟微观视角的理性选择理论或阐释理论有共鸣，其他则要么避免作出明确的微观假定，要么采取更具决定论色彩的行为观点，跟制度理论和系统理论有交集，其中决定论的微观组织理论启发了系统—结构的观点。宏观组织理论关注各个组织的人口或共同体，其中决定论一派采取自然选择观点，而自由意志论一派聚焦于集体行动。② 在组织理论方面，贝弗尔（Mark Bevir）认为根据现代组织理论，社会协调可分三种理想类型，每一种都依赖于一种特别形式的治理来协调行动，其中等级体系依赖于权威和集中控制，市场依赖于价格和分散竞争，网络依赖于跨社团网络的信任。③

制度理论主要有三种：规范制度主义关注价值、符号和神话为个人界定恰当的行动并由此塑造制度的作用，理性选择制度主义运用理性选择理论的假定来理解制度和设计更好的制度，历史制度主义强调路径依赖规则和行为模式的持续性。就治理而言，制度理论家们思考的问题是新治理所面临的困境，注重通过开发新网络的文化及其内在作用而使其制度化。④

系统理论有一般系统论和社会系统论之区分。系统理论者将协调看成是系统的一个特征，在现代性的叙事范畴中解释了新治理的兴起，其基本方法就是指出现代性意味着更强的功能分化。在此观点看来，市场和网络的新治理，是由那些承担不相关任务的日益专门化和分化的组织构成的，

---

① Mark Bevir (ed.), *Encyclopedia of Governance*, Thousand Oaks: SAGE Publications, Inc., 2007, p. 372.

② Mark Bevir (ed.), *The SAGE Handbook of Governance*, London: SAGE Publications Ltd, 2011, p. 5.

③ Mark Bevir, *Governance: A Very Short Introduction*, Oxford University Press, 2012, p. 16.

④ Mark Bevir (ed.), *The SAGE Handbook of Governance*, London: SAGE Publications Ltd, 2011, p. 5.

这些组织常常是自创的和自治的，由此系统理论探索了顶层治理这个题目。①

阐释理论排斥治理研究的实证主义路径，强调人是有目的性的行为主体，能够因为某些理由而采取行动，由此社会生活是意义性的，社会科学家离开行动者的信念就不能正确把握或解释行动。治理被看成是由各种权变的实践所构成的，这些实践来自不同人之间相互竞争的行动和信念，是对冲突背景下各种困境的应对。阐释理论经常挑战为治理寻求一套管理工具的观点，而更愿意采取讲故事（story-telling）的办法，通过讨论那些说明性案例和过去的经验，来探索各种可能的行动及其展现的未来。②

第三类才是真正的治理理论，其研究对象都是从过去的治理形式到新治理形式（网络化治理）。但由于在考察视角、所运用的方法或所要解决的问题侧重等方面存在差异，所以形成了不同的流派。

其中政策网络理论发端于多元主义者，他们挑战国家的概念，指出复杂的互动、过程和网络对于治理都有作用。激进的和规范的多元主义者甚至挑战主流的主权观念，而主张把权威更多地分散到各种社会组织中去。③

政策工具学派的治理研究经常追溯政策工具的变迁，或者倡导用某些具体的政策工具来解决当前困难。在这个学派的概念中，政策工具是指行动者寻求统治所采用的技术或机制。新治理的政策工具主要有规划、命令、控制、合同关系、标准、绩效指标和规制。④

国家—社会关系的治理研究路径，首先质疑过去把国家和社会看成是相互排斥的类别、特别是把国家看成铁板一块的研究路径，认为国家现在是和社会行动者一道并且也是通过他们来进行统治的，国家也是由跨越多个空间和功能领域的多样的行动者、意义和实践构成的，所以国家和社会的互动愈加复杂和多样。这种研究路径不再坚持过去的国家和社会二分法，而是强调这样一些题目：国家层面以下的和局部的变量、多层次的和

---

① Mark Bevir (ed.), *The SAGE Handbook of Governance*, London: SAGE Publications Ltd, 2011, pp. 5-6.
② Ibid., pp. 4-5.
③ Ibid., p. 4.
④ Ibid., p. 6.

跨国的构造、具体制度和政策工具的影响以及政策结果的反馈效果。①

顶层治理理论是应对治理失败的产物。过去等级体系的失败导致了公共部门的市场化改革，这些改革的失败又导致了网络的扩张，但如果相关行动者之间的沟通遭到扭曲的话，网络也会失败。顶层治理理论提出用顶层控制和顶层协调来应对官僚制的失败，用顶层交流来应对市场失败，用顶层平面体系（meta-heterarchy）来应对网络失败。②

治理研究中的发展理论主要来自于新制度主义经济学，该路径把国家和网络都看成是政治制度，强调政治制度对于经济增长的重要性，认为发展依赖于国家和市场而不仅仅是市场。于是治理就成了一个关系促进法治、政府能力、权力分散、问责和民主的发展议程。③

测量治理理论涉及的是治理指标的制定问题，它提出指标必须是有效的，能准确反映相关的概念；也要求指标是可靠的，是连贯的和能够重复利用数据资源；还要求指标是正当的，即指标的构建是透明的，是在有利益相关者涉入的情况下制定的。评价各种测量体系的一个方法，是将其与独立产生的测量体系，比如民意测验，进行比较。④

第四节　治理理论的综合范式

目前国际上出现的各种治理理论虽然竞相绽放，千姿百态，但却明显囿于某些特定的视角、方法或问题，总体上是散乱的，不能给人一种可以对治理进行总体理解和分析的理论知识框架。所以国际上有打破观察视角和研究领域的隔阂，构建治理理论综合范式的希望和努力。⑤

例如，萨拉蒙（Lester M. Salamon）把政策工具提到非常高的理论位置，认为据此可以构建一个关于新治理的新综合理论范式。他发现近几十年公共行动新工具的衍生变化，已经造就了一个繁复的有第三部门参与的政府体系。在这样一个存在"第三方政府"的时代，公共问题需要用新

---

① Mark Bevir (.ed.), *The SAGE Handbook of Governance*, London：SAGE Publications Ltd, 2011, p. 6.

② Ibid..

③ Ibid., p. 7.

④ Ibid..

⑤ [法] 让-皮埃尔·戈丹：《何谓治理》，钟震宇译，社会科学文献出版社2010年版，第19页。

方法即新治理来解决,传统的公共行政和新公共管理都不能很好地应对这些问题。这种新治理有两大特征:一是用治理(governance)代替政府(government),未来解决公共问题的核心要点,是依靠各类第三方组织与政府的协作性,协同解决公共问题及追求公共目标,政府无法独自解决日益复杂的问题;二是这些协作方式需要以新的更连贯的方式去处理。基于政策工具的新治理理论范式就是研究这种新治理的,它有五个要点:将分析单位从机构和项目转移到政策工具,将对等级制度的关注转移到组织网络,从传统公共行政理论强调公私对立转变为强调公私合作,在管理方法上从指挥控制转变为协商说服,在管理者技能上从管理技能转变为强调激发、协调和调整技能。萨拉蒙之所以主张围绕政策工具来建构新治理理论范式,是因为他认为政策工具在新治理中具有特别重要的作用和意义:工具的选择决定了治理的参与者,由此影响到项目的最终结果;工具还建构了网络,将公私部门结合在一起进行合作。[①]

奥斯本(Stephen P. Osborne)也认为可以发展一种具有独特话语体系的新公共治理理论,而不是将其作为公共行政或新公共管理的一个分支。他提出新公共治理理论建立在公共服务提供主体日益多元和政策制定过程日益复杂的现实基础之上,目的是探索和理解公共政策的发展和实施。[②]新公共治理理论所要解决的新问题主要有:基本问题——公共政策实施和公共服务提供的基本分析单位及其对理论和实践的影响;结构问题——最合适多元主体共同参与公共服务提供的组织构架;可持续问题——公共服务体系的可持续性;价值问题——这种体系中支持公共政策实施和公共服务提供的价值;关系技能问题——关系绩效需要的关键技能;责任问题——在这种碎片化和多元化的体系中责任的本质;评估问题——对这种公共服务提供体系的可持续性、责任和关系绩效进行评估。[③]

不过这些综合理论框架始终没有脱离公共行政学,始终是以此为圆心展开的,可以被看成是公共行政学范畴的理论形式,它们的视野没有触及一国的整个政体,更不用说地区或全球领域。与之相对,关于"良治(good governance)"的提法,既放眼全球某些区域(受援助的发展中国

---

① [美]莱斯特·M. 萨拉蒙主编:《政府工具:新治理指南》,肖娜等译,北京大学出版社2016年版,第1—14页。
② [英]Stephen P. Osborne编著:《新公共治理?公共治理理论与实践方面的新观点》,包国宪等译,科学出版社2016年版,第7页。
③ 同上书,第9—10页。

家），又涉及一国的政体（整个政治体系）。最先发展经济学只关心影响经济发展的资本、技术、劳动力等因素，新制度主义经济学兴起之后，开始发现和重视政治制度因素对于经济发展的作用。在此背景下，国际货币基金组织和世界银行等国际机构提出了良治的概念，作为对发展中国家进行援助、借贷、捐赠的标准。良治被看成是腐败的制度栅栏和市场经济运行的必要条件。各种国际机构都在寻求将良治的特征具体化，概括起来主要包括：用代表地区或种族文化的有效立法机关来制约行政权力；具有独立司法的法治，且法律是公正和平等的，还有诚实的警察；有能力提供公共服务，问责线索清晰，决策透明和具有回应性；政治体系能够有效促进社会共识，协调各种社会利益；具有强大的公民社团，具有结社、言论自由，尊重公民权利和政治权利；开展公共部门的新公共管理改革，将公共企业私有化、促进竞争性市场、减员、加强财政预算纪律、利用非政府组织；社会具有包容性和正义；保护环境。① 从这些特征来看，良治本来可以成为更具包容性的治理理论综合范式，但很遗憾，它只是一些提法而非理论范式，毋宁说是基于西方国家政体模式而提出来的一些经验之谈和规范性要求，其立基之本就是假定这些模式已被证明是成功有效的，而且可以普遍成功有效。②

至于试图跳出公共行政学范畴而打算在政治学范畴中来考察治理问题并构建治理的综合理论范式，这方面的努力在国外学界极其少见，我们仅发现一例。皮特斯（Guy Peters）就明确提出把治理作为一种政治理论。他认为，如果概念化恰当，治理概念可以成为有助于当代政治科学发展的政治理论基础，因为对治理的强调，能够使政治科学这个学科重新抓住它的根，而聚焦于个人行为层面的当代政治科学却模糊了治理的基本任务。③

为构建作为一种政治理论的治理理论，皮特斯从治理的原始含义（掌舵）出发，以之为隐喻，指出一个基本事实作为理论前提：社会需要对一系列不适于由个人行动来处理的问题（issues）作出集体选择（col-

---

① Mark Bevir（ed.），*Encyclopedia of Governance*，Thousand Oaks：SAGE Publications, Inc.，2007，p. 378.

② ［美］B. 盖伊·彼得斯：《政府未来的治理模式》，吴爱明、夏宏图译，中国人民大学出版社2001年版，第20—21页。

③ David Levi-Faur（ed.），*The Oxford Handbook of Governance*，Oxford University Press，2012，pp. 19-20.

lective choices),并且必须找到一些手段来作出和实施这些决策。作为一个整体的世界和个别的社会都面临着一些挑战,如气候变化、资源耗竭、武器控制这些不能由个人行动解决的挑战,而且这些挑战确实经常是个人自利导致集体受害的案例,此时更需要集体决策(collective decisions)。对于一些社会和经济问题,即使不存在公共池塘资源的复杂性和困难,也需要集体行动(collective action)来为老人提供养老金、建设道路或者是处理公共卫生问题。[①] 这说明,皮特斯所理解的治理就是集体行动(集体决策和实施),其任务是解决那些个人行动无法处理的问题。

皮特斯进一步指出,除非是极罕见的情况,否则只有在国家行动者(state actors)参与的情况下才能更好地提供有效的治理。因此治理本质上是一个政治概念,表示公共行动(public action)的各种形式。当前的一些治理理论倾向于认为国家不再居于中心位置,这种观点是误导人的。因为从解决跟治理相关联的集体问题(collective problems)的各种方法来看,只有公共部门、政府或者说国家才是治理的主要源泉。政府在大多数社会中是主要的法律源泉并且垄断着暴力的合法使用,而其他的方法,如通过志愿者意见一致而产生的自发行动,要将协商达成的集体治理施加于网络或其他社会行动群体,就存在困难。另外,政府有事先制定好的决策规则,比如宪法和公共机关内部的规则和程序,所以能够在面对冲突的时候作出决策,而其他的社会机制则存在达成决定特别是高质量决定的困难,因为它们缺乏事先制定好的决策规则而只有通过交易达成共识,这就导致决策是缓慢的并且倾向于导致糟糕的决策。[②] 可见皮特斯之所以认为治理本质上是一个政治概念,最根本的依据就是治理离不开政府(公共部门、国家)的中心作用。

接下来,皮特斯根据帕森斯(Talcott Parsons)的功能主义社会学理论,构建了治理的过程和功能模式。帕森斯把一个社会中政体(polity)所承担的任务看成是目标达成(goal attainment),也就是开发那些制定和实施集体政策选择的机制,以实现重要的目标。这些功能要在治理的过程中来实现,皮特斯认为成功的治理至少需要履行四种功能:(1)目标选择。但目标并不简单,有效的治理需要整合各种目标。这种功能既可以由

---

① David Levi-Faur (ed.), *The Oxford Handbook of Governance*, Oxford University Press, 2012, p. 20.

② Ibid., p. 21.

国家行动者单独实施，也可以把社会行动者吸纳进去。（2）目标调解和协调。有效的治理需要建立一些优先性原则，并协调根据这些优先性原则而采取的行动。（3）实施。前两个阶段是决策，现在则需要将决策付诸实施。这个功能同样既可以由国家行动者单独实施，也可以把社会行动者吸纳进去。（4）反馈和问责。总结学习有助于提高决策质量和实施民主问责。以上这些就是治理过程的基本功能。皮特斯认为，聚焦于治理过程，将使政治科学这个学科更多地关注政治活动，而这些在过去经常受到忽视。①

皮特斯认为，和当前其他政治学研究路径比较，这个治理理论范式的主要特点在于以结构和过程而不是其中的个人为出发点。他认为这个理论也存在一些有待解决的问题：（1）宏观层面和微观行为之联系，从而确定治理决策之微观基础的问题，即通过个人行为解释组织行为和组织网络的问题。（2）如果要利用治理作为一个综合的政治科学研究路径，治理理论就要解决如何恰当地测量治理的问题，也就是要对这个概念进行有效而可靠的测量。（3）治理理论要确保良治作为治理的中心考量，这是一个规范性的问题。治理有其经验性要素，但也有一个明显的规范性要素，二者是分析治理决策的时候都必须加以考虑的。②

对于这个治理理论范式，皮特斯认为，或许它看起来不够连贯和过于开放，但实际上是在处理一个基本的共同问题。他认为许多社会理论研究途径存在一个突出的问题，就是倾心于某个单一的解释或行动者，而不是考虑怎样把这些可能的解释结合成一个更加全面和更具猜想性的方法。同时，许多当代的治理理论强调社会行动者的治理作用而反对国家在治理中的作用，但在否定国家作用方面过头了。真正需要做的是整合各种研究路径，实现对治理的更完整的理解，这就是皮特斯构建治理理论的目标所在。他认为这个治理理论范式可以为政治理论作出几个贡献：（1）提供一般比较的基础。治理研究路径可以运用于广泛的情境，因为所有社会都需要找到一些治理的手段和作出某种集体指引，那么这是怎么做到的，就是治理研究所要处理的问题。这个治理理论确定了一些可用于比较和更准确说明不同情境下治理如何发挥作用的一些维度，以及对治理结构和过程作

---

① David Levi-Faur (ed.), *The Oxford Handbook of Governance*, Oxford University Press, 2012, pp. 21-22.

② Ibid., pp. 27-30.

出选择的后果，这样就可以超越政府或者国家——社会互动研究的藩篱，进入到失败国家题目的研究之中，由此发现正式和非正式治理机构并不是相互替代的，而是相辅相成的。这个治理逻辑还可以运用于全球治理研究、各种情境和各层次政府的研究。（2）联系各个研究领域。治理理论把比较政治学的许多题目和领域都整合起来，力图在这个次级学科中创建一个更为连贯的整体。（3）整合其他研究路径。治理理论有潜力整合或利用政治科学研究的其他路径以及其他社会科学的某些方面。（4）联系规范性和经验性问题。治理研究路径在某种程度上将经验的和规范的问题整合进政治科学之中。因为治理概念具有规范的内容，最明显的就是"良治"一词的广泛使用。[①]

第五节　国内的治理理论研究

在国内，治理一词早已有之并广泛使用。在现代中文语境里，若不考虑用来翻译 governance 的含义，治理一词的一般意义是指处理和解决问题——不管什么问题。如果结合具体的情境和对象，则这个词具有非常丰富的特殊含义。例如，国家治理就是处理和解决整个国家具有全局性的问题，如政权稳固、国家统一、经济发展、社会稳定、社会公平、民生福利、国际地位等，而且其中包含有统治的意思；城市治理就是处理和解决在城市中发生的问题，如交通拥堵、噪声污染、城市景观、旧城改造、街头犯罪等；乡村治理是处理和解决在乡村地区发生的问题，如农业经济、土地流转、留守儿童、社会治安等；地方治理是处理和解决在各级和各个地方范围内发生的问题，如社会稳定、经济发展、民生福利、人口流动、城市建设、环境保护等；社会治安综合治理是专门处理和解决社会安全和秩序的问题；河流治理是专门处理和解决河流淤塞、泛滥、污染、用水等问题；网吧治理是专门处理和解决网吧安全、违法、环境等问题；土壤治理是处理和解决土壤沙化、盐碱化、污染、肥力恢复等问题；诸如此类，不可尽数。

所有这些中文语境里的治理含义，跟国外讲的 governance 可以说几无共通之处，用词的角度和思维也存在巨大的差异。但自国内学界 20 世纪

[①] David Levi-Faur (ed.), *The Oxford Handbook of Governance*, Oxford University Press, 2012, pp. 23-27.

90年代引入governance并将其译作"治理"之后,现在国内所使用的治理一词,就相当于增加了一个含义,即源自国外的新治理概念——多元主体参与合作的网络化治理。于是现在国内学界的治理研究呈现出比较复杂的局面:一些学者按照治理的国外含义来使用并开展有关研究,一些学者按照中文语境里的含义来使用并开展广泛的研究,还有一些则是两者混杂。中国官方最初可能是受到了学界广泛使用治理一词的影响,也越来越多地使用治理用语(这反过来又进一步刺激了学界更加广泛地使用治理话语和开展研究),但其基本内涵还是中文的原义,只是在个别地方,如社会治理,插入了一些国外治理概念的含义。

不管国内学界是在什么意义上来使用治理一词的,我们都可以注意到一个突出的现象,那就是治理理论研究的短缺和滞后。国内学界把主要精力投入到面向实践应用的对策研究,也开展一些经验性的实证研究,但是比较缺乏理论研究——无论是在什么治理意义上。其实治理含义的不确定或者不统一,中国和国外现实背景的巨大差异,本来是给治理理论创新提供了机遇。即使不基于国外的治理含义和不依赖国外的现实背景,而按照中文的治理含义和根据中国的现实背景,在治理理论研究方面也是可以有所建树的。然而结果比较遗憾。这就导致在治理理论研究方面,目前国内学界的基本做法还是引介和阐释国外的治理理论。

有学者的看法似乎不同,他认为国内存在大量的治理理论研究。其所依据的数据资料,主要来源于从研究综述、"知网"、图书馆等途径搜集到的,由中国学者贡献的,属于政治学和公共行政学学科范围内的有关文献(2005—2012年),辅之以对部分学者的访谈。他着重看这些文献的研究是不是明确而集中在公认的治理研究领域,是不是对理论架构或数据收集提供了有益的指导,是不是提出了有意义的问题或命题来推进治理理论中某些部分的理论或经验模型的建构,是不是对某些概念或变量进行了操作化处理,是不是提供了特定的工具或途径来发现治理问题并提出改进建议,是不是得出了一些广为同行所接受的结论或发现。[1]

据此标准,他考察了国内治理理论研究的演进状况,认为在20世纪90年代中期,国内学界开始对国外治理文献进行筛选、翻译和介绍;2000年初开始形成本土化的治理视角并与经验研究相结合,塑造学科研

---

[1] 李泉:《治理思想的中国表达》,中央编译出版社2014年版,第27—29页。

究新导向;接下来的十年是大量的经验性研究,以新公共管理为主导视角,最后形成了一套完整的治理理论范式。[1] 据称,治理理论研究在国内的兴起,源于20世纪90年代政治学界对中国民间社会与国家之关系处理的探讨,治理理论的引进可视为对此问题的一个解决方案。[2] 由于时值世界银行连续发表官方报告,超越简单的经济政策而重视经济发展的政治条件,产生了治理危机和良治等提法,这些便成为当时国内学界引介国外治理思想理论的直接来源。[3] 这些治理思想理论一经引入,便被定位为一种整合了新公共管理政策工具的、用以解释各种社会组织与国家之互动关系的理论框架。[4] 2000年年初,这种被引入的治理理论跟中国民间社会研究紧密结合,开启了中国政治学研究范式的变迁进程。[5] 正是在此阶段上,国内的治理理论得到了综合,主要是采取管理学视角,设定公共利益为目标,采取指标化做法,对治理、良治等基本概念进行了改良,对作为预设前提的民间社会概念及其意义进行了阐释,最后得出基于民间社会参与的具有民主含义的良治主张。据称这种理论综合形成了一个包括治理的环境、结构、过程、方式、内容、主客体和意义在内的全面而连贯的分析框架,提供了一套比较完整的研究规划,并且将中国政治学研究的中心议题设定为民间社会组织与政府的关系,从而引导了学科研究走向。[6] 此后十年学界则较少关注治理理论问题,而投入到基于治理观念的经验研究之中,包括采用流行的治理指标或者开发新的治理维度,来确证中国的发展成就及其成因,采用调研手段来确证民间社会组织参与治理的状况,描述和分析城市社区治理的变化,地方政府对新治理工具的使用,参与式治理在公共服务供给中的作用,等等。[7]

根据这些考察,该学者发现国内的治理理论研究有三个突出的特征:一是采取国家中心视角,主要关注如何改进国家能力;二是以政策为导向,依次进行问题诊断、理论探讨和提出政策建议;三是集中于宏观政策

---

[1] 李泉:《治理思想的中国表达》,中央编译出版社2014年版,第67页。
[2] 同上书,第75页。
[3] 同上书,第76页。
[4] 同上书,第84页。
[5] 同上书,第88—89页。
[6] 同上书,第91—103页。
[7] 同上书,第106—113页。

问题研究，鲜有针对具体治理问题的微观研究。① 他还运用阐释学的理想类型方法，把国内的治理理论研究看成是由三个部分组成的：一是规范原则部分，探讨良治的主导价值；二是现实描述部分，对转型国家和社会现实进行描述；三是行动议题部分，为政府提出政策建议。② 从这三个部分来看，国内学界普遍将多元合作、富有效率以及多元主体的情境式互补关系而非一律的平等关系，视为良治的基本要素或原则；普遍通过历史的考察，强调国家和社会适度分离和合作的必要性，描述当前中国民间社会的兴起及其对于实现良治的重要意义，同时也指出了中国民间社会缺乏与政府有效合作的突出问题及其影响公共物品和服务供给的后果；最后，学界普遍把政府职能转变当作解决问题的政策建议，特别强调要建设以良治为原则的服务型政府，政府职能应当转变为管理和协调与其他合作者的协作关系，而不是成为关键的公共服务提供者，政府应当放开社会组织参与公共服务的门槛和障碍，同时应当加强对社会组织的监督，促进社会组织发展。③

应当说该学者的这项研究，比较全面地呈现了国内治理研究的概貌（2013 年以前），但很难说是对国内治理理论研究状况的呈现，因为他设定的理论研究标准可能过于宽松了。就其所考察的文献来看，我们也许可以称其为宽泛意义上的治理研究，但却未见得都是治理理论研究，实际上仅有少量的理论研究，更多的是实证和对策研究。理论是什么？从最一般的意义上说，理论就是概念范畴及其命题的逻辑体系，抽象性、逻辑性和系统性是理论的鲜明特征。各种理论的具体差异仅在于概念范畴是经验的、价值的还是形式的，以及所贯彻的具体逻辑是什么，由此可以粗略地区分为经验理论（科学理论）、规范理论和形式理论。④ 所以，散漫的经验之谈不是理论研究，数据的采集整理分析也不是理论研究，发动头脑风暴出谋划策更不是理论研究。据此来看，我们可以肯定国内学界的这些研究大多理解和坚持了来源于国外的新治理理念，甚至对国外治理理论的一些细节也有所学习、借鉴和运用，但真正作为治理理论研究的委实不多。

---

① 李泉：《治理思想的中国表达》，中央编译出版社 2014 年版，第 51 页。
② 同上书，第 25—26 页。
③ 同上书，第 52—65 页。
④ ［美］W. 菲利普斯·夏夫利：《政治科学研究方法》，新知译，上海人民出版社 2006 年版，第 2—11 页。但该文献局限在社会政治研究领域，对理论缺乏更为一般的理解，并且忽视了形式理论类型的存在。——作者注。

国内学界最早的治理理论研究出现在世纪之交。俞可平在 2001 年就认定国外形成的治理和善治理论是一种新的政治分析框架。他通过与统治（government）概念相比较从而澄清了作为公私合作互动的治理概念，并从救治治理失败的角度理解善治概念，将其具体化为合法性、透明性、责任性、法治、回应和有效性六个指标。在此概念基础上，他认为治理和善治理论作为一种政治分析框架，主要关注一个国家或地方七个方面的问题：(1)治理的环境，包括政治、法律、经济和文化社会心理等方面的环境；(2)治理的结构，如政府、政党、其他政治组织、民间组织；(3)治理的过程或程序，如决策、选举、行政、监督、诉讼、参与；(4)治理的方式，如行政命令、政治动员、法律强制、说服教育、政治教育、经济刺激、自治、合作、暴力；(5)治理的内容，如社会治安、公共事业、维持工作与生活秩序、经济发展、税收、扶贫济弱、发展教育、文化生活；(6)治理者和被治理者的状况，如政府官员的基本情况及其职责、公民自治组织管理人员和骨干成员的基本情况及其职责、公民的基本情况及其权利与义务、公民与政府官员的关系等；(7)治理的意义，包括影响治理的主要变量、民主治理的动力、对治理的评价、善治或劣治、治理与经济发展和社会稳定、治理的主要问题和困难、治理改革的方向，等等。俞可平认为这样一个分析框架有助于破除习惯上的一些两分法思维，在视角、范畴、方法等方面都有优势。但他也谨慎地指出，这个理论还不成熟，基本概念还很模糊，而且也不是万能的。① 应当说俞可平的治理理论研究是开创性的，他不是简单地借用国外的治理理论，而是在此基础上融合了自己的发挥创造，厘定了治理理论的一些基本概念和范畴，初步提出了一个治理分析框架，对于后来者无疑是有益的启发。但这项研究也存在比较粗糙和不够严谨的问题，如其核心概念的成立理由似不够充分，内涵比较松散，提出各范畴的依据不够明确，联系各范畴的内在逻辑没有得到清楚的揭示和说明，如何运用该分析框架及其运用的理论价值也不够清楚。

在此之后，国内学界的治理理论研究比较沉寂。总的来看，介绍和套用国外治理理论的多，反思国外治理理论、立足本土实际运用理论和建构

---

① 俞可平：《作为一种新政治分析框架的治理和善治理论》，载《新视野》2001 年第 5 期。

本土治理理论的少。① 我们发现有一项关于公共事务治理机制的研究，值得一提。该研究实际上是关于治理的纯理论探讨，比较系统和深入，非常难得。该研究将公共事务治理问题看成是一组利益相关者如何实现治理行动，也就是治理主体之间如何联合行动的问题，并将治理行动分为组织内的自主自治和组织间的复合共治两个层次，试图通过解释这些治理行动如何形成和实施（机制），来构建一个通用的治理理论知识框架。② 该研究的主要理论来源是自主自治和复合共治理论、公私合作治理研究和集体行动与组织研究。在运用这些理论的基础上，该研究探讨了治理行动的界定、基本准则（规律）、组织的构建和运作、影响因素和层次转换五个问题。（1）治理行动是在共同利益和意向一致基础上产生的，指的是为处理集体的或公共的事务，解决共同面对的问题，行动主体选择相互依赖，在互动交易中彼此协商制定规则，协调执行规则，利用集体的力量达成目标和分享利益；其构成要素包括主体、客体（公共事务）、关系（主体间的伙伴关系，含权力关系和利益关系）、规则和环境。（2）该研究认为，行动者是否选择参与治理行动及其参与动力的强弱，取决于对参与成本和收益的权衡；治理行动的基础是个体行动的效率，这要求确保个体成员的自主性和发挥其潜能和优势；治理行动的合作是否有效取决于行动主体能否有效实施"一报还一报"策略；治理行动需要规则来指导和约束行动主体，使其行为选择相协调和一致。（3）该研究还以组织为治理行动单元，把组织的构建和运作看成是一种治理行动，同时认为组织作为自主自治和复合共治的常用工具也参与到公共事务治理行动中。然后区分出国家机构、社会组织和商业组织三类组织形式，并运用集体行动理论分析组织治理行动的困境（内部和外部）及其应对策略，指出组织结构的本质是权力结构。最后探讨了作为当代治理革命形式的公私组织合作治理的系列问题。（4）对于影响治理行动的因素，该研究主要利用社会—生态系统分析框架，考察了从个体、微观环境到宏观环境各层次上各种因素对治理行动的影响作用，还考察了规则执行力对于治理绩效的影响作用。（5）最后该研究探讨了从组织内的自主自治转换为组织间的复合共治问题，认为自助优先于辅助，自治优先于共治，只有在自助和自治面临困境、不能依靠自

---

① 郑杭生、邵占鹏：《治理理论的适用性、本土化与国际化》，载《社会学评论》2015年第2期。
② 杨涛：《公共事务治理机制研究》，南京大学出版社2014年版，第2—3页。

身力量解决问题时,辅助和共治才是必要的,这就是复合共治的发生机制,适用于从个人、社群和组织的自主自治向政府或其他辅助机制转换的情形。

这项在国内学界难得一见的治理理论研究,把治理推向一般的人际合作活动,立意新颖,富于启发性,有助于开阔眼界和思维。整个研究概念范畴清晰,逻辑连贯系统,构建了一个较为完整的治理理论知识框架,具备了理论研究应有的品质和特征。该研究还充分运用了国内外的有关理论,整合得比较好,个中不乏研究者的创见,特别是对集体行动组织理论的运用,超越了国内大多数研究的水平。

但这项研究也有一些地方值得商榷。从总体定位来说,尽管该研究也包含一些经验案例分析,但主要是基于一些规范性假定而作出的规范性研究①。不过对于治理机制这样的研究题目来说,我们认为这个定位是不大合适的,更合适的定位恐怕应当是解释性研究。结果整个研究比较欠缺经验事实依据,特别是缺乏历史考察的维度,影响到了它的可靠性,显得比较单薄。从概念范畴上说,该研究对一些关键性概念的理解和界定以及一些范畴的设定,都值得推敲。比如该研究指出了公共事务的公共性、利益相关性等重要属性,却把利益相关性仅仅理解为共同获利(如共同利益、公共品之类的概念)②,这说明对公共事务的理解不够全面和透彻。该研究还把环境看成是治理行动的构成要素,这是令人匪夷所思的,说明其对系统论的理解是不准确的。特别突出的一个问题是对组织的理解。该研究始终从静态角度把组织理解为一种实体形态,认为组织是为了实现那些仅凭个人力量根本不可能实现的目标而产生出来的。③ 这个理解存在比较严重的局限性。事实上如果不结合集体行动,我们就根本无法理解组织的产生和存在。也正因为存在这个局限性,所以该研究把治理行动跟集体行动区分开来,认为集体行动是仅限于组织内的行动而治理行动的范围更大④,还把组织当作治理单元来进行分析。所有这些说明,该研究对于集体行动组织理论的研究还不够深透,对有关理论文献也缺乏批判反思,更缺乏实证和历史的考察,从而

---

① 杨涛:《公共事务治理机制研究》,南京大学出版社2014年版,第14页。
② 同上书,第37—38页。
③ 同上书,第93页。
④ 同上书,第29页。

发生了很大的迷误。最后从逻辑上说，该研究以辅助原则来解释治理层次的上升或范围的扩大①，这能否成立，值得推敲。这与其说是一种解释，不如说是规范性的表达，而且还是按照西方的有关精神规范来进行的表述，但这未见得是现实中的逻辑。如果把注意力放在公共事务所涉及的利益相关者范围，而不是有关事务能不能被自主解决，或许这个逻辑会更加清晰和现实。

第六节 小结

近几十年国际上的确兴起了一种叫作"新治理"的新公共行政理念，它淡化政府的中心地位和作用，而强调多元主体参与合作来实施公共政策和提供公共服务。这种理念也传入了国内。正是以这种理念为轴心，国际国内学界展开了一系列的研究。这些研究当然有其富于启发性和借鉴意义的地方，特别是那些综合性的治理理论范式。但从理论研究和运用的角度来看，恐怕这些研究的缺陷更多，很难看到有什么可以直接运用的治理理论。

从国际上看，治理研究总体上太零碎散乱了，是不是真的形成了关于治理的理论，这在国内外都是有疑问的。② 实际上除了个别的综合理论范式，其他所谓的治理理论，最多可以被看成是一种社会主张和思潮③。因为这些所谓的治理理论，逻辑体系并不完善，其基本假定、方法论和学科理性是"七巧板"式的。④ 一句话，这些治理研究并不具备理论的品质和特征，没有形成清晰和一贯的逻辑，算不上是治理理论。

国际上的治理研究还有一个突出特征，就是依旧坚持从威尔逊（Woodrow Wilson）时代流传下来的政治与行政二分原则，局限在公共行政学的范畴内，其原点和圆心始终是公共行政问题，而缺乏从一国政体或者政体比较的角度来研究治理问题。换言之，治理研究总体上就是一种公共行政学研究，而不是政治学研究。关于"良治"的提法尽管涉及了整个政体，但却没有形成一套理论。皮特斯尝试构建关于治理的政治理论，

---

① 杨涛：《公共事务治理机制研究》，南京大学出版社 2014 年版，第 198—202 页。
② 王绍光：《治理研究：正本清源》，载《开放时代》2018 年第 2 期。
③ 田凯、黄金：《国外治理理论研究：进程与争鸣》，载《政治学研究》2015 年第 6 期。
④ 王诗宗：《治理理论与公共行政学范式进步》，载《中国社会科学》2010 年第 4 期。

但他所理解的政治始终没有脱离国家、政府这类习惯上认为的政治学核心范畴，而且依旧是在公共行政意义上来说的国家或政府，所以本质上还是一种公共行政理论。皮特斯和其他治理研究者的区别仅在于，他依然强调国家或政府的中心地位和作用，同时不排斥其他主体的参与合作。所有这些始终局限在公共行政学范畴内的治理研究，是无法解答这样一些问题的，局限性非常明显：如果说治理就是实施公共政策和提供公共服务的新体系和新方式，那么公共政策是怎么产生的？一国政体中的其他部分有没有治理的作用？如果其他部分没有治理作用，那么它们的作用是什么，有什么存在的合理性，并且对治理的影响是什么？如果有治理作用，那么又如何跟政府的作用相区别开来？如果这些问题得不到解答，那就不能很好地描述和解释一国或一地的治理状况，局限于公共行政视野和范畴的治理研究对这些问题是无能为力的。

当然，这些治理研究局限于公共行政的领域和视野，也许算不上是什么问题，而就是它本来的特征。但如果是这样的话，对于我们所要研究的题目来说，它的借鉴意义就成问题了。的确，国际上兴起的治理研究有一个共同的底色，那就是新古典自由主义，其中蕴涵了治理研究的大量前提假设和基本背景。但这些前提假设和背景未必存在于其他国家或地方。在中国，习近平总书记指出，"推进国家治理体系和治理能力现代化，必须完整理解和把握全面深化改革的总目标，这是两句话组成的一个整体，即完善和发展中国特色社会主义制度、推进国家治理体系和治理能力现代化"。[①] 而新治理是基于西方国家的情况提出来的，其基础是一个业已存在的现代国家，所针对的是公共服务和代议制的困境，试图改进公共行政和公共服务的提供方式，在代议民主中增加直接参与的要素。[②] 显然这是两种完全不同的背景和前提假设，如果不能找到可以沟通的桥梁，那么这种局限于公共行政的治理研究就很难适用于中国的情境，我们也就很难看到它有什么借鉴的价值。

从国内来看，目前的治理研究存在时尚化、西方化和表面化的突出问题，而相对缺乏更为超脱、独立、一般和深层的思考和探索。虽然越来越

---

① 习近平：《完善和发展中国特色社会主义制度，推进国家治理体系和治理能力现代化》，见"人民网·中国共产党新闻网"（http://cpc.people.com.cn/n/2014/0218/c64094-24387048.html）。

② 郁建兴、王诗宗：《当代中国治理研究的新议程》，载《中共浙江省委党校学报》2017年第1期。

多的人加入到治理研究的行列,但多是搬运工和贩卖者角色。其中特别突出的一个问题是,人们似乎把新治理当成了普遍适用的灵丹妙药。比如有人认为,治理代表了人类社会发展的基本方向,是世界各国通向现代化之路的普遍追求和必然选择。[1] 于是对于中国来说,问题就不在于新治理本身是否可取,而在于有关条件(如第三部门的成长)是否满足,所要做的就是去满足这些条件。但是作为一种实践形式,新治理本身是西方国家新公共管理改革运动带来的意外结果,此后虽经人们提炼概括成一种新理念并据此来推动实践变革,但迄今也只能看成是一种尝试,而不能说是成功的模式。国际上所有保持冷静理性的研究者也都指出,新治理并非灵丹妙药,也存在治理失败的问题,并不是所有的新治理模式都优于传统的治理模式。[2]

在这种气氛下,国内学界大多沉醉于引介、阐释和运用来自于国外的治理概念和主张,进行琐碎的应用对策研究(也包括实证研究),致使需要沉淀冷静理性的治理理论研究相对缺乏。上文提到的为数甚少的治理理论研究,尽管十分难得,但还是存在比较粗糙、概念范畴设定不尽合理、逻辑不够清晰连贯的问题。

最后,我们发现国际国内的治理研究都存在一个研究定位模糊混乱的突出问题。这些研究既试图去解释经验现象(解决是什么和为什么问题的经验性研究),又试图提出某些要求或方案来指导实践(解决应该怎样做问题的规范性研究),甚至有时采用规范性论调去解释现象,用解释性话语去提出规范性要求。这种表述和逻辑的混杂不清,使人难以对其研究定位作出判断,更不知该如何去运用它。

总的来看,目前国内外的治理理论研究状况并不能令人满意,我们感到很难找到可以直接运用的治理理论。这就给本书研究的第一个任务提出了挑战,制造了难题。有鉴于此,我们只能在吸收借鉴已有成果并吸取其教训不足的基础上,尝试着构建一个关于公共治理的理论分析框架。该框架的研究定位非常明确,就是用来进行经验性研究,包括描述和解释,而

---

[1] 张小劲、于晓虹编著:《推进国家治理体系和治理能力现代化六讲》,人民出版社 2014 年版,第 37 页。

[2] Mark Bevir, *Governance: A Very Short Introduction*, Oxford: Oxford University Press, 2012, pp. 101-102;[法]皮埃尔·卡兰默:《破碎的民主:试论治理的革命》,高凌瀚译,生活·读书·新知三联书店 2005 年版,"引言"第 8 页;[美] B. 盖伊·彼得斯:《政府未来的治理模式》,吴爱明、夏宏图译,中国人民大学出版社 2001 年版,第 20 页。

不是用来提出规范性指导意见。吸取过去的教训，该框架还必须做到基本概念范畴设定合理，内在逻辑清晰连贯，真正具有理论的品质和特征。此外还要努力打破学科和领域界限，打通时空区隔，使之具有一般适用的理论价值。

第二章 公共治理的理论分析框架

本章的任务是构建公共治理的理论分析框架。首先需要解释一下为什么使用公共治理（public governance）而不是治理这个术语。我们知道，无论在国内还是国外，治理一词都有其一般的意义，如指导、控制、社会组织协调、处理和解决问题等，可以运用于多个领域，如公司治理（corporate governance）、河道治理、土壤治理，而不一定限于社会公共生活领域。所以如果是用于社会公共生活领域，就很有必要使用"公共治理"这个专属用语，以免产生混淆。有学者认为治理概念本身就蕴含着公共性从而等同于公共治理①，这是毫无根据的。本书研究的是社会公共生活领域的问题，我们所说的治理都是指公共治理，也只需要公共治理理论的指导，所以以后都不避繁琐，坚持使用公共治理这个术语。

从最一般的意义上说，构建理论分析框架的核心工作，就是明确基本的概念范畴及其内在逻辑。就公共治理理论分析框架的构建而言，这里遵循和贯彻的是人的实践逻辑。因为公共治理作为人的一种实践活动而存在，这是非常明显的事实，也可以说是人们对此最大的共识。既然如此，公共治理服从人的实践逻辑就是毫无异议的。

亚里士多德（Aristotle）或许最先提出了实践的范畴，倘若去除其伦理学色彩（强调实践以善为目的），则事实上他确定了实践的基本性质（人的有意识活动），并阐明了实践的基本组成和结构（人、欲望、目的、意愿、手段、方式、考虑、选择、对象等）。② 韦伯（Max Weber）则揭示了实践的理性方面，注意到人会依据一定的理由来确定自己的行动目的和

---

① 申建林、徐芳：《治理理论在中国的变异与回归》，载《学术界》2016年第1期。
② ［古希腊］亚里士多德：《尼各马可伦理学》，廖申白译注，商务印书馆2003年版，第3、62—63、65、68—69页。

对手段进行选择，此即价值理性和目的理性的概念。[1] 美国的实效主义（pragmatism）哲学家拒斥思想观念的作用是描述、代表或反映实在的观点，而把思想观念看成是行动（解决问题）的工具，注重实践的结果和收效。[2] 现当代的集体行动理论则把人的实践从个体行动推向集体行动，试图解决这个更为复杂和困难的问题，深化了人们对实践的研究和认识。所有这些思想理论都深刻地揭示了人的实践逻辑。简言之，实践就是人有意识地寻求手段以达到目的的活动过程。这个过程可能是一次性的、重复性的、长期性的或者终身性的，也是一个不断探索、学习、总结、改进的过程。这个实践逻辑对于个体行动和集体行动都成立，但集体行动还有更为特殊的逻辑。

根据人的实践逻辑，我们将首先从政治学角度界定公共治理的概念，然后考虑到公共治理是一种集体行动的特殊性质，提出四对范畴作为公共治理的基本分析框架：组织和体系、目标和任务、过程和结果、评价和改进。贯穿这些范畴的就是人的实践逻辑，包括集体行动的特殊逻辑，从而形成一个完整的公共治理理论形式。正是在构建这个理论分析框架的过程中，公共治理体系及其现代化等基本概念都将得到澄清。

第一节 公共治理的概念界定

在目前的学术环境下，对于公共治理这样一个内涵并不确定或者说尚无共识的概念，到底应当如何界定，实际上取决于我们打算如何使用它以及这种使用的价值和意义。就此而言，国外提出的 governance 或 public governance，如果按照新治理的概念来理解，则因其仅仅是基于公共行政问题而提出来的显得立意太低，加之其特殊的背景出身，这个概念只能适用于有限的范围，对于过去时代、非西方国家以及地区、国际或全球层面就很可能无法适用，价值有限。反过来，如果按照现代中文的一般意义（处理和解决问题）来理解公共治理，那么这个概念又太宽泛了，比如土壤治理，以至于毫无价值，完全可以换成其他用语。有鉴于此，我们的策

---

[1] ［德］韦伯：《社会学的基本概念》，顾忠华译，广西师范大学出版社 2005 年版，第 31—34 页。

[2] ［美］威廉·詹姆士：《实用主义》，陆羽纶、孙瑞禾译，商务印书馆 1979 年版，第 103—105 页。

略，就是从政治学的角度来理解和界定公共治理概念，将其等同于政治的概念，指的是管理公共事务的活动，也就是孙中山先生所说的"政治就是管理众人之事"[①]。

按照这个界定，对公共治理概念的理解和解释，就等于是去理解和解释政治的概念。不过我们认为，这里关于政治概念的界定符合政治学学科的规定性，是有坚实依据的。

学科就是分门别类的专门学问。而学问是人们主观构建起来的知识体系，所以任何一门学问都有其规定性（stipulativeness），也就是对研究主题的规定，包括研究什么和解决什么问题。其中研究什么是一门学问得以成立的基础，如果研究对象不复存在，则该学问也就无立足之地了。但有一些学问的研究对象有交叉甚至重合，只是各自所要解决的问题不同。所以学问的规定性是这两方面的结合，它们共同确立了一门学问的身份特征并且表明其存在的价值和合理性。学问的规定性虽然是人为赋予的，但一旦确立起来之后就不可变更，否则就不再是那门学问。

所有学问的规定性都是由其开创奠基者确立的，因此除非欲自创学问，否则就必须尊重开创奠基者的地位和意思，这也可以说是一种知识产权。就政治学这门学问来说，古希腊思想家亚里士多德之所以被公认为开创奠基者，就是因为他确立了政治学的规定性，是这门学问的规定者和规划者[②]。由此，政治就是管理公共事务的活动这个概念，为什么符合政治学学科的规定性，就要从亚里士多德那里去寻找依据。

政治学当然是研究政治的专门学问。不过非常遗憾的是，亚里士多德并没有界定过政治概念，甚至从未使用过这个术语。但这也可以理解，因为学界后来使用的 politics 一词，是从古希腊语 πόλις（polis，城邦）和 πολιτεία（politeia，polity/constitution，政体）演变而来的。而亚里士多德那部开山奠基之作《政治学》（πολιτικά，politiká），本来就是研究城邦的——当然他在该书中也使用了更为学理化和一般化的用语 κοινωνειν（koinwnein，political community，政治共同体）[③]，由此推导，似乎政治就

[①] 广东省社会科学院历史研究所等合编：《孙中山全集》（第九卷），中华书局1986年版，第254页。

[②] 当然这不意味着亚里士多德的政治思想观念均属原创，其实他吸收了前人的许多思想观点，但的确是他而非别人第一次明确了政治学的规定性。

[③] Aristotle, *Politics*, with an English translation by H. Rackham, M. A., London: William Heinemann LTD, 1932, pp. 68–69.

是指政治共同体。如果说政治共同体在亚里士多德的时代是城邦的形式，那么在近代西方"国家（state）"一词和民族国家（nation-state）兴起之后，政治共同体就变成了国家的形式。所以此后很长时间里，西方学界都把政治等同于国家的概念，认为政治学就是国家学。①

应当说把政治理解为政治共同体，大体符合亚里士多德确立的政治学规定性，不能算错。② 但问题是这样的理解太肤浅了，其内涵也不够清楚，基本上没有告诉我们什么实质的东西。因为我们可以注意到，亚里士多德所说的政治共同体并非天生的，而是人们相互结合而形成的。那么人们为什么要结合成政治共同体？其目的是什么？怎样才能达到这样的目的？显然只有深入理解这些问题，政治概念的真正内涵才能被揭示出来。

所幸的是，亚里士多德对这些问题恰恰作出了深刻的解释。他说人之所以要结成各种共同体（从最初由配偶和主奴构成的家庭，到由家庭构成的村落，直至由村落构成的城邦），过社会化的生活，是因为这对每个人都是有好处的，大家可以从中共同受益（common benefit），满足各种需要，最终实现完全自足（total self-sufficiency）的生活，即至善③的幸福生活。④ 完全自足正是亚里士多德认为人们最终结成政治共同体的原因所在，这也是其至高至善的目标。⑤ 由此，亚里士多德明确规定了政治学的研究主题：探寻什么样的政治共同体最适合那些能够尽可能理想地生活的人们。⑥ 易言之，就是探索通过结成什么样的政治共同体去实现那至高至善的目标——过上完全自足的幸福生活。

这样的目标显然不可能自动实现，能够实现这种目标的政治共同体亦非天然的存在，它需要结成政治共同体的人们付出智慧和努力。那么该怎

---

① ［美］迦纳：《政治科学与政府：绪论、国家论》，孔寒冰译，东方出版社2014年版，第9—11页。

② 但在"现代政治科学"中，把政治理解为公共权力、社会分配、公共决策等，恐怕就太过于随心所欲，离政治学的规定性也太远了。基于这些政治概念的研究是否还属于政治学的范畴，令人生疑，或许是另创的一些新学问也说不定。

③ 亚里士多德说，那些始终因其自身而非它物而值得欲求的东西就是至善的，如幸福。换言之，本身就是作为目的而被追求的东西才是至善的，凡是为达到其他目的而作为手段被追求的东西则不那么完善。至善的东西也必然是自足的。（［古希腊］亚里士多德：《尼各马可伦理学》，廖申白译注，商务印书馆2003年版，第18—19页）

④ Aristotle, *Politics*, translated with introduction and notes by C. D. C. Reeve. Indianapolis/Cambridge: Hackett Publishing Company, 1998, pp. 2-4、75-76.

⑤ Ibid., p. 1.

⑥ Ibid., p. 26.

么努力呢？亚里士多德把目光转向了对政体的考察，视之为出路所在。①他在这里的逻辑是：政体→政治共同体→完全自足的幸福生活，其中前者是后者的途径，后者是前者的目标。由此，他甚至将政治学的主题进一步转化为对政体的研究：什么样的政体从理想上说是最好的，什么样的政体适合于什么样的城邦，在既定条件下什么样的政体是最好的，什么样的政体最适合于所有的城邦，到底存在多少种政体，什么样的法律是最好的以及什么样的法律适合于什么样的政体。②

为什么亚里士多德会把政体看成是出路？政体到底是什么？又是做什么的？什么样的政体才能实现人们结成政治共同体的目标？亚里士多德说，政体就是由城邦的各种职务（office），特别是对一切事情都有权威的那种职务所构成的组织；由于在每个城邦，治理阶层（governing class）都是有权威的，所以治理阶层就是政体。③ 政体所要做的事情就是管理（rule），就是处理人类和公共生活事务（deal with human beings and communal life）④，或者说治理人类（governing mankind）和控制共同生活（controlling the common life）⑤。正如主人对奴隶、户主对妻女的管理一样，政体所从事的管理也必须符合人们结成政治共同体的目的，即为了被管理者好（for the sake of the ruled）——就如同医药、体育训练和其他技艺的使用目的一样，同时也是为了管理者自己好（for the sake of the rulers as well）。⑥ 唯有这种意在共同受益（common benefit）的政体才是正确的，而那些只在意管理者利益的政体就是错误的，是对正确政体的偏离。⑦ 错误的政体是对正确政体的偏离，因而都是坏的，偏离越严重就越坏，其中暴虐政体（tyranny）最坏，寡头政体（oligarchy）次坏，平民政体（democracy）最适中（moderate）。⑧ 言下之意，正确的政体都是好的，其中

---

① Aristotle, *Politics*, translated with introduction and notes by C. D. C. Reeve. Indianapolis/Cambridge: Hackett Publishing Company, 1998, p. 26.
② Ibid., pp. 101-102.
③ Ibid., p. 75.
④ Ibid..
⑤ Aristotle, *Politics*, with an English translation by H. Rackham, M. A.. London: William Heinemann LTD, 1932, p. 201.
⑥ Aristotle, *Politics*, translated with introduction and notes by C. D. C. Reeve. Indianapolis/Cambridge: Hackett Publishing Company, 1998, p. 76.
⑦ Ibid., p. 77.
⑧ Ibid., pp. 103-104.

君王政体（kingship）最好，贵族政体（aristocracy）其次，公民政体（polity）再次。既然如此，那么显然只有采取正确的、好的政体才能实现人们结成政治共同体的目标。不过亚里士多德又指出，政治家不应只研究最好的政体，也要研究采取什么政体是可能的、更容易实现和更易于获得。① 也就是说，政体有很多种（包括混合的情况）②，每个政治共同体都只可能选择适合于自身的。最后在选择和构建起好的、正确的且适合的政体之后，还要注意保存政体，防止其遭到破坏。③ 这就是亚里士多德所指出的政体出路。以上所有这些也就构成了政治学研究的基本内容。④

从亚里士多德在《政治学》中所确立的主题来看，我们认为政治概念并不简单等同于政治共同体的概念，至少还要包含政体这个概念，单独讲任何一个方面都是不完整的。这两方面其实就是人类结成政治共同体而生活的目标和路径。

在这里，亚里士多德的确有其历史局限性，比如他把城邦看成是政治共同体的唯一形式，比如他对奴隶、对妇女等的看法。但跳出这个局限，则亚里士多德指出了一个恒久而普遍的人类现象，即人类是一种社会性动物⑤，过着抱团的社会化生活。同时他提出了一个对人类具有普遍和永恒价值的重大问题：这种社会化生活的原因和意义是什么？对此，亚里士多德从目的论（teleology）出发，认为人类结成政治共同体而生活就是为了互惠互利，共同受益，最终实现完全自足的幸福生活；从伦理学的角度来

---

① Aristotle, *Politics*, translated with introduction and notes by C. D. C. Reeve. Indianapolis/Cambridge: Hackett Publishing Company, 1998, p. 102.

② Ibid..

③ Ibid., p. 104.

④ 对于《政治学》一书的最后两卷，学界普遍认为跟前面内容关联度不高，且零散不全，而前面六卷却是组织严密的整体。（[英] 阿兰·瑞安：《论政治》（上卷），林华译，中信出版集团2016年版，第125页）既然如此，那么最后两卷似乎可以不予关注。但我们不这样认为。其实最后两卷也很重要，意在说明什么样的共同体生活才是可取的，是在回应和进一步阐释人们结成政治共同体而生活的目标。亚里士多德这样做的目的，一方面是以之为标准来检验政体之成效优劣；另一方面则是对结成政治共同体的公民应具备什么品德提出要求，探索如何获得这些品德和保证公民采取美德行动，如城邦的地理条件、规模大小、职业分工、公民教育，等等。之所以亚里士多德重视公民品德，是因为政治共同体和政体本身就是由公民组成的，每一种政体都需要某些特别的公民品德。这似乎就意味着，在政体之外，亚里士多德又提出了一个用以实现政治共同体目标的途径：塑造和保证公民的美德行为。不过也可以不这样看，毋宁说这是对政体的一种维护措施，是附属于政体途径的。

⑤ Aristotle, *Politics*, translated with introduction and notes by C. D. C. Reeve. Indianapolis/Cambridge: Hackett Publishing Company, 1998, p. 4.

说，人类也应该这样生活才有意义。既然互惠互利、共同受益和最终幸福是人类结成政治共同体而生活的根本原因，那么也就可以说这才是真正的目标所在。[①] 如果用博弈论的观点来解读，这个目标就是共赢（all-wins），若非如此，人类就将因为社会化生活而陷入可悲的困境，毫不可取。通过这样的概括，人类结成政治共同体而生活的目标才具有了超越时空局限的一般意义。正是为了使结成政治共同体的人们互惠互利、共同受益和最终幸福，亚里士多德提出选择、构建和保存好的、正确的且合适的政体，通过政体发挥管理人类和共同体生活（可概括为管理公共事务）的作用，来实现这样的目标。

因此，把这些丰富的内涵概括起来，说政治就是管理公共事务的活动，应当是比较妥当的。具体言之，实施这种活动的是作为一种组织的政体，所要做的是管理一个政治共同体范围内的公共事务，目的是使结成政治共同体的人们能够互惠互利、共同受益和最终幸福。把公共治理理解和界定为这样的政治概念，不但本来就有词源学上的依据，关键是具有政治学的学科依据和理论基础，因而值得采取。

这样的公共治理概念的确是一种规定性，既有规范性内容（目标），也有经验性内容（政体、公共事务、管理等），而不纯是一个经验描述性的概念。这就意味着我们使用这个概念要注意区分：对于公共治理的规范性内容，只能作为一个规定来接受，无须争辩，而且也不可用于经验性研究，但可以进行规范性阐释；对于公共治理的经验性内容，则不可用于规范性研究而只能是经验性研究。

第二节　公共治理的组织和体系

我们已经看到，公共治理是通过政体来实施的，而政体在亚里士多德那里是一种组织的含义。但为什么政体是一种组织？进一步，为什么要通过政体这种组织形式而不是其他途径来实现政治共同体的目标？应当说这样的问题在亚里士多德那里是没有讲清楚的。瑞安（Alan Ryan）认为亚里士多德是根据"四因说"进行政治分析的，其中公民是政治共同体的

[①] 对此目标，学界长期用公共利益（common interest/public interest）的说法来予以表达。但这个说法往往给人一种误导，以为这是一种脱离个人的独立的客观存在，这就偏离了本意，实为不妥。

质料，政体是其形式，动力是对自足的追求，目的是公民一起过最好的生活。① 照此解释，政体就是政治共同体的结构，发挥的是构建政治共同体的作用。但从亚里士多德的原著来看，政体并不是全体公民的组织，而是职务（office）的组织，公民只是有资格（eligible）担当这些职务的人②，而不一定是实际担任职务的人；政体的作用也不是构建政治共同体，而是管理公共事务（所有构成政体的那些职务就是为此而设置的③），是为了实现政治共同体的目标。可见瑞安的这个解释不尽准确，没有有效地回答这里的问题。

我们认为，要把这些问题讲清楚，就必须引入集体行动理论，注意到公共治理的集体行动性质。其实亚里士多德对此应该是有意识的，只不过没有明确使用集体行动的术语，也没有展开分析。比如他曾说："为最大多数人所共有的东西会得到最少的关照。人们最在意的是他们自己的财产，而最少关照公共的财产，或者只是关照与他们有关的那些。别的不说，只是认为别人正在用心照看公共财产这一想法，就会使他们更加忽视公共财产，就像有时候一大群家仆却比少数几个家仆提供的服务更差一样。"④ 这里的意思跟奥尔森（Mancur Olson）所说的集体行动困境⑤比较接近。另外，亚里士多德之所以重视作为一种组织形式的政体的作用，估计这就是他用来对付集体行动困境的手段。不过这些毕竟只是推测，亚里士多德终究没有讲清楚这其中的逻辑和机理，而奥尔森的指示也不够明确，所以还需引入组织学理论。

其实集体行动理论和组织学理论本来就是难分难解的，因为离开集体行动就无法解释组织何以存在，离开组织也无法解释集体行动何以可能，

---

① ［英］阿兰·瑞安：《论政治》（上卷），林华译，中信出版集团2016年版，第118页。

② Aristotle, *Politics*, translated with introduction and notes by C. D. C. Reeve. Indianapolis/Cambridge: Hackett Publishing Company, 1998, p. 67.

③ 亚里士多德认为这些职务可以分为商议公共事务的、与职官有关的和裁决诉讼的三种类型（Aristotle, *Politics*, translated with introduction and notes by C. D. C. Reeve. Indianapolis/Cambridge: Hackett Publishing Company, 1998, p.125），并认为没有必要的职务，城邦就不能存在，没有正确组织和次序的职务，城邦就管理不好（Aristotle, *Politics*, translated with introduction and notes by C. D. C. Reeve. Indianapolis/Cambridge: Hackett Publishing Company, 1998, p. 187）。

④ Aristotle, *Politics*, translated with introduction and notes by C. D. C. Reeve. Indianapolis/Cambridge: Hackett Publishing Company, 1998, pp. 28-29.

⑤ 奥尔森说："如果一个集团中的所有个人在实现了集团目标后都能获利，由此也不能推出他们会采取行动以实现那个目标，即使他们都是理性的和寻求自我利益的。"（［美］曼瑟尔·奥尔森：《集体行动的逻辑》，陈郁等译，生活·读书·新知三联书店1995年版，第2页）

二者都是以理解集体生活的运转逻辑及其引起的合作形式为研究目标的①，只是侧重点略有不同。所以可以而且完全有必要将二者整合起来，形成集体行动组织学理论。从这方面的尝试和努力来看，以克罗齐耶（Michel Crozier）为代表的法兰西学派做得比较好。正是通过他们的研究，我们才得以理清集体行动和组织之间的逻辑关系。

根据法兰西学派的观点，人有一些目标是仅凭个人力量所不能实现的，由此需要跟他人合作，采取集体行动，集体行动就是人们的合作行动。但合作（集体行动）不会自发产生，也不是顺理成章的事情，相反总是存在困难，这就是奥尔森所揭示的集体行动困境。因此，要使合作（集体行动）成为可能，就需要整合人们的行动——这就是组织活动（organize），由此导致集体行动必然是有组织的行动，会呈现出一定的组织形态（organization）或者说合作形式。这里所说的组织，其目的是保证多人为了实现共同目标而进行的合作（集体行动）成为可能②，这是一个采取各种手段措施来整合人们的行动的过程，是一个围绕权力而进行的博弈过程。权力意味着不对等的相互关系，它不是某种权威结构的简单体现和产物，而是行动者在某个特定的博弈结构中动用其所控制的不确定性因素而导致的一种偶然结果，用来保证与其他博弈者之间的关系和交易。③而可为行动者控制的不确定性因素主要包括专门技能或专业功能、与环境的关系、信息沟通和组织规则。④一句话，正是组织才使得集体行动成为可能。但是为解决合作（集体行动）问题而采取的组织方式都是情境式的（偶然而临时），并无一定之规，会因情境不同而不同，因情境变化而变化，由此产生组织形态的多样性和变化性。

应当说奥尔森对人类集体行动和组织逻辑的理解跟法兰西学派相去不远，但他只分析了集体行动的结果预计对参与者都有利从而可能出现"搭便车"的机会主义情形，却没意识到还有另外一种情况，就是集体行动的结果预计未必对所有人都有利，但现实中这样的集体行动仍旧得以开展。奥尔森只解释了前一种情况，而忽略了也解释不了后一种情况。而且

---

① ［法］克罗戴特·拉法耶：《组织社会学》，安延译，社会科学文献出版社2000年版，第1、110页。
② ［法］米歇尔·克罗齐耶、埃哈尔·费埃德伯格：《行动者与系统：集体行动的政治学》，张月等译，上海人民出版社2007年版，"前言"第27页。
③ 同上书，第14页。
④ 同上书，第65—66页。

他对组织的理解可能不如法兰西学派那样深刻。奥尔森认为只要采取选择性激励手段（包括积极的和消极的），就可以解决集体行动（合作）的问题。① 法兰西学派却意识到没那么简单，而是把组织看作一个围绕权力而进行的博弈过程。此外在奥尔森看来，只有大团体才会出现合作困难，团体越大越是如此，而小团体一般不会。但法兰西学派没有作出这种区分，而是认为人类的一切合作通行同样的逻辑，这就更加统一且更符合事实。例如，按照奥尔森的逻辑，两口之家恐怕是最小的团体了，因此其内部合作肯定不成问题，但离婚、家庭纠纷等现象证明这是不符合事实的。

当然，法兰西学派的研究也有欠缺之处。他们也没注意到并且去解释集体行动的第二种情形，而且依旧坚持团体理论的共同目标假设，而没有发现共同目标与集体行动（合作）之间并无必然联系。例如，秦始皇发动军队、戍卒和罪犯各色人等修筑长城②，这是集体行动确定无疑，但显然不能说参与者都有共同目标。集体行动当然有其目标，但未必是参与者一致认同的共同目标，其情形实际上比较复杂。③ 该学派对集体行动的组织过程也缺乏具体剖析，对组织者与合作者的角色缺乏区分，从而组织过程和逻辑的揭示不够充分，造成对组织形态的解释比较模糊。实际上法兰西学派构建集体行动组织学理论框架，初衷在于平衡社会学上争论了许多年的能动（agency）与结构（structure）矛盾，尽量避免走向任何一个极端，但这就导致其分析不够周全、细致和深入。

基于这些研究成果及其不足，我们可以梳理一下集体行动组织学理论的基本见解。任何人仅凭个人力量势必不能实现所有的目标，由此需要寻找合作对象，有时候是相互寻找合作对象。但相互合作的人并不必然具有一致的目标，或者说合作者未必在所有目标层次上都取得一致意见。这些人之所以合作，是因为他们出于各种原因成了利害相关者，利害相关性比共同目标这个概念更写实也更具解释力。也就是说，他人不能靠一己之力实现的那些目标所涉及的事情，和自己有利害关系，因为没有人会关心和自己没有利害关系的事情，更不用说参与其中了。特别需要强调的是，这里所说的利害关系是利和害两个方面的结合，都是个人的主观价值评判，

---

① ［美］曼瑟尔·奥尔森：《集体行动的逻辑》，陈郁等译，生活·读书·新知三联书店1995年版，第41—42页。

② 林剑鸣：《秦汉史》，上海人民出版社2003年版，第72页。

③ ［美］W. 理查德·斯格特：《组织理论》，黄洋等译，华夏出版社2002年版，第272页。

表示每个合作者都知道某事情会给自己带来好处或者造成损害。人们一般用"利益"这个术语来进行表述,但只表达了有利一面的内涵,不够完整,也具有误导性,实为不妥。所以人与人之间合作,总是基于利害相关性。至于利害相关性的产生,可能是客观原因造成的,比如发生了天灾,也有可能是人为故意制造的,比如被发动去修长城的那些士兵、民夫和囚犯,其利害相关性就是由秦始皇制造的。而人们合作去做那些跟自己有利害关系的事情就是集体行动。然而,在集体行动的结果预计对所有参与者都有利的情况下,无论参与者规模大小,都会出现奥尔森所说的集体行动困境(搭便车的机会主义行为),所以只有采取组织措施才能使其开展起来和维持下去。在集体行动的结果预计未必对所有参与者都有利的情况下,比如上述的修长城,则更需要采取组织措施才有可能使集体行动开展起来和维持下去,否则预期或发现结果对自己不利者,必然会采取拖沓甚至逃避或退出策略。总之,组织是出于集体行动的需要,同时也使集体行动成为可能。

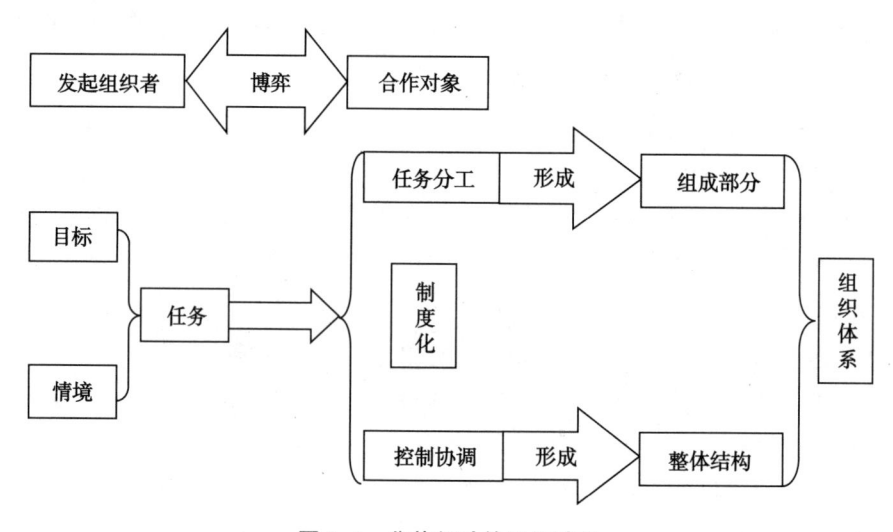

图 2-1 集体行动的组织过程

那么组织是如何使集体行动成为可能的呢?这就需要仔细考察组织活动的过程(如图 2-1 所示),集体行动的组织逻辑就蕴含于其中。不难发现,任何集体行动必然会有其发起者和组织者。奥斯特罗姆(Elinor Ostrom)所讲的自主治理,并不意味着会出现自发的集体行动,这是根本不可能的。她所说的自主治理有其特殊含义,指的是一些利益相关者在不依靠外在力量（特别是政府）帮助的情况下，自己组织起来解决问题。所以她把自主治理跟市场、政府并列，看成是第三种治理方式。[①] 但这种自主治理作为一种集体行动，依旧是被组织起来的，仔细考察便可以发现其中也存在发起组织者。

正是这些发起组织者去寻找合作对象，采取各种可能的手段和方式，使人们参加合作（无论是出于自愿还是被迫，关键是发现或创造利害相关性），并且将各人分散的行动整合起来，发挥出集体行动的效果，实现集体行动的目标。这就造成集体行动的目标往往就是由这些发起组织者所确定的。这样的目标可能是集体行动参与者一致认可的，也可能不是，所以不宜叫作共同目标。正因如此，斯科特（W. Richard Scott）主张不要问组织是否有目标，而应问谁设定和如何设定组织目标才更有意义。[②] 由此，有学者提出了组织的主导联盟或统治联盟成员概念，相当于我们此处所说的发起组织者角色。

为使集体行动实现目标，发起组织者需要结合具体的情境条件，制定出具体的任务。由于在集体行动中，任务要靠多人合作来完成，所以必须将其分解和安排到各个参与者，这就是任务分工，是任何集体行动都必不可少的。分工后的任务就形成为各个承担者的功能。分工的方式一般有三种：划分任务的类别；划分任务的区域；划分任务的过程。前两种分工方式最为常见，易于理解，最后一种也比较常见，但不易理解。我们可以在工厂流水线作业中见到按过程环节分工的方式，在公共治理中见到如动议、决策和执行三个环节的分工，以及按照原材料生产、原料加工、流通销售、产品消费等环节进行监管的分工。实践中的分工方式可能是三者兼具，由此形成横向的平行分工。不过对于那些复杂的或者繁重的任务来说，一次性分工（不管是按类别、区域还是环节）通常不足以完成任务，这就需要再分工，进一步分解和安排任务，使任务更加具体化和更具操作性，落实到更具体的承担者，由此就形成了纵向的层次分工。分工是否切合任务的实际以及分工标准是否明确、完整和统一，是判断分工合理性的重要标准。另外，任务分工的核心是将任务（职责）分配到具体的人，

---

① [美] 埃莉诺·奥斯特罗姆：《公共事物的治理之道：集体行动制度的演进》，余逊达、陈旭东译，生活·读书·新知三联书店2000年版，第30—40页。
② [美] W. 理查德·斯格特：《组织理论》，黄洋等译，华夏出版社2002年版，第274—275页。

自然涉及人员的筛选和任用，同时为了保证分工任务得以完成，当然还要给予相应的手段（如财物等资源）。这就是所谓职权责、人财物相匹配原则，是判断分工合理性的另一个重要标准。

任务分工完成之后，为了防止各个分工行动相冲突或者偏离目标导向，还需要对其进行协调控制。以上就是全部的组织过程。过去奥尔森把集体行动的组织过程简化为激励约束机制的建立，其中，激励指的是正向刺激，如经济奖励；约束指的是负面刺激，如责任追究。这不能说是错误的，但却是不全面的，只涉及组织过程的控制环节，以维持集体行动的进行和确保目标导向的正确。由此我们也就看到，控制包括两个方面：正向激励和负向约束。

诚如法兰西学派所言，集体行动的组织过程是一个博弈过程，贯穿于目标任务的制定、任务的分工和总体的协调控制全过程。其中，在制定目标任务的过程中，发起组织者之间以及他们与其他合作者之间会进行博弈；在任务分工的过程中，发起组织者和其他合作者之间以及其他合作者之间也会进行博弈；在协调控制的过程中，发起组织者之间、发起组织者与其他合作者之间以及其他合作者之间仍会发生博弈。这就导致任何组织过程都是法兰西学派所说的情境化处理方式，并不能保证一定成功。

不过无论如何，正是通过组织，集体行动才有可能开展起来并最终实现其目标。组织活动造成的结果，就是集体行动形成为一定的组织形态。这是一个体系，集体行动的组织体系。其中任务分工形成体系的各个组成部分（各种和各层次的角色机构），而协调控制则构建起整个体系的结构（各组成部分之间的关系）。此外，科斯（Ronald Coase）指出，组织的制度化有助于降低交易成本。[①] 集体行动的组织作为博弈的过程，也就是频繁的交易过程，其成本（科斯称之为组织成本）是不可忽视的。所以，为降低组织成本，集体行动的发起组织者通常会使任务分工和协调控制过程常规化和制度化，由此导致集体行动组织体系可能会形成比较稳定的形态，表现出持续性特征。当然结果不必然如此，因为制度化也可能会失败。

以上是任何集体行动都必然要遵循的组织逻辑，这个逻辑从根本上说就是目标导向逻辑，因为正是为了实现这些目标才需要合作和组织。也正

---

① ［美］罗纳德·哈里·科斯：《企业、市场与法律》，盛洪、陈郁译校，生活·读书·新知三联书店1990年版，第7页。

因如此，对于不同的集体行动来说，还有各自特殊的组织逻辑。不同的集体行动到底如何进行任务分工和协调控制，首先取决于它们各自的目标任务取向。集体行动之间之所以存在差别，根本上是因为其目标任务取向不同。而目标任务取向不同，那么相应需要进行的任务分工和协调控制方式也就会不同，这就是各自特殊的组织逻辑。这些特殊逻辑之间未必相通，如果强行套用，会产生难以理喻的荒谬现象，常常成为人们的讽刺性素材。比如试想把军队作战的组织逻辑套用于教学的组织过程会产生什么结果？各种集体行动的特殊组织逻辑，是导致集体行动组织体系多样性的重要原因。不仅如此，集体行动之发起组织者的思想观念、经验阅历、认识水平和智慧能力，对于能否正确把握集体行动的特殊组织逻辑、如何结合具体的情境制定任务以及相应地进行任务分工和协调控制，都发挥着非常重要的作用。所以即便是目标任务取向相同的集体行动，其组织形态也不一定相同。这是导致集体行动组织体系多样性的另一个重要原因。

此外，任何集体行动所面临的环境形势条件总会发生变化，所以即使目标取向不变，所制定的任务通常也要因应环境形势条件的变化而作出调整，进而相应地调整任务分工和协调控制方式或制度，这就是集体行动的再组织过程。比如政党的总体目标取向就是执政治国，那么在野的时候，其任务就是争取执政，而一旦成功执政，则其任务就变成了治国。既然任务已经变化，那么政党的任务分工和协调控制方式就不可能保持不变，如成立议会党团、党组之类，否则势必不能完成新的任务。当然再组织的方式是多样的，可能是新增或者废除某些角色机构，也可能是虽不改变原有角色机构的形式，却通过增加、减少或者替换其功能而改变其实质，还有可能是改变各种角色机构之间的关系，等等。总之，再组织是通过改变任务分工和控制协调来实现的。但再组织跟制度化有矛盾。制度化的本意是降低组织成本，结果虽然导致组织体系趋于稳定和持续，但也由此产生了惰性（陈旧观念和既得利益），顽固维护既有组织体系的存在和抗拒组织体系的变革。所以在再组织过程中，博弈在所难免，造成再组织也未必能获得成功，甚至可能会因此导致原有组织体系分裂瓦解或者解散消亡。

根据上述的集体行动组织学理论，我们来考察公共治理，就可以理解为什么公共治理是一种集体行动的性质，并且需要通过政体这种组织形式来实施。正如亚里士多德所指出的那样，人们不可能仅凭一己之力就能满足所有的需要，所以需要与他人合作。只不过亚里士多德这里所讲的合作有其特殊性（也可以说是一种规定性），即合作是相互的而不是单向的需要，目的在于合作者互惠互利、共同受益和最终幸福（这就是人们结成政治共同体而生活的实质），而不是仅仅出于对某个人或某些人有利的目的。这样的合作就叫公共治理（政治），本身就是一种集体行动。按其规定性，公共治理要给所有合作者带来好处，但却面临着奥尔森所说的集体行动困境，只有靠组织来解决这个问题，结果就形成政体这种组织形式，亦即公共治理体系。

这样，通过引入集体行动组织学理论，我们不仅加深了对公共治理概念的理解，同时也明确了公共治理体系的概念。简言之，公共治理体系就是把公共治理这种集体行动组织起来而形成的组织形式。这种组织形式作为一种体系，其组成和结构分别是由组织过程的任务分工和协调控制所造就的。说到底，公共治理体系其实是公共治理主体的组织体系，而不是某些学者所认为的——是公共治理所有要素（如主体、方式和结果）的集合。[①] 进而言之，基于公共治理的集体行动性质，其主体也必须从组织形态去观察才有意义，从分别的个体形态去观察则意义非常有限。比如说，个别公共治理主体的能力虽然对整个公共治理体系的能力有影响作用，但前者的总和却不等于后者，因为每个主体都是在整个公共治理体系中来发挥作用的，所以只有从整个公共治理体系的角度才能发现公共治理能力的源泉所在。一句话，公共治理的能力就是公共治理体系的能力。

第三节 公共治理的目标和任务

根据公共治理的界定，公共治理的根本目标就是使结成社会共同体而生活的人们能够互惠互利、共同受益和最终幸福。这是一个伦理的规范，来自于政治学的规定性，可以对其进行阐释和论证，但不必加以质疑。这里着重需要将其与统治的目标作出区分。公共治理跟统治比较，并非一些技术性的差异[②]，而在于目标的根本不同。具体来说，统治是对人而言的，就是控制和支配他人以达到使他人服从于自己和为自己服务的自私目的；

[①] 俞可平：《论国家治理现代化》，社会科学文献出版社2014年版，第3页；张小劲、于晓虹编著：《推进国家治理体系和治理能力现代化六讲》，人民出版社2014年版，第53页；等等。

[②] 俞可平主编：《治理与善治》，社会科学文献出版社2000年版，第5—6页。

而治理是对事而言的,是管理公共事务,以达到使公众能够互惠互利、共同受益和最终幸福的为公目的。从政治学的规定性来说,统治就是对公共治理的变异。恩格斯早就指出,国家是阶级统治的组织形式,统治就是对公共治理的变异:"国家作为第一个支配人的意识形态力量出现在我们面前。社会创立一个机关来保护自己的共同利益,免遭内部和外部的侵犯。这种机关就是国家政权。它刚一产生,对社会来说就是独立的,而且它越是成为某个阶级的机关,越是直接地实现这一阶级的统治,它就越独立。"①

为实现公共治理的目标,就需要管理公共事务,所以公共治理的根本任务就是管理公共事务。之所以要管理公共事务,根源就在于公共事务的性质,即利害相关性。公共事务(public affair)就是跟众人都有利害关系的事情,这些利害相关者通常被称作公众。正是因为公共事务的这个性质,所以只有管理公共事务,才有可能实现互惠互利、共同受益和最终幸福的目标。

那么管理公共事务又意味着什么?这样的问题笼统言之是讲不清楚的,而需要仔细考察公共事务到底包括哪些事情。因为尽管管理公共事务的根本目标是一致的,但是公共事务不同,其处理方式方法和所要追求的具体效果定然有别。按照公共事务的定义,放眼人类世界和历史,很明显公共事务是多样、多层次②和多变的,没人能够尽数。所以学界的基本做法就是列举,诸如共同生活、人类社会与环境的关系、自然资源、思想和行动自由、社会正义、共同利益、个人发展、科技发展、尊严生活、文化和传统保护、社会和谐、保存自身特性、适应世界变化;③ 或者是社群与国家的建设、安全与秩序、权利保障、经济效率和增长、社会正义、弱者保护④,等等。

所有被列举的这些公共事务,其范围和内容大体是相近的,但列举方

---

① 《马克思恩格斯文集》(第4卷),人民出版社2009年版,第307—308页。

② 有学者认为公共事务的范围层次取决于地域范围的大小(杨涛:《公共事务治理机制研究》,南京大学出版社2014年版,第37页),这个观点未免失于浅薄。其实公共事务的层次性取决于其利害相关性所涉及的公众范围,既可涵盖最大范围的全球人类,也可涵盖村落或社区这样小范围的人群,但不一定会和现实中的地域划分相重合。不同公共事务所涉及的公众范围会形成重合、交叠、涵盖三种情况,但跟地域划分没有必然联系。

③ [法]皮埃尔·卡兰默:《破碎的民主:试论治理的革命》,高凌瀚译,生活·读书·新知三联书店2005年版,"引言"第8—9页。

④ [美]加布里埃尔·A.阿尔蒙德等:《当今比较政治学:世界视角》,顾肃等译,中国人民大学出版社2014年版,第4—7页。

式还是存在明显的不足：一则散乱；二则不完全；三则历史局限性太明显。所以最好是从逻辑上对公共事务进行分类。既然公共事务是跟所有公众都有利害关系的事情，那么从逻辑上说就可以分为三类：一类是对所有人都有害（A）；一类是对所有人都有利（B）；还有一类对某些人有利而对其他人有害（C）。[①] 这种从逻辑上进行的分类是完备的，涵盖了所有的公共事务。现在我们只需分别考察每一类公共事务，便可知道管理公共事务的具体内涵是什么了。

A 类公共事务是对所有公众都有害的事情，因此可称之为公共危害。从历史演进的角度来看，最先出现的公共危害都来自于社会共同体的外部，包括天灾（自然灾害）和外患（外族侵犯），属于飞来横祸。后来则出现了来自内部造成的危害，包括环境破坏、事故、"囚徒困境"、侵害权益（生命健康财产等）、社会内乱和政府祸患，等等。这些公共危害，或者源于不可抗力因素，如天灾和外患，或者是人为造成的结果，但又区分为无意造成的结果，如事故、环境破坏、"囚徒困境"，和有意制造的结果，如侵害权益、社会内乱和政府祸患。

既然公共危害对所有人都能造成损害，那么管理公共危害的具体目标，就是要防止其发生，如果已经发生，则要设法消除或摆脱。这个具体目标也就是公共治理的一项基本任务，可称之为为民除害。

B 类公共事务对所有公众都有利，因此可称之为公共福利（public welfare）。过去经济学上通常把公共福利称作公共产品（public goods），这是狭隘的。张五常认为萨缪尔森（Paul Samuelson）当初发明这个概念时用错了词而误导了后人，其本意是"共用品"或"公用品"，与私用品相对，其性质是同用（concurrent use），表示物品的使用不具有排他性，这跟物品的所有权性质没有任何关系。[②] 不过即使使用共用品这个概念，也不能代表公共福利的概念，因为对公众普遍有利的并不仅限于共用品。

从历史演进的角度来看，公共福利的范围呈现不断增长和扩大的趋势。最先的公共福利是用以共同生存的基本资源，如土地、森林、猎物、果菜，后来逐渐增加一些共同使用的资源，如水利、交通设施。"二战"

[①] 这里需说明的是，凡事不大可能只有利而无害或者相反，通常是利害兼具。所以这里所说的有利有害是综合权衡的结果：如果一件事利大于害，那就是有利，反之则是有害。

[②] 张五常：《经济解释卷一·科学说需求》（神州增订版），中信出版社 2010 年版，第 211—212 页。

后福利国家全面兴起，公共福利的范围出现了大幅扩张，诸如医疗、就业、养老等等悉数纳入。但这些关于公共福利的说法仅限于公用或共用的资源或服务，似乎还是比较狭隘。经济学研究表明，自愿而正当（非欺骗或强迫）的交换能使交易者满足更多的需要，从而使之共同受益。① 这启示我们，除了共用的产品或服务，共用的良好制度也能使公众受益，也应当属于公共福利的范围。

既然公共福利对所有公众都是有利的，那么管理这类公共事务，当然就不是防止或消除之，而是应当促成之。② 这就是公共治理的又一项基本任务，可称之为造福于民。有一种很有代表性的也可以说是主流的观点，认为管理公共事务（公共治理）的核心就是公共产品的供给，其目标是实现社会资源的优化配置，实现"帕累托最优"。③ 在我们看来，这不过是公共治理的一个目标和任务而已，即此处所说的造福于民。

C类公共事务对公众中的一些人有利而对另一些人有害。既然这类事务会对不同人造成相反的影响结果，那么就不像前两种事务，可以得到全体一致认可的处理要求和意见。在现实中，往往是其中的受害者会以社会公正的名义提出处理要求和意见，所以不妨将这类公共事务称作社会公正。把握社会公正事务的关键在于，有人获益和有人受害是围绕同一件事情而产生的，是紧密关联在一起的，也就是有人获益恰恰就是建立在他人受害的基础上，反之亦然。

管理社会公正这类公共事务，其目标当然就是实现社会公正，可称作主持公道。但是不同于前两项任务，这项任务存在很大的争议。一个争议是，主持公道应不应该是公共治理的基本任务，也就是要不要处理和解决社会公正事务。之所以会产生这种争议，是因为这类事务会对不同人造成的影响结果是相反的。所以通常是受害者会提出强烈主张，而获利者则默

---

① ［美］罗伯特·墨菲：《第一本经济学》，程晔译，海南出版社2018年版，第71页。
② 这里说明一下关于提供公共福利特别是共用品的条件和途径问题。这是两个非常重要的问题，但也是备受争议的问题。提供公共福利肯定需要具备一定的条件，特别是经济和财力条件。福利国家实行高福利令人羡慕，但同时债台高筑、缺乏动力和效率又是惨痛的教训。但是反过来，提供公共福利究竟需要具备什么条件或者说什么程度和水平的条件，似乎也没有谁能提供一个客观标准。至于提供公共福利的途径问题，过去一直依赖于政府，但后来遭到经济学界的痛批，认为这个途径是低效甚至无效的，由此催生了新公共管理改革运动。总的来看，迄今为止，这两个问题都是悬而未决的，或许本来就没有固定的答案吧。
③ 高秉雄、张江涛：《公共治理：理论缘起与模式变迁》，载《社会主义研究》2010年第6期。

不作声,甚至可能会为了维护既得利益而反驳和打击受害者。另一个争议是,即便公众一致同意需要正视社会公正事务,认同主持公道是公共治理应当承担的基本任务,但什么叫作主持公道,怎样才算实现社会公正,人们也有不同的看法。

从形式上看,社会公正或社会正义(social justice)的意思非常清楚且长期不变,即每个人得其应得。① 这里强调"每个人",否则就不是社会的公正。这里所说的"应得"是指应有的待遇(回报),包括受赏和受罚两个方面的含义。"得其应得",意味着每个人的作为(付出)与待遇之间应当是相匹配的。而"相匹配"又有性质和程度两层意思,也可以说是社会公正的两个基本原则:所谓性质上相匹配,是指每个人有什么性质的作为,就应当得到相应性质的待遇,二者应当相匹配,即"善有善报,恶有恶报";所谓程度上相匹配,则是指每个人有什么程度的作为,就应当受到什么程度的待遇,二者也应当相匹配,即"大/小善大/小善报,大/小恶大/小恶报"。

尽管社会公正的形式含义非常清楚,在很大程度上也能得到人们的普遍认同。但如果要深究其实质内涵的话,情况就不容乐观了。关键在于这里涉及大量的主观价值判断,很难确定也很难取得共识。在性质上,善行和恶行、善报和恶报如何确定?在程度上,善行和恶行、善报和恶报如何度量?人类已经围绕这样的问题争论了几千年,迄今为止也只是形成了一些仍旧存在分歧的原则性认识,以此来确定何谓"得其应得":(1)贡献(desert)原则:人们应当按其贡献或付出的比例而获得回报;(2)互惠(reciprocity)原则:受人恩惠就当回报;(3)平等(equality)原则:一视同仁,同等分配;(4)需要(need)原则:人们有需要就要尽量满足。②

虽然社会公正的实质内涵仍存争议,但是总的来看,人类历史显示,人们越来越普遍认同社会公正是一项需要正视和解决的公共事务,也就是说公共治理要承担起主持公道的任务,这没有什么异议。

总之,公共事务就是三种:公共危害、公共福利和社会公正。对每一类事务的管理,分别是为民除害、造福于民和主持公道。这就是公共治理的三个基本目标和任务,我们将其称作天下之公义、人间之正道,即孔子

---

① Robert Audi (general editor), *The Cambridge Dictionary of Philosophy* (2nd edition), Cambridge University Press, 1999, p. 456.

② David Schmidtz, *Elements of Justice*, Cambridge University Press, 2006, pp. 13-14.

所谓之"大道":"大道之行也,天下为公,选贤与能,讲信修睦。故人不独亲其亲,不独子其子,使老有所终,壮有所用,幼有所长,矜、寡、孤、独、废疾者皆有所养,男有分,女有归。货,恶其弃于地也,不必藏于己;力,恶其不出于身也,不必为己。是故谋闭而不兴,盗窃乱贼而不作,故外户而不闭。是谓大同。"[1]

第四节 公共治理的过程和结果

公共治理过程就是管理公共事务的过程,也是完成其基本任务的过程,而且由于是公共治理体系在管理公共事务,所以也可以说是公共治理体系运作的过程。所有这些都是公共治理过程的含义。

把对各种公共事务进行管理的情况概括起来看,公共治理过程就是动议、决策和执行三个环节的结合。这三个环节也就是公共治理体系的三个基本功能,其发挥状况如何,就是公共治理能力的直接体现。

公共治理是管理公共事务的,这个过程自然以公共事务的出现为开端。但在现实中,公共事务并不是自然呈现的,需要而且事实上也是由某些人提出来的,这就是提出议题(issue)的动议环节。所以公共治理实际上是从动议开始的。当然提出来的议题是否属于公共事务的范畴,即公共议题,这还需要认定。也并不是所有的公共议题都能进入提交商议和决策的议程(agenda),这里有一个政策策略的问题[2],也跟公共治理体系的相关设置有密切的关系。最后,公共议题总是要经过筛选、排序或平衡后才会被列入议程。接下来就是针对列入议程的公共议题决定如何处理的决策环节,以及随后的决策执行环节,最后产生出一定的结果。

公共治理过程的三个环节都涉及几个基本要素:谁?做什么?怎么做?结果如何?具体说来就是,在动议环节,谁有资格或条件提出议题,提出了什么议题,是怎么提出来的,最后议题是否被接受;谁负责接受、整理、认定议题以及决定将议题列入议程,又是怎样进行接受、整理、认定和列入议程的,最后是什么议题被列入了议程。在决策环节,谁有资格参加商议和作决定,是怎样商议和作决定的,最后作出了什么样的决定。

---

[1] 胡平生、陈美兰译注:《礼记·孝经》,中华书局2007年版,第110页。
[2] [美] 托马斯·R. 戴伊:《理解公共政策》,谢明译,中国人民大学出版社2011年版,第28—29页。

在执行环节，谁负责执行决策，是怎样执行的，执行结果如何。几乎所有这些要素都属于构建公共治理体系（即组织公共治理）所要解决的问题。现实中公共治理体系的构建大概有两种情况，由此导致公共治理的开展也有两种情况：其一，在议题提出之前就已建立起公共治理体系，从动议、决策到执行各个功能模块都已具备，因此只需激活或者说启动公共治理体系即可开展公共治理；其二，在议题形成之时尚无公共治理体系存在，这就需要首先按照动议、决策和执行功能模块构建公共治理体系，然后才能开展公共治理。

正因为公共治理的组织过程和公共治理过程有联动关系，经常交织在一起，所以一般的管理学理论通常对二者不加区分，混为一谈。但二者毕竟是不同的，各有各的分析和实践价值，有必要作出区分。具体来说，公共治理的组织过程是通过制定目标任务、任务分工和协调控制，使公共治理这种集体行动得以开展起来和进行下去的过程，是构建、驱动和维护公共治理体系的过程；而公共治理是管理公共事务的过程，也就是公共治理体系运行起来发挥动议、决策和执行功能的过程。当然，承担这些组织功能和公共治理功能的人员或角色机构有可能交叉重叠，使得一些人员或角色机构是多功能的，比如负责制定目标任务的也可能负责决策，这就增加了复杂性[1]，但在理论上还是有必要将其区分开来。

不管公共治理过程具体是如何开展的，最后总会产生一定的结果。对于这些结果，我们当然可以有多个观察角度，但是鉴于公共治理是管理公共事务的集体行动，因此从公共事务的类型，或者说从公共管理三项基本任务的角度出发，来分别考察公共治理完成各项任务的情况，这样考察公共治理的结果可能更有意义。换句话说，公共治理结果就是管理公共事务的结果，是完成公共治理任务的情况。如此一来，所有的公共治理结果都可以归结为三个方面：公共福利的提供与获得、公共危害的消除与预防以及社会公正的实现情况。如果再结合各类公共事务的具体内容，进行深入考察，则公共治理结果会更加详细具体。

---

[1] 在古希腊甚至直到近代，西方政治思想家们通常会设想将政体的设计和组织交给一个不会加入政体的局外人角色，这就是所谓的立法者，也就是后来所说的制宪者。历史上也的确出现过这样的角色，比如柏拉图、卢梭等。但这种情形毕竟很少见，更常见的情况是，那些政体的设计组织者通常是局中人角色，会加入其所设计和组织的政体，这就增加了复杂性。

第五节 公共治理的评估和改进

实践是服从于目标导向的，一切以实现目标为宗旨，它讲求有效解决问题，用结果来说话，这就是实效主义哲学（pragmatism）的核心精神，也就是务实精神。那些先入为主地确立某些形式标准，并以是否符合这些形式为评判依据的做法，在实效主义哲学看来，对于人类实践没有任何意义，是典型的形式主义和教条主义。正是依据对实际结果的评判，人类反思检讨，总结经验教训，提出改进方案，以求不断成功。公共治理作为一种集体行动性质的实践，也秉承着这种实效主义精神，重在看它的结果是否实现了本来的目标及其程度如何，包括公共危害是否得以有效预防或消除，公共福利的提供是否足够并为人们所普遍获得，社会公正是否实现或者说达到了什么程度，然后以此为据进行反思总结，力求改进，争取更好的结果。这就是公共治理的评估和改进范畴。

一 公共治理的评估

我们已经明确，公共治理的根本目标是使人们互惠互利、共同受益和最终幸福。对公共治理进行评估，就是从其结果来看，最终是否达到这个根本目标，也就是用结果去对照目标。这里我们只是确定作为天下之公义、人间之正道的公共治理根本目标和任务（当然针对具体的公共事务，目标任务还可以进一步细化），然后用结果去比对目标，而没有对公共治理的形式设定标准并加以评判，因为那样做是无意义的，就是实效主义哲学所批判的形式主义和教条主义。但是俞可平所提出的一套据说是适应中国情况的治理评估指标体系[1]，包括公民参与、人权与公民权、党内民主、法治、合法性、社会公正、社会稳定、政务公开、行政效益、政府责任、公共服务、廉洁等，在我们看来，这当中有相当大部分是公共治理的形式标准，而非基于目标设定的标准，这恐怕是不太合理的。这种做法在国际上也很常见，特别是在关于"良治"的提法中，但很少有人对此表示质疑。

通过与公共治理目标进行比对，公共治理的结果呈现为两种状态：一

---

[1] 俞可平主编：《国家治理评估：中国与世界》，中央编译出版社 2009 年版，第 12—15 页。

种是符合公共治理目标的正面结果，可称之为成果（achievement）；另一种则是不仅不符合而且是反公共治理目标的负面结果，可称之为后果（aftermath）或者说代价。这两种结果的产生，在任何时代任何地方都是在所难免的。因为一方面，现实中公共治理体系的运行有可能出错、失误、失败甚至发生变异，并不一定总是在做符合公共治理目标的事情，也不能保证结果完全符合目标。另一方面，公共治理始终是在具体的环境条件下进行的，既受到环境条件的影响，反过来也影响着环境条件，由此会产生经济学上所说的溢出效应或外部效应①，其中就包括负外部效应。

在对公共治理进行评估时，人们通常只关注成果与目标之间的相符程度，而忽视后果的存在，这种做法是极不合理的。因为一方面，后果对公众是有害的，不可能置之不理，最终还是会转化为公共事务；另一方面更重要的是，后果是反公共治理目标的，为什么会产生这样的后果，更值得吸取教训，更有利于改进公共治理。毕竟公共治理的目的在于使公众能够互惠互利、共同受益和实现幸福，而不是给公众制造或带来更多更大的痛苦和伤害。比如政府本来是专门成立来从事公共治理的专职化组织体系，但往往政府本身就会给公众制造一些祸患。潘恩（Thomas Paine）就说过："社会在各种情况下都是受人欢迎的，可是政府呢，即使在其最好的情况下，也不过是一件免不了的祸害；在其最坏的情况下，就成了不可容忍的祸害。"②这就非常值得吸取教训和加强防范，应当尽量避免或减少政府造成的祸患和代价，否则公共治理就违背了本来的宗旨。所以麦迪逊（James Madison）说："在每种政府制度中，增进公众幸福的权力，包括一种可能被误用和滥用的处理权。因此……在将要授权的一切情况中，首先要决定的一点是，这样一种权力对公共利益是否需要；其次是，在批准决定的情况下，要尽可能有效地防止滥用权力，造成对公众的损害。"③

总之，在对公共治理进行评估时，不管是成果还是后果，都值得关注。对公共治理进行评估，其实就是明确区分公共治理的成果与后果。唯其如此，才能彰显公共治理的根本宗旨和基本原则，那就是尽可能多地产出成果，同时尽可能避免或者减少后果的产生，才能真正有助于改进公共

---

① ［英］约翰·伊特维尔等编：《新帕尔格雷夫经济学大辞典》（第二卷），经济科学出版社1996年版，第282—283页。

② 《潘恩选集》，马清槐等译，商务印书馆1981年版，第3页。

③ ［美］汉密尔顿、杰伊、麦迪逊：《联邦党人文集》，程逢如等译，商务印书馆1980年版，第206页。

治理。

二 公共治理的改进

我们已经知道，公共治理评估本身不是目的，尽管也可能被用于其他目的（如宣传、教育），但其主要目的却是实践指向的。一方面可以依据评估结果，对公共治理体系的有关部分进行奖励或问责，产生激励约束的效果，以此来维持公共治理的目标导向。此时评估属于公共治理体系控制机制的一部分。另一方面则可以通过评估，总结经验教训，查找成因，以求改进公共治理。这里仅探讨后一个问题。

许多人都将公共治理不能达成目标归因于能力不足，由此引出了公共治理能力评估的话题。而评估的结果不外乎两种：如果公共治理能够完成任务和实现目标，那就是有能力的（capable），否则就是无能力的（incapable）。当然能力还有一个程度的问题。自亨廷顿（Samuel Huntington）指出当时一些发展中国家缺乏维持基本秩序的能力以后，有关失败国家（failed state）的说法便流行起来，其主要意思就是说这些国家没有能力完成公共治理任务和实现目标。但是这些说法也有含混之处，就是没有区分公共治理的组织能力和治理能力。组织能力是构建、驱动和维系公共治理体系的能力，因此能否构建起公共治理体系、能否驱动其运行下去以及能否维系自身的存在（不只是维持既定的存在，还包括适应环境的自我调整能力），就是检验组织能力的基本标准。但公共治理能力不是这样，它是通过动议、决策和执行（实施）去管理公共事务的能力，也就是完成治理任务和实现治理目标的能力。组织能力和治理能力当然有联系，前者是后者的基础和前提条件，但是二者却没有正相关关系：虽然组织能力弱肯定会导致治理能力弱，但组织能力强却不等于治理能力强。以此来看，事实上亨廷顿等人混淆了组织能力和治理能力，他们所见的主要是一些发展中国家不具备组织能力的问题，而对于其治理能力缺乏真正的考察。

不过在我们看来，对公共治理能力进行评估，除了给出一个鉴定结论外，就公共治理本身来说并没有什么意义（可能对宣传、教育之类有一定的价值）。我们已经知道，公共治理能力不过是公共治理体系的能力，也就是后者运作情况或者说功能发挥状况的表现。所以真正产生治理结果的是公共治理体系本身，即便是外在环境因素，也只能通过公共治理体系本身才能发挥作用，正所谓外因通过内因起作用。这就意味着，如果通过公共治理评估发现需要改进公共治理，那么就无法通过公共治理能力的评估来查找成因和寻找改进路径，而只能转向公共治理体系。所谓改进公共治理，其实就是改进公共治理体系。就此而言，公共治理能力评估不如公共治理能力检查更有用。通过能力检查，我们可以发现公共治理体系在什么地方功能正常或失常，这样才有助于改进公共治理体系。

　　按照结构—功能主义的系统观点，公共治理体系的各项功能是由其自身构造（configuration）状况决定的。所以检查公共治理体系的各项能力或功能，归根结底还是要检查其构造状况。在构造正常的情况下，公共治理体系就能够发挥出应有的各项治理功能，包括各项公共议题能够及时和充分地提出来，并得到及时的响应和充分的吸纳，能够作出正确而明智的决策，能够且有效率地实现决策目标。而如果公共治理体系在构造上存在缺陷，那么无论如何也不可能正常发挥出这些动议、决策和执行功能。(1)如果公共治理体系缺乏动议渠道的设置，或者动议条件设置过高，渠道狭窄，动议程序太过繁复，那么自然对议题缺乏敏感性和响应能力，难以充分和及时发现公共议题和公共事务。(2)如果公共治理体系缺乏合理有效的控制机制设置，那么就不能保证决策者态度端正和审慎负责，作出正确的决策。如果决策机制设置不合理，则不能保证决策者的智慧水平和作出明智的决策。(3)如果公共治理体系各个组成部分的设置有偏差，任务分工不够合理，那么就不能保证决策得到有效执行。如果设计的协调控制机制无力或无效，则难免会出现执行者缺乏动力、不负责任或者行动散乱冲突等状况，也不能保证决策得到有效执行。

　　所以概括起来，改进公共治理的唯一出路，就是改进公共治理体系，目的在于保证公共治理体系能够发挥出应有的治理功能（能力），最大程度完成治理任务和实现治理目标。

　　从宏观视角来看，应当说不论何时何地，人类一直都有改进公共治理体系的动力、压力、希望和探索，始终追求构建成功而优良的公共治理体系。这是一部宏伟的历史，当然不是这里所能尽述的，我们只是认为从中可以得到四个主要的教益。第一，这种改进不可能是一劳永逸的事情，而会永不停息地进行下去。因为人类的智慧有限，不可能设计和构建起完美的公共治理体系；而且环境条件始终会不断变化，过去成功和优良的公共治理体系，不等于永远都会成功和优良。第二，不要试图去探寻可以超越时空普遍适用的成功而优良的公共治理体系，这是不切实际的幻想。如果有成功而优良的公共治理体系，那都是情境化的产物，而不是超越时空的。当然，能够在具体的情境下探索到成功而优良的公共治理体系，这本身就是人类了不起的成就了。第三，虽然不存在超越时空普遍适用的成功而优良的公共治理体系模式，但是无论何时何地，人类的行为逻辑和公共事务总还是有一些共性的。因此，各地上千年积累下来的公共治理经验、智识和教训，还是可资借鉴的。第四，公共治理体系是否成功和优良，不是看是否符合某些先入为主的形式标准，而要看其实效。形式主义和教条主义是改进公共治理体系的大敌，唯一正确的指南是实效主义。

第六节 公共治理体系的现代化

公共治理体系的改进是人类世界的常态。要摸清公共治理体系改进的脉搏，就有必要回顾一下人类公共治理体系所经历过的重大变革，在其中我们才能找到公共治理体系现代化的时代定位，深化对它的理解。

一 公共治理体系的历史变革

我们已知公共治理是管理公共事务的集体行动，是组织起来的，由此形成了公共治理体系。既然如此，那么从公共治理的参与者（主体）及其组织的情况来进行考察，当最有助于发现人类历史上公共治理体系所发生的实质性变化。据此来看，我们认为人类公共治理体系经历了四次重大的历史变革。当然这不意味着地域上的同步性，也不意味着各层次的整齐划一，差异性和多样性在所难免，这里所勾画的仅仅是主要线索。

从公共治理的角度来看，人类社会最初是一种无政府状态。这里讲的无政府状态，不是无组织、散乱的意思，而是的确没有政府存在。远者很难考证，仅就相对更近且更具共识的氏族（clan）[①] 时代来看，氏族中的每个人只有依靠全体，或者说只有全体相互依靠才能生存下去，并且也是如此生存的。所以这个时代不大可能有私人事务的概念，人们面对的全都是公共事务。这个时代公共治理的主要任务就是谋求共同生存，包括共同抵御灾害危险和获取最基本的生存资源。公共治理当然也是由全体成员共

[①] 氏族是有共同祖先（以女性为准）并以图腾为共同标记、实行外婚制的人群。（陈国强主编：《简明文化人类学词典》，浙江人民出版社1990年版，第65—66页）通婚的氏族之间通常结成部落（tribe）。

同参与的，有初步的分工，比如男女老幼和采摘、渔猎、照顾、看守、巫医、作战等的分工，产生了族长和其他头领的角色，是专门化的职务，但却不是专职化的。①

随之而来的是半政府时代，大体上就是氏族社会向国家转变的过渡阶段，相当于人类学界所说的酋邦（chiefdom）时代②。在此期间，人类的公共治理体系发生了第一次重大变革。在这个时代，社会共同体（部落）的规模和范围扩大了很多，同时形成了父权制家庭③，并成为个人生活的基本依靠，从而有了私人事务（家庭事务）和公共事务的区分。这个时代公共治理的主要任务是抵御灾害危险和维护社会公正，兼及提供少量的公共福利，如公共设施和社会救济。基于氏族传统的惯性作用，公共治理还是采取全民参与的形式，但由于公共事务与私人事务（家庭事务）的分离，实际上很难做到全体参与（但这只是一种实际情况，而不意味着后世人为规定的那种封闭性）。这时候分工更为繁复，特别突出的就是设立了酋长这一固定职务，酋长一般也是世袭的。但酋长没有垄断暴力的权力，而主要依靠个人能力、威望和教化等权威手段来行动，而且这个职务似乎并没有提供报酬，不能以此为生，所以不是专职化的。正是这种混合性特征，导致这个时代只能被称作半政府时代。

半政府时代离全政府时代仅有一步之遥，人类公共治理体系即将发生第二次重大变革。和上一时代相比，全政府时代最突出的特征就是出现了完全意义上的政府，也就是为管理公共事务而设立的一套专门化且专职化的组织体系。简言之，政府就是专门和专职化的公共治理体系。人类学者哈斯（Jonahan Haas）在界定国家概念时，就指出和强调了政府的专门化特征。④ 既然是专职的，那么政府任职者就以职务提供的报酬为生，不再

---

① 这里所说的专门化意味着发生了固定的社会分工，但专职化却是指分工承担者不承担其他分工任务，而仅以某一项分工任务为生。专职是与兼职相对而言的。

② 人类学者塞维斯（Elman R. Service）提出了酋邦理论，将酋邦视为国家到来之前的一种社会形式（但这不意味着所有的酋邦最终都转变成了国家）。（易建平：《从摩尔根到塞维斯：酋邦理论的创立》，载《史学理论研究》2008年第4期）

③ 父权制家庭应该是从氏族中分离出来，通过婚姻血缘关系组建起来的、以夫妻子女为基本组成并且以丈夫（父亲）为家长的生活共同体。由于氏族本身就是人类早期的大家庭形式，所以从中分离出来的父权制家庭相对来说规模更小，但和现代的核心家庭相比却要大很多，也许称作家族更合适。

④ ［美］乔纳斯·哈斯：《史前国家的演进》，罗林平等译，求实出版社1988年版，"导言"第3页。

是兼职性的。为了提供报酬，政府就需要通过税收或者汲取其他资源才能维持下去。所有这些都是判断政府出现的显著标志和依据。政府出现后，人们结成的社会共同体也就变成了国家，从而进入了国家时代。不过有必要指出的是，政府作为专门和专职化公共治理体系的出现，并不意味着从前的公共治理体系形式被彻底推翻和替代了，毋宁说虽然出现了新的形式，但旧的形式并未彻底退出历史舞台，而是退缩到更小的范围内或者稍微改变形式而继续存在，只是这些作为历史遗迹的公共治理形式不再占据主流。

在全政府时代，公共事务已经交由专门和专职化的政府去管理，所以只有在政府中任职者才从事公共事务管理，其他民众则免除了这个责任。但谁有在政府中任职的资格呢？历史上人们为此斗争不已，最终结果普遍是任职资格逐渐封闭化，变成了少数人的特权，形成了各式各样的权贵群体，如族群的、血统的、宗族的、军事的、宗教的、富豪的权贵，等等。从此，普通大众被彻底排除在公共治理之外，并由此疏远了公共治理，甚至权贵们也不允许他们染指公共治理。所以全政府时代（国家时代）一到来，就意味着权贵时代的到来。

在权贵时代，政府作为专门和专职的公共治理体系，其组织设计（政体）比较多样化，因时因地而异，不过总体上以君主政体最为常见。但不管采取什么样的组织方式，权贵时代的公共治理变异问题特别严重，实际上变成了以权贵统治为主兼及公共治理的局面。对此恩格斯曾经指出："以往国家的特征是什么呢？社会为了维护共同的利益，最初通过简单的分工建立了一些特殊的机关。但是，随着时间的推移，这些机关——为首的是国家政权——为了追求自己的特殊利益，从社会的公仆变成了社会的主人。"[①] 这种变异也完全符合此次公共治理体系变革的逻辑。既然大多数人都被排斥在公共治理之外，公共治理变成了少数人的特权，那么也就没有办法保证少数权贵会主动关心、积极应对和处理公共事务，更无法保证其出于正确的目的去管理公共事务。事实上，这些权贵首先和从根本上考虑的是自己的特权地位，即维护自己的统治，尽可能为自己谋取利益，公共治理不过是附带的任务，并且也服从于统治的目的，视是否有利于维护统治而定。这就造成在权贵时代，统治与公共治理之间的冲突从未

---

① 《马克思恩格斯文集》（第3卷），人民出版社2009年版，第110页。

停息过，但最终都是统治压倒公共治理。

权贵时代在人类历史上持续了上千年，转折出现在近代西方工业资本主义革命之后，平民终于得以崛起，权贵势力相对衰落，于是托克维尔（Tocqueville）所预见的平民时代到来了。① 在这个时代，公共治理体系发生第三次重大变革。这一次，平民逐渐摆脱了权贵时代的臣民（subject）身份，重新恢复公民身份（citizenship），人民是国家主人的人民主权说就是其先声。② 在这个时代，尽管政府还是专门和专职化的公共治理体系，但政府职务开始向公民开放，打破了权贵对政府的垄断局面，这就是后人热议的民主化进程。不过这一次的民主化跟古典时代的民主有很大不同，它并非平民替代精英，而是平民获得了和精英一样的公民身份，有资格加入到公共治理的体系和过程中去。③ 由于要容纳平民的参与，所以这个时代的政府组织设计（政体）发生了很大的变化，最突出的就是民意代表机构的出现（瑞士等国家甚至由民众直接行使创制、复决等权力），这在权贵时代是几乎无法想象的。在平民时代，公共治理的变异问题得到很大程度的扭转，纯粹的统治甚至以统治为主变得愈加困难和不可能，而公共治理的性质越来越突出。这种转变的一个突出表现，就是平民时代的公共事务和公共治理任务暴增。这除了是因为环境条件发生了很大的变化，也和平民加入后公共治理体系所发生的变革密切相关。因为现在民意代表机构成了专门和专职化的公共议题处理机构，也是最重要的决策机构，并对其他决策和执行机构形成强大的约束力，从而提升了公共治理体系捕捉和响应公共议题的敏感性和能力。

今天从全球来看，平民时代还未走到尽头，还在继续扩展和延伸。越来越多的公民超越政府途径来参与甚至主持公共治理，出现了一些非政府

---

① ［法］托克维尔：《论美国的民主》（上卷），董果良译，商务印书馆1991年版，"绪论"。

② 臣民是依附于他人的，而公民是自主的（在古希腊城邦时代的观念中，这就是自由）。公民为了互惠互利、共同受益和最终幸福的目的而结成的共同体就是共和国。（Cicero, *On the Commonwealth and On the Laws*, edited by James E. G. Zetzel. Cambridge University Press, 1999, p. 18.）所以共和国也可以称为公民国或公共国，也就是公民共同体。卢梭提出的人民主权学说，原本就是试图恢复或重建共和国的共和主义学说，将其称为民主学说是后人的误会。

③ 有鉴于此，称其为民主化其实并不恰当，具有很大的误导性，称其为"共和化""公共化"或"公民化"可能更恰当。近代西方政治革命均以共和而非民主为旗帜，纷纷以建立共和国为目标，其一重要原因即在于此。实际上近代西方政治思想家和政治家，无一不明白民主的本义就是指古希腊城邦时代的那种多数人当政，而这并非近代西方政治革命所追求的目标，真正的目标是共和。

途径的公共治理形式（萨拉蒙提出的"第三方政府"概念），发挥着越来越大的作用，政府的地位和角色开始发生变化，这就进入到了泛政府时代。这是大约在最近半个世纪出现的，而且依然最先出现在西方世界。在泛政府时代，公共治理体系第四次发生重大变革。政府依然存在，仍旧是专门和专职化的公共治理组织形式，并且处于公共治理体系的中心或核心位置。但它不再是唯一的公共治理组织形式，其他还包括一国之内的甚至跨国的企业、社团、组织和个人。不过所有这些公共治理主体到底形成了什么样的公共治理体系，目前还在观察和研究之中，尚无定论。"网络""顶层治理"等说法，未见得是一种经验描述，也可能是一种期许。但无论如何，人们普遍同意公共治理体系正在发生变化。这次变化，并不是如从前那样是一种反转，而是对前一次变革的延续、扩大和深化。因此可以预期，在泛政府时代，公共治理的变异问题将会得到更大程度的扭转，从而更加接近于公共治理的本来性质。

二 公共治理体系的现代化时段

在人类公共治理体系变革的历史谱系中，现代化只是其中一个阶段，大致开始于全政府时代（国家时代）的第二阶段——平民时代。这个过程发端于西方世界，随后在全世界铺开，但在世界各地进度不一。

现代化作为一个研究题目最先出现于西方世界，举凡经济学、社会学、政治学、历史学、心理学等学科竞相参与其中，产生了诸多理论成果，蔚为壮观。[1] 学界广泛聚焦于现代化问题，说明现实中必然发生了重大变化，但究竟是何变化，并不容易把握。揆诸实际，无论学界是否认同西方中心主义，都承认他们所研究的现代化肇始于西欧，最先扩及于西方世界，再波及全球。[2] 所以一切对现代化的观察和研究，都是以西方世界为基点的，要说现代化就是欧洲化或西方化也不完全算错。但即使作出如此限定，现代化仍是一个宏大叙事，它意味着人类在经济依赖、社会结构、政治生活、思想观念、生活方式等各方面全方位地发生了变化，很难用三言两语讲清楚。[3] 现代化还有一个突出特点，就是基本上和全球化并

---

[1] 钱乘旦等：《世界现代化历程：总论卷》，江苏人民出版社2015年版，"第一部分"。

[2] [美] C.E. 布莱克：《现代化的动力》，段小光译，四川人民出版社1988年版，第148—175页。

[3] 同上书，第14—36页。

行发生并相互推动。这就导致，如果说在早期西方国家那里现代化是内生的、原生的和无意识的，那么其他地方的现代化则是受西方影响甚至是被迫卷入的结果——虽然也不乏主动追求的情况。① 这就造成不同地方的现代化形势和内涵并不一致，很难统一概括。如果一定要提炼一些关键词的话，诸如机械化、通讯化、工业化、市场化、城市化、物质财富暴增、生活水准大幅提升、教育普及化、社会平等化、多元化、民主化、科层化、效率化、国际化、民族主义、科学主义、个人主义、进步主义、物质主义等，可能都是现代化的突出特征。总的来说，现代化是人类历史上又一次重大而深刻的变革，无论人们喜欢与否，适应与否，它都实实在在地发生了。现代化总体上给人们一种巨大进步的感觉和印象，但实际上也产生了巨大的代价和挑战。② 夸赞和主动拥抱现代化的人们看重的是前者，而反对或者谨慎看待现代化的人们则注意到了后者。但我们这里并不是要对现代化作出评价和选择，而是将其看成是一个实存的事实和现象，进一步考察现代化对于公共治理来说意味着什么，或者说公共治理体系现代化意味着什么。

　　现代化是人类社会的一次全方位变化，首先发生的是科学技术和经济生产领域的变革，继之引起社会结构的巨大变化，由此对公共治理产生了两个后果：一是平民在很大程度上得到了解放，他们要求维护自身利益，要求改革公共治理体系和参与公共治理。比如在19世纪早期的英国，工商阶层尽管富有，但并不是当权的权贵，而属于平民阶层，当时控制政府的仍是国王、封建土地贵族、教士等这些传统权贵。随着工业资本主义发展起来的工商界终于提出了改革议会选举制度的要求③，同时伴生的另一个平民阶层——工人——也发起宪章运动，要求实行（男性）普选制、废除议员候选人财产资格限制，等等。④ 二是公共事务的具体内涵、具体的目标任务以及可资利用的资源手段都发生了巨大变化，比如济贫、工作条件保障、自由贸易、城市建设与管理、铁路、航运、电报电讯，等等。以上这些形势条件的变化，所引起的公共治理体系变革，就是公共治理体

---

　　① 罗荣渠：《现代化新论》，北京大学出版社1993年版，第123—124页。
　　② [美] C.E. 布莱克：《现代化的动力》，段小光译，四川人民出版社1988年版，第37—46页。
　　③ [英] 阿·莱·莫尔顿：《人民的英国史》，谢琏造等译，生活·读书·新知三联书店1962年版，第526—530页。
　　④ 同上书，第590页。

系现代化的意思。所以历史地看，公共治理体系现代化不过是一种环境适应的表现，最初是被迫发生的，只是后来由于看到了先行者的效果，追随者和模仿者才把公共治理体系现代化当成主动追求的目标。

从早发国家的情况来看，公共治理体系现代化有两个重要的表现：一是平民阶层被吸纳进公共治理的体系和过程之中，公共治理的体系构造和运行过程，特别是动议和决策部分，都发生了重大变革；二是公共事务和公共治理任务大幅度扩张，引起了对公共治理能力和效率的强调，随之对执行系统进行了改革，这就是官僚科层制的建构，同时公共治理体系的规模较之从前任何时代都扩大了许多。所以从历史的角度来说，公共治理体系现代化的核心内涵，就是在现代化进程特别是经济现代化[①]已经开启的前提下，通过改造或者重建公共治理体系，尽可能地将平民吸纳进公共治理的体系和过程中，同时应对公共事务和公共治理任务的扩张，提升公共治理的（动议、决策和执行）能力。

这样的公共治理体系现代化内涵是有其内在逻辑的。这就是说，现代化释放了平民的力量，广大平民要求参与公共治理，推动公共治理体系改革，特别是动议和决策机制的重大改革，提升了公共治理体系的动议和决策能力，导致公共事务数量剧增，公共治理任务加重，进而需要改进执行机制，扩大公共治理体系的规模。[②] 由此可见，公共治理体系现代化归根结底是因为平民的加入而引起的，也就是通常所说的民主化进程。

对于公共治理来说，现代化所带来的最重大结果，就是解放了平民，从臣民变回公民。因此，以民主化为实质的公共治理体系现代化，也是一个回归公共治理本质的过程。早发国家现代化以来的公共治理结果，可以证明这一点。比如人们的生活水准普遍大幅提高，公共福利增加了很多，公共危害（流行病、传染病、各种自然灾害、城市消防等）普遍得到防控，社会公正问题也有很大程度的缓解。这些结果显然不能简单归因于科技发明创造和经济发展，因为后者并不会自发产生这些效果，而需要通过公共治理体系的运作。

---

① 学界通常把经济现代化看成是现代化过程中的核心力量和决定力量。（[美] C. E. 布莱克：《现代化的动力》，段小光译，四川人民出版社 1988 年版，第 27 页）

② 两相对照，或许我们方能理解传统时代为什么公共事务如此之少，政府职责如此之轻，政府规模如此之小。这跟"小而美"的美学理论或者"小而精"的经济学理论毫无关系，而是因为那时是权贵时代，少数权贵掌控着政府，广大民众被排斥在公共治理的体系和过程之外，跟广大民众有利害关系的公共事务很少有机会提上议程并得到处理。

我们在这里只是依据历史和事实，试图指出公共治理体系现代化的核心内涵和实质，而不是说必然存在普遍适用的成功而优良的现代化公共治理体系模式。从前人们（后发国家和先发国家都有）就产生了非常简单的想法，以为将先发国家成功有效的公共治理体系，直接移植到那些刚刚开启甚至可能还未开启现代化之门的发展中国家，就可以立即收到奇效；而且许多人甚至把现代化的公共治理体系简单理解为就是实行民主制度或竞选制度。但结果证明这些想法和做法非常错误且非常失败。所以公共治理体系现代化并不意味着开启了成功之门，毋宁说是在现代化形势下提出了改进公共治理体系的新任务，提出了新的挑战。公共治理体系现代化成功与否，不能以是否满足某些形式标准为据，而要以其功能发挥和所产生的结果来判断。

第三章 中国的宏观国家治理体系

本章将根据前面构建的公共治理理论分析框架，来探讨当前中国县域治理体系嵌入其中的宏观国家治理体系，重点是摸清它的基本构造和运行过程。对于长期实行中央集权制的中国来说，探讨这个问题是完全必要的，否则中国县域治理体系将完全不可理解，也不可把握。

第一节 中国国家治理体系的变迁

作为四大文明古国之一，中国的国家起源较早，国家治理体系具有悠久而连贯的历史，也因此，历史上的国家治理体系对后世有着非常大的影响作用。为了更好地理解当今中国的国家治理体系，有必要首先回顾历史，考察一下中国国家治理体系的变迁。

一 中国传统的国家治理体系

大抵以晚清为界，我们可以把之前的时代称作传统时代。对于传统时代的中国国家治理体系，又可以以秦代为界，粗略分为两个阶段来看。对于先秦时代，如果要考察中国的国家治理体系是何状况，就要首先确定中国的国家大概形成于何时。学界通常认为形成于夏代[1]，也有认为早于夏代的。[2] 但是夏代无文字可考（更不用说此前），更多信息来自于后世的传说和根据考古材料所作的推论或猜测，存有学术争议在所难免。这里仅从有文字的商代开始。

---

[1] 杨鸿年、欧阳鑫：《中国政制史》，安徽教育出版社1989年版，第3页；李玉洁主编：《中国早期国家性质》，河南大学出版社1999年版，第9页；韦庆远、柏桦编著：《中国政治制度史》，中国人民大学出版社2005年版，第60页。

[2] 白钢：《中国政治制度通史》（第一卷），人民出版社1996年版，第77页。

（一）先秦的国家治理体系

商是商族人①构建的国家，总体国家结构为方国体制或称内外服体制，也就是在商族人生活和控制的核心区域（称为"王畿"）之外，由内及外分布着与之关系从亲到疏的诸多方国。方国就是四面八方的诸侯国之意，即古籍所称之"侯、甸、男、卫（之）邦伯"，统称为"邦畿"。这些方国或为裂土分封之国（估计主要来自于商族人征服之地，以本族贵族受领之），或为同盟部族之国，或为交好部族之国，或为被威慑部族之国。其中后三者名义上受封于商王，实际上商王只是确认既有各部族的领地，并非真正的封土建国。所以严格来说，商族人真正有效治理的区域仅限于王畿及其附近的邦国，形成的是商王与本族贵族共治的体系，其他方国则分别在本族头领（诸侯）的带领下自主治理。商王朝和方国之间名义上是分封与受封的关系，实际上主要靠利益关联和武力威慑来维系。商王朝保护各方国，各方国则向商王朝缴纳贡赋、提供兵力；但如果方国有不臣之心，则商王朝只要有能力，必对之进行武力征伐。

周是周族人②取代商族人构建起来的国家（这里主要指西周），跟商代国家实际上是类似的，主要的变化是周族人所征服和控制的地方扩大了，不再实行方国体制，而是打乱原有的方国格局，统一实行真正的分封制，把本族贵族（以此为主）、同盟部族的贵族以及夏商国主后裔分封到各个地方去，建立新的诸侯国。周王（又称"天子"）在本族贵族的辅佐下直接治理王畿，同时协调各诸侯国，实现对整个国家（称为"天下"）的治理。各诸侯国则在诸侯的协调下，亦按照分封制的结构进行治理。各诸侯国跟周王朝的关系，明面上靠宗法礼教来维系，暗地里也依赖利益联结和武力威慑的作用，周公平管、蔡、霍三监之乱即为一例。

概言之，商周的国家治理体系虽有些许不同，但总体上是类似的，称之为贵族政体较为恰当。也就是说，王在名义上是天下共主，实际上却仰赖于贵族，无论在中央朝廷还是在各个地方均如此，形成一种王与贵族分享和王受贵族辅佐拱卫的国家治理体系。《史记》所载之"伊尹放太甲于

---

① 商这个地区的部族包含多个氏族，其中可能以子姓氏族为最强大。（曾资生：《中国政治制度史》（第一册），南方印书馆1942年版，第1—2页）

② 周这个地区的部族也包含多个氏族，其中以姬姓和姜姓这两个世代联姻的氏族最为强大。（曾资生：《中国政治制度史》（第一册），南方印书馆1942年版，第2页）

桐宫""殷有九世之乱""盘庚迁殷""武丁中兴""周公摄政""国人暴动""周召共和"等史实,皆可为明证。夸大这两个时代国王的地位和权力,将其国家治理体系称作君主政体,不尽符合事实。

但这里有一个问题:我们可以在什么意义上或多大程度上来确认商周贵族政体是符合公共治理性质的国家治理体系?我们从商代中央王朝的财政收支情况来看,商王朝的收入主要来自于国营农业、畜牧业和手工业以及诸侯国的贡赋,但其支出却是以王室为轴心的,涉及王室的生活、仆从、守卫、祭祀、丧葬、赏赐等诸项开支,只有军事开支稍微不同。[1] 这就说明,这是一种财政供养体制,而不是公共财政体制,其主要功能就是供养王室,而非从事公共事务管理。就此而言,商周时代的贵族政体如果说还承担着一些公共事务管理职能的话,可能也仅限于国防(抵御外犯)和社会秩序(制止内乱)了,其作为国家治理体系的意义是非常薄弱的,毋宁说主要是一种统治体系。其实从国家的起源来看,国家本来就是作为一种统治体系出现的,本来就不是为公共治理的目的而产生的(这跟人们结成的其他社会共同体不同),从一开始就不是按照公共治理的逻辑来建构和运行的。关于国家起源的融合论认为,国家是为着公共治理的目的而产生的,但冲突论(主要是指内部冲突论,其实征服论也是一种冲突论,可称作外部冲突论)并不这样看,而且这种观点更有考古学的依据。[2] 所以我们这里谈及商周时代的国家治理体系,仅仅是首先假定存在国家治理体系,然后把不符合公共治理性质的地方看成是变异现象和问题。我们只能这样来理解和处理,否则不要说商周时代,甚至整个中国古代的国家治理体系都没办法进行探讨。

商周两代加起来历时千余年,比后世任何一个朝代都更长久,自然对后世国家治理体系构建有着深刻的影响。但主要的影响可能并不在于某些具体方案为后世所承袭或借鉴,而在于为后世深深地烙下了一个以王(天子)为统一象征的中国国家记忆,并塑造了中国人关于和平与秩序只有依靠强大的王权才能得到保障的思维逻辑。特别是春秋战国时期中央王权的衰微和持续几百年的冲突混乱(孔子曰"礼崩乐坏"),更是加深了这种印象。结果后世只要一逢内乱外患,便不由自主地想到

---

[1] 王宇信、杨升南:《中国政治制度通史》(第二卷),人民出版社1996年版,第268—284页。

[2] 参考[美]乔纳斯·哈斯《史前国家的演进》,罗林平等译,求实出版社1988年版。

要把中国塑造成一个统一而集权的王权国家。所以商周虽已不复存在，但王权却得以保留下来，经过春秋战国时期的演化和强化，最终形成为集权专制的皇权。其他一切不符合这个演化逻辑的，统统都被抛弃掉。如商周时期最有特色的分封制，在后世虽偶有浮现，但终被虚化，取而代之的是中央集权的郡县制。商周时代最有力量的贵族，经过春秋战国时期的战乱和变法也全面趋于没落。贵族精神尽管在一定程度上被士大夫阶层（儒士）吸收和传承下来，但对后世历代的国家治理体系构建几乎没有产生什么作用。

（二）秦以来的国家治理体系

沿着这样的演化逻辑，秦帝国首次圆了"中国梦"。秦国作为西部边陲的一个小诸侯国，却成功构建起中国历史上第一个完全中央集权的统一王权国家。但这样的国家并不是基于公共治理目的而建构起来的，说到底是出于统治的目的。时人和后人皆以"虎狼之国"称秦，不可谓不深刻。这种出于统治目的所构建起来的国家，只可能形成人治政体。统治就是通过控制、支配和指使他人而使他人服从于自己意志的过程，这本身就是人治作为意志之治的内涵。构建人治政体所要解决的核心问题，就是如何保证统治者的意志得到贯彻执行，以最大程度实现其意愿，也就是实现有效的统治。这就是自秦以后直至清朝的帝制时代，中国传统政体构建的基本逻辑。[1] 按照这样的逻辑，人治政体的构建方案当然不会只有一种或者一成不变，但总体而言，在这个时代还是有共同模式的。由于这个人治政体以皇帝为其核心和标志，所以也可以称为皇权体制或帝制。

在皇权体制中，作为统治者的皇帝实际上是一个职位，是国家一切权力的来源[2]，其担任者一般是一个人（所谓"天无二日，土无二王"[3]）、男性且实行世袭制，理论上掌握着最高的不受限制的一切权力。然而在现实中，即使如同朱元璋那样勤勉而专权的皇帝，通常也只能行使决策权和组织权，而不可能负责执行。决策就是皇帝通过作出决定来表达自己的意

---

[1] 萧公权：《中国乡村：论19世纪的帝国控制》，张皓、张升译，联经出版事业股份有限公司2014年版，第3页。

[2] 商周时期出现了王权"受命于天"的说法，可视之为一种将统治正当化的努力，但这当然不是事实。

[3] 吴友仁、吕咏梅译注：《礼记全译·孝经全译》，贵州人民出版社1998年版，第378页。

志，然后交由其所任命的官僚去执行。但是由于信息不对称定律的作用，皇帝不可能放心官僚们的作为，所以又任命其他的官僚（监察御史）去进行监督。但这也不能消除信息不对称定律的作用，所以皇帝有时会亲自去实施监督，如巡察、私访、听审等。但这种亲力亲为的做法成本太高而且收效不著，所以皇帝会采取更为常规和制度化的手段：一方面授权执行官僚和监察官僚相互牵制；另一方面又将执行官僚分成文武两类①，使其各司其职并相互牵制。这样，在中央朝廷就形成了皇帝统领文官、武官和御史的基本体系。对此格局，元世祖忽必烈说："中书朕左手，枢密朕右手，御史台是朕医两手的。"② 明太祖朱元璋则说："国家立三大府，中书总政事，都督掌军旅，御史掌监察。朝廷纪纲尽系于此。"③

不仅如此，自秦以来，历朝历代全是由征服性战争造就的，形成的是地域广袤的大帝国，这就造成皇帝仅凭中央朝廷的建构不足以统治全国，而必须对全国进行管辖区域划分，形成多层级的地方建制。但如果说皇帝对中央朝廷官员尚不放心，那么对于如此众多而分散的地方官员就更加不能放心。正所谓："墙之外，目不见也；里之前，耳不闻也；而人主之守司，远者天下，近者境内，不可不略知也。天下之变，境内之事，有弛易齵差者也，而人主无由知之，则是拘胁蔽塞之端也。耳目之明，如是其狭也；人主之守司，如是其广也；其不可以不知也。如是，其危也。"④ 为此，皇帝必须亲自掌握对各级地方官僚的任免权，还要对其严加监督，这就形成了以郡县制为基干的中央集权体制，使皇帝能够牢牢控制地方。

就是这样一套人治体系，秦以后的历朝历代从未改变过其基本结构（因为统治目的和人治逻辑从未改变），只是适应环境形势条件的变化，在一些局部或细节上进行探索和改进。比如在皇位体制方面，名义上各朝代实行周代确立的嫡长子继承制，但实际上很少有完全实行的，帝位继承通常混乱不堪，充满血腥，直到雍正建立密储制，才解决了这个困扰了近两千年的问题。在皇权体制方面，不同于商周的贵族辅佐制，秦以后长期

---

① "官分文武，惟王之二术也。"（［战国］尉缭：《尉缭子全译》，刘春生译注，贵州人民出版社1993年版，第61页）这种做法是从战国时代开始出现的。
② （明）叶子奇：《草木子》，中华书局1959年版，第61页。
③ 许嘉璐主编：《二十四史全译·明史》（第三册），汉语大词典出版社2004年版，第1387页。
④ （战国）荀况：《荀子全译》，蒋南华等注译，贵州人民出版社1995年版，第262页。

实行的是高级官僚辅佐制,即丞相制度或宰辅制度。① 但高级官僚的范围历代不一,大体上秦汉是三公(丞相、太尉、御史大夫),隋唐是三省(门下省、中书省、尚书省)长官,宋元是二府(中书门下和枢密院)长官,明清是内阁和军机处成员,总体来看多为高级执行官僚。但是这种辅佐制度势必造成对皇帝权力的分割和约束,这和人治逻辑是相矛盾的,所以除非皇帝本身庸碌无为,否则没有皇帝喜欢这种制度。但皇帝若想有效实施统治,却又离不开这种制度,这就造成延续两千余年的君相之争困境。② 在执行体制方面,历代变化较大,大体上秦汉是三公九卿制,经过魏晋南北朝时期的创设和演变,隋唐形成三省六部和卿寺监制,宋元进一步形成二府六部制,明清以后是内阁(军机)六部制。监察体制方面的变化不大,总体上各代都设立针对中央朝廷官员和地方各级官员的监察体系。在地方建制方面变化较大,大体上经历了从郡县制、州郡县制、道州县制、路府州县制到行省制的变化。地方建制之所以变化大,是因为历朝历代疆域不一,而且一直受到内部分裂和外部入侵问题的严重困扰,这对皇权统治形成了不同的威胁。但总的来看,地方始终以县为最基层的建制,并且从未改变过中央集权制的基本性质。例如,历代都试图加强对地方的监察和分权,除了设置针对地方的常规监察体系,汉武帝还分州(部)派遣刺史去监察地方,唐代则分道派遣各种巡察史去监察地方。宋代对地方的监察和分权更是堪称奇观:路为地方监察区,分别以帅、宪、漕、仓四司来监管地方,还实行副贰联署制度以钳制地方长官。明代也在地方分权,分别以布政司、都司、按察司各管一方事务,并不定期向地方委派巡抚、总督实施监察或督办。

从运行过程来看,帝制时代人治体系的统治功能十分突出。在动议方面,这个体系根本没有为普通民众提供任何动议渠道,而完全依赖于内部

---

① 这里需要说明一下贵族和官僚的区别。商周时代许多贵族跟国王是同出一族的(或者说国王本身就是一个大贵族),是基于血缘世袭的,有自己的封地(采邑),所以国王不仰赖贵族就不可能实施统治。但是经过战国的变法和战争,世袭贵族遭到严重打击,各诸侯国国君大量起用由其选拔任用的或者投靠于他的早已沦落为平民的毫无根基的贵族后裔(士)(跟国君有无血缘关系已不重要,重在对自己有用),以爵位俸禄等为回报,于是官僚就产生了。所以如果说商周时代的贵族对于国王尚有相当大的独立性的话,那么官僚却是完全依附于国王(皇帝)的——无论其等级有多高,因为他们的权力和报酬全都来自于国王(皇帝)给予。(参阅吴宗国主编《中国古代官僚政治制度研究》,北京大学出版社2004年版)

② 历代强势有为的皇帝都试图削弱相权,一般采取权力转移法和肢解法,唯有朱元璋直接取消了这种宰辅制度。

动议机制，包括皇帝和官员动议两个基本途径，前者主要通过外朝或内朝提出议题①，后者则通过向皇帝上奏的方式提出议题。② 从议题内容来看，主要有立制、立储、和战、边患、内乱、任免、赏罚、赋税、宗庙、祭祀、大典、迁都、漕运、赈灾，等等。由于皇帝决定议题是否纳入议程，所以皇帝的动议自然进入议程，而官员的动议则未必。到底什么议题能进入议程，由于是由皇帝负责决断，所以出发点必然是看议题与皇权统治是否有利害关系。在决策方面，毫无疑问是皇帝一人决策，所谓"天下之事无大小皆决于上"。这里只有开明与昏庸之别。开明的皇帝重视与辅政大臣商议并广泛听取意见，刚愎者则往往独断。在执行方面，教化和刑罚两手并用（"儒表法里""德刑并举"），主要目的是使民众成为服从皇权统治的顺民。如果官府开仓赈灾或者为民除害，则不忘教化民众，引导民众感谢皇恩浩荡，以此增强皇权统治的正当性。反过来，如果民众违反以确定皇权统治秩序为核心的礼教（"君君臣臣父父子子"），那么官府则会施加严厉的惩罚（且多为肉刑）。

总的来看，经过两千余年的发展，中国帝制时代形成了一个严密甚至精致的人治体系。这套体系本身是为皇权统治之目的而构建起来的，本质上是一种统治体系。从其运行情况来看，也可以说很好地发挥了统治功能，具有很强的统治能力。该体系只是附带承担了一些公共治理职能，而且也是服从于统治需要的，变异问题特别严重。我们依然从财税收支状况来看。在帝制时代最兴盛的唐代，财政收入主要来源于租庸调、工商税、关税、屯田、上贡等，支出项目则主要是皇室费用、军费、官俸。③ 明代重农抑商，以田赋为主要财政收入来源，还有预算外的加派收入，而开支的大头是宗禄和军饷，其次是官俸和皇室费用。④ 清代也以田赋为主要财政收入来源，其经常性开支包括皇室费用、陵寝、祭祀、官俸、公务费、八旗绿营、科举、驿站、抚恤、修缮、织造等，非经常性开支则包括战争费用、工程建设、赈灾救济、额外赏赐等。⑤ 从中不难发现，广泛取之于民（特别是农民）的财税，基本上没有用于与广大民众有利害关系的公

---

① 徐连达、朱子彦：《中国皇帝制度》，广东教育出版社1996年版，第262—271页。
② 同上书，第288—296页。
③ 俞鹿年：《中国政治制度通史》（第五卷），人民出版社1993年版，第413—415页。
④ 杜婉言、方志远：《中国政治制度通史》（第九卷），人民出版社1996年版，第373—386页。
⑤ 郭松义等：《中国政治制度通史》（第十卷），人民出版社1996年版，第484—497页。

共事务上，而主要用于供养皇室及其宗亲以及大量的官僚和军队。如果说军队尚承担着一定的国防职责（也不尽然），官僚还管理着一些公共事务（如维护社会秩序、赈灾救济、建设公共设施），那么庞大的皇室和宗亲恐怕就与公共事务没什么关系了，其中最夸张的就是明代庞大的宗室群体。可见在帝制时代，公共治理的变异问题特别严重，根源就在于这个时代所构建的人治体系是一个统治体系而非国家治理体系。也正因为统治逻辑支配着这个人治体系的构建和运作，所以即便是在管理公共事务方面，也是错误频频，能力和结果都比较差。该体系将决策权交付给完全不受约束的皇帝一人，而历史反复证明，根本没有办法来保证皇帝决策的正确和明智，中国人历来所期盼的圣贤明君屈指可数。同时为了维护本朝统治地位的稳固，历朝那些强势有为的皇帝都殚精竭虑，设法分割和节制官僚和地方的权力，结果往往造成执行能力不足，治理低效甚至无效。如宋代为了加强对地方的控制，着眼于相互牵制，结果造成官无专职、人无专责、办事效率低下、人浮于事、冗官充斥朝野。[1] 同样为了加强对地方的控制，明代在地方实行"三司制度"，"三司"鼎足而立，分别由中央朝廷垂直控制，结果导致地方遇事处置不及时、延误时机、互相推诿塞责，最后中央王朝不得不以临时委派总督或巡抚来加以补救。[2] 可见，中国帝制时代的人治体系，是以牺牲公共治理为代价来换取统治效能的，这不但证明了它作为统治体系的性质，也充分说明其变异问题特别严重。

二 晚清以来的国家治理体系现代化探索

鸦片战争以后，中国帝制时代最后一个王朝——清朝——走上了穷途末路，史学界称之为晚清时期。自此以后，中国被裹挟进世界的现代化潮流，这是一个三千年未有之大变局的时代。在这个时代，中国传统的国家治理体系也走上了末路，开启了现代化的探索之旅。

对于近代以来中国国家治理体系现代化的进程，我们认为需要牢牢把握公共治理的规定性，放在宏观的历史过程中去考察，也许才能看得更清楚。考虑到中国传统国家治理体系实质上是一种统治体系，存在严重的变异问题，再结合先发国家所引领的国家治理体系现代化潮流，那么应当不难理解，中国国家治理体系现代化，其实就是一个去除变异问题、恢复公

---

[1] 韦庆远、柏桦编著：《中国政治制度史》，中国人民大学出版社2005年版，第283页。
[2] 同上书，第279页。

共治理性质、从统治体系转变为真正的国家治理体系的过程,也就是使国家政权转变为公共组织,成为提供公共产品、管理公共财物和为公共社会服务的组织①。

此论断并非规范性的表述,而是通过回顾和比较历史发现的。我们可以注意到,与现代世界的接触和碰撞并非晚清王朝之主观所愿,中国开启现代化进程实属被迫。② 但是在那以后,中国越来越多的有识之士发现,唯有主动融入现代化潮流才有出路,结果现代化逐渐变成了一种主动追求的目标,而晚清王朝及其守旧顽固派则被扫进了历史的垃圾堆。所以,中国国家治理体系现代化是一个由主动选择和探索所导致的客观化过程。那些主动追求并且引领了中国国家治理体系现代化进程的人们,他们追求的目标、思想观念和引发的变革,就成为我们观察、理解和把握中国国家治理体系现代化进程的重要依据。由此可以发现,近代以来,那些接触和了解西方世界的有识之士,无不质疑、批判和否定中国传统的国家治理体系(实为君主集权专制的人治体系)③,视之为变异的、无能的;同时普遍从西方吸收新的国家治理理念,包括维新派的"君民共治",和革命派的共和理念——最典型的话语就是"民有、民治、民享",甚至将其转化为中国式语言"天下为公"。④ 要知道,当时这些理念并不是只停留在头脑中和口头上,而是付诸切实的行动,引发了现实的变革。这就足以说明,

---

① 周庆智:《县政治理》,中国社会科学出版社2014年版,第11页。

② 罗荣渠:《现代化新论》,北京大学出版社1993年版,第239—240页。

③ 这种质疑、批判甚至否定并非从晚清才开始。事实上几乎每个王朝末期都会出现批判思潮,只是深度不一,总趋势是逐渐深入。比如东汉末年出现的是对昏君和官僚腐败的批判思潮,但远没有达到否定君主制本身的程度。(刘泽华主编:《中国政治思想史》(秦汉魏晋南北朝卷),浙江人民出版社1996年版,第356—362页)唐末又出现了批判反思思潮,其中儒家学派一如既往,批判昏君暴君和官僚腐败,指出君主的昏暴与官僚的腐败残酷有直接的因果关系,但依旧将希望寄托于圣贤明君施仁政;而道家学派则直接否定圣贤明君,视之为罪恶根源。(刘泽华主编《中国政治思想史》(隋唐宋元明清卷),浙江人民出版社1996年版,第200—226页)南宋末年甚至出现了与统治思想相对立的所谓异端思想,否定秦以来的君主专制政体和君权的神圣性。(刘泽华主编《中国政治思想史》(隋唐宋元明清卷),浙江人民出版社1996年版,第412—415页)明末清初以三大思想家黄宗羲、顾炎武、王夫之为代表的一批知识分子,将中国传统时代的批判思潮带上了顶峰。他们提出"天下为主,君为客""公天下""众治"等命题,直指君主专制政体的心脏。(刘泽华主编《中国政治思想史》(隋唐宋元明清卷),浙江人民出版社1996年版,第599—634页)但总的来看,唯有晚清这批接触了西方世界、开阔了眼界的有识之士,才作出了最为深刻的批判。

④ 谭双泉编著:《中国近代政治思想史(1840—1949)》,湖南师范大学出版社1995年版,第四至六章。

中国国家治理体系现代化的主线，就是去除变异问题和恢复公共治理性质。

如果说近现代史上中国的有识之士对于批判和否定中国传统国家治理体系存在共识的话，那么对于现代化的国家治理体系应该是什么和怎样实现的问题，则存在不同的意见，并由此引发了多次探索。

最初，对于西方世界跟中国的接触，清王朝采取一种"天朝上国"的傲慢态度予以抵触和排斥。等到两次鸦片战争发生后，王朝体制内出现了一批开明官僚，看到了西方"船坚炮利"的优势，主张学习和引进西方先进的军事和技术，"师夷长技以制夷"，发起了"自强运动"（如"洋务运动"）。这就开启了中国的工业化和军事现代化，同时使更多的中国人有机会接触到西方世界——从器物、制度到精神。但自强运动并未触及国家治理体系的变革问题，"中体西用"的言论表达了体制内官僚对传统国家治理体系的自信，也体现了他们不可逾越的局限性。

随着甲午海战中北洋舰队沉入海底，洋务运动彻底宣告失败，师夷长技并没有收到制夷的奇效。王朝体制内外爆发了对传统国家治理体系的质疑声音，提出了变革国家治理体系的问题。实际上，随着洋务运动的开展，越来越多的中国知识分子和官僚接触到了西方世界，对中国传统的国家治理体系早就提出了质疑甚至批判，这就是早期维新派。甲午海战的失败不过是为这种质疑声音提供了一个总爆发的机会。事已至此，早年的傲慢早已不复存在，对传统国家治理体系的自信也受到了很大的打击，甚至产生了深深的危机感，于是一场变法维新运动得以开展起来，这是中国最早的国家治理体系现代化运动。维新派的本意是要通过变法构建起立宪君主政体，实现"君民共治"，但实际上戊戌变法的内容和力度都很有限，如裁汰机构人员、选官任官、整顿吏治、提高效率等[1]，而且短时间内便归于失败，均未得到真正实施。不过庚子事变之后，清王朝为挽救统治，主动提出实行新政，不但把戊戌变法的方案重拾起来[2]，甚至在 1905 年宣布预备立宪，中央设资政院，地方设咨议局和议事会，改革官制，为开国会、成立责任内阁、实行立宪君主制做准备。然而辛亥革命很快就爆发了。

戊戌变法失败以后，尽管通过改良来构建立宪君主政体的主张和行动

---

[1] 李进修：《中国近代政治制度史纲》，求实出版社 1988 年版，第 55 页。
[2] 同上书，第 58—64 页。

并未消失，而且在清王朝决定实行新政以后，这种主张在体制内外获得了更多的支持，形成了更为声势浩大的运动，但所有这些都阻挡不了新主张的出现和壮大，这就是革命派提出通过革命彻底终结满人的统治和君主政体而构建共和国的主张。事实上，在整个新政期间，革命派从未停止过努力，包括组织政党、宣传主张、发动起义、渗透新军等，最后因各种机缘巧合而爆发的辛亥革命，不过是这些前期努力的自然结果。现在，中国国家治理体系现代化的轨道被改变了。但是严格说来，辛亥革命只是终结了传统的国家治理体系，却没有成功构建起新的国家治理体系。袁世凯复辟帝制及其后的军阀割据纷争乱局，表明共和国目标并未真正实现。不过只要稍微考察一下包括早发国家在内的世界现代化历史，这种不成功就是完全可以理解的。在国家治理体系现代化的历史上，一次性成功的案例几乎没有过，经历曲折甚至反复十分常见，其中以法国最为典型，就算是最早现代化的英国也不是一次性成功的。对于中国来说，不仅君主集权专制的人治体系具有悠久的历史，而且其他各方面的条件也非常欠缺，所以试图一次性实现国家治理体系现代化，无异于痴人说梦。

虽然辛亥革命未能成功实现中国国家治理体系从传统到现代的转型，但是国家治理体系现代化的共和目标却再也没有受到过有力的挑战，基本上成为多数人的共识，甚至在实现目标的路径上也有许多共识，那就是继续革命。不过在目标和路径的内涵上是有分歧的，几乎是同时出现了两种主要的主张。

孙中山先生无疑是近代中国共和革命的先驱、辛亥革命的精神领袖，也担任了中华民国的第一任总统。原先他以为辛亥革命之后，民国既已建立，那么共和革命就完成了。然而此后一系列的变故和事实让他认识到，中国的共和革命并不简单，不可能一次性完成。于是他坚定了早年提出的军政、训政和宪政三步走革命方略[①]，决定继续开展共和革命，直至完全建成真正的共和国（"再造共和"）。但在如何继续革命的问题上，其实最初他并无把握，常常是因应形势、随机应变。直到俄国布尔什维克革命爆发后，孙中山先生深受启发，形成了依靠群众型革命政党（中国国民

[①] 孙中山先生最早（1906年）提出的是"军法之治、约法之治、宪法之治"（广东省社会科学院历史研究所等合编《孙中山全集》（第一卷），中华书局1981年版，第290—291、297—298页），后来才在《中华革命党总章》（1914年）中明确提出军政、训政和宪政三个分期（广东省社会科学院历史研究所等合编《孙中山全集》（第三卷），中华书局1984年版，第97页）。

党）发动全体国民的国民革命思路。① 也正是在那以后，他心目中的共和国政体不再纠结于从前的议会制与总统制之争或者是恢复约法政体与否，而是按照他早年独创的"五权宪法"思想②构想了未来中华民国的政体。正是通过孙中山先生及其领导的中国国民党，中国国家治理体现代化的轨道再次改变。

然而孙中山先生所主张和规划的这条国家治理体系现代化道路，基本上只开了一个头（北伐战争和国家重新统一），中间就为日本入侵所严重干扰和破坏，最终为内战所中断，继之而起的是中国共产党所主张的道路，这是中国国家治理体系现代化的第三次变轨。党是在苏联共产党（通过共产国际）的扶助下成立的，所以早期所追求的目标及其实现路径都来自于苏共的指示，包括建立苏维埃共和国和进行无产阶级革命。在此后的摸索中，党确定了通过新民主主义革命建立新民主主义共和国的道路，最终在1949年夺得政权。此后党又领导开展社会主义革命，建立起社会主义共和国，确立中国共产党领导下的全新的人民代表大会制度政体形式。此后虽经历一些曲折，但1982年以后得以全面恢复，直至今日。

根据党的十八届三中全会的重大决定和习近平总书记的权威论述，今天中国还面临着国家治理体系现代化的任务。但跟历史上国家治理体系现代化的几次探索不同，这次不是国家治理体系的替代，不是第四次变轨，而是发展和完善现有的国家治理体系，使之更完备、更稳定、更管用。这就是当前中国国家治理体系现代化的基本内涵。之所以国家治理体系还要继续现代化，是因为现有的国家治理体系还没有达到更加成熟更加定型的要求，有些方面甚至成为中国发展和稳定的重要制约因素；相比中国经济社会发展和人民群众的要求，相比当今世界日趋激烈的国际竞争，相比实现国家长治久安，现有的国家治理体系还有许多亟待改进的地方。换言之，今天中国国家治理体系之所以还需要现代化，就是因为国家治理的结果离国家治理的目标还存在差距，所以还有必要加以改进和完善。

---

① 余炎光：《孙中山和国民革命》，载《广东社会科学》1987年第1期。
② 孙中山先生在1906年《民报》创刊周年纪念会上首次提出了"五权宪法"思想（广东省社会科学院历史研究所等合编《孙中山全集》（第一卷），中华书局1981年版，第329—331页），但此后多年不曾提及，直到经历了二次革命、护国战争、护法战争等诸多波折之后，才又在《建国方略》（1917—1919年）等著作和演讲中提出来，表明他已经明确再造之中华民国所要采取的政体形式。

第二节　当前中国国家治理体系的宏观构造

当代中国是在党的领导下通过武力战争方式建立起来的，而且国家建立后，党继续作为国家和社会的领导力量存在。这就导致要有效地考察、理解和把握当代中国的国家治理体系——无论是其构造还是运行，都必须从党入手，始终抓住这个核心，以其理念、组织和行动为基本依据。

一　构建逻辑与总体框架

根据集体行动组织学理论，任何一种组织形态都是根据一定的逻辑构建起来的，只有掌握了组织逻辑才能有效地理解和把握相应的组织形态。当代中国的国家治理体系是在党领导下构建起来的，那么党特别是其高级领导人如何理解和构思国家治理体系，其中就必然蕴含着当代中国国家治理体系的组织逻辑。

从政党政治学的角度来看，党是一个典型的群众型意识形态政党，明确以某种意识形态为本党的行动指南（其中包括所追求的目标及其实现路径）。1921年中国共产党成立后，在其第一个纲领中并没有载明以什么意识形态为指导，但是从其表达的目标、提出的路径和建党的原则等方面来看，以马克思列宁主义为指导还是很清楚的。[①] 此后一直到1945年七大召开后，党才在《党章》中载明："中国共产党，以马克思列宁主义的理论与中国革命的实践之统一的思想——毛泽东思想，作为自己一切工作的指针。"[②] 这就是说，在党成功建国之时，其指导思想就是马列主义毛泽东思想，那么当代中国国家治理体系的建构逻辑也就蕴涵于其中。

（一）马克思主义的国家治理体系构建理论

马克思主义、列宁主义和毛泽东思想这三个部分实际上是逐渐具体化的关系，对于党构建中国国家治理体系各有不同的指导作用。首先，马克思主义是一个极其宏大的思想体系，就国家治理体系的构建来说，马克思主义创始人主要指出了两点。其一，"在资本主义社会和共产主义社会之

[①] 中央档案馆编：《中共中央文件选集》（第1册），中共中央党校出版社1989年版，第3—5页。

[②] 中央档案馆编：《中共中央文件选集》（第15册），中共中央党校出版社1991年版，第115页。

间，有一个从前者变为后者的革命转变时期。同这个时期相适应的也有一个政治上的过渡时期，这个时期的国家只能是无产阶级的革命专政。"① "这个专政不过是达到消灭一切阶级和进入无阶级社会的过渡。"② 这就是说，无产阶级专政国家仅存在于过渡时期，此后便进入共产主义社会——无国家的社会状态。其二，过渡时期的无产阶级专政国家采取什么样的政体，也就是无产阶级如何组织起来进行统治，对于这个问题，马克思主义创始人早期尚无实际经验可循，所以没有作出什么具体的设想，只有一些模糊的原则性说法，如"首先无产阶级革命将建立民主的国家制度，从而直接或间接地建立无产阶级的政治统治"③，"工人革命的第一步就是使无产阶级上升为统治阶级，争得民主"④。这就是说，马克思主义创始人只是明确了一个大方向，那就是无产阶级专政国家必须采取民主政体。

巴黎公社成立后，马克思对无产阶级专政国家的政体形式进行了比较详细的探讨。首先，他肯定巴黎公社是过渡时期无产阶级专政国家可以采取的政体形式，说"公社……实质上是工人阶级的政府，是生产者阶级同占有者阶级斗争的产物，是终于发现的可以使劳动在经济上获得解放的政治形式"⑤。然后，他基于但不限于巴黎公社的实践阐发了这种政体形式：(1)巴黎公社是社会共和国的形式，这个共和国不但要取代阶级统治的君主制形式，而且要取代阶级统治本身。(2)巴黎公社废除常备军而代之以武装的人民，在农村地区，常备军也由服役期限极短的国民军来代替。(3)公社实行普选制、委员会制、议行合一制和责任制，由普选产生并随时可以被罢免的委员所组成，委员们既集体行使立法权，又个别地行使行政权（每名委员分别担任一个行政部门的首长），并承担集体的和个人的政治责任（每隔几年就重新普选公社的全体委员，这是公社委员集体承担政治责任的主要途径，委员个别地被罢免则是个人承担政治责任的具体途径）。(4)公社实行司法民主制而非司法委任制，法官和审判官跟其他一切公务人员一样，均由选举产生并承担责任，可以被罢免。(5)公社是廉价政府，从公社委员到其他一切公职人员，都只领取相当于工人工资的报酬。(6)在国家结构上实行地方自治制度，不但作为首都的巴黎，

---

① 《马克思恩格斯文集》（第3卷），人民出版社2009年版，第445页。
② 《马克思恩格斯文集》（第10卷），人民出版社2009年版，第106页。
③ 《马克思恩格斯文集》（第1卷），人民出版社2009年版，第685页。
④ 《马克思恩格斯文集》（第2卷），人民出版社2009年版，第52页。
⑤ 《马克思恩格斯文集》（第3卷），人民出版社2009年版，第158页。

而且其他城市、各省、各级地方甚至最小的村落，都要实行和巴黎公社一样的制度，这些地方的公社均是当地生产者的自治政府。"每一个地区的农村公社，通过设在中心城镇的代表会议来处理它们的共同事务；这些地区的各个代表会议又向设在巴黎的国民代表会议派出代表，每一个代表都可以随时罢免，并受到选民给予他的限权委托书（正式指令）的约束。"①在中央政府与地方政府之间，"仍须留待中央政府履行的为数不多但很重要的职能，则不会像有人故意胡说的那样加以废除，而是由公社的因而是严格承担责任的勤务员来行使"②。

马克思是在"打碎"旧国家机器思想的基础上提出这种无产阶级专政国家的政体形式的，他说"工人阶级不能简单地掌握现成的国家机器，并运用它来达到自己的目的"③。但是这里的"现成的国家机器"是针对法兰西第二帝国来说的，这个帝国的行政机关（其化身就是路易·波拿巴）摧毁了代议立法机关，实行中央集权和军事专制。这个"帝国制度是国家政权的最低贱的形式，同时也是最后的形式"④，当然不可能为无产阶级转手利用，所以必须打碎它进行重构，"帝国的直接对立物就是公社"⑤。也正因如此，恩格斯在晚年认为将来的无产阶级专政国家可以承袭民主共和国的政体形式。他说"民主共和国甚至是无产阶级专政的特殊形式"⑥，"对无产阶级来说，共和国和君主国不同的地方仅仅在于，共和国是无产阶级将来进行统治的现成的政治形式"⑦。之所以如此，是因为"国家的最高形式，民主共和国，在我们现代的社会条件下正日益成为一种不可避免的必然性"⑧。也就是说，民主共和国是过去时代遗留下来的最高的政治文明成果，作为最后一种国家形态的无产阶级专政国家当然可以承袭而不是打碎这种政体形式。

（二）列宁主义的国家治理体系构建理论

列宁基本遵循了马克思主义创始人提出的无产阶级专政国家建设理

---

① 《马克思恩格斯文集》（第3卷），人民出版社2009年版，第155页。
② 同上。
③ 同上书，第151页。
④ 同上书，第154页。
⑤ 同上。
⑥ 《马克思恩格斯文集》（第4卷），人民出版社2009年版，第415页。
⑦ 《马克思恩格斯文集》（第10卷），人民出版社2009年版，第671页。
⑧ 《马克思恩格斯文集》（第4卷），人民出版社2009年版，第192页。

论，特别是关于无产阶级专政国家仅存在于过渡时期的理论①，但在共产党和无产阶级专政两个方面进行了理论创造。就共产党理论来说，马克思主义创始人只是提到了共产党在无产阶级革命中的作用，也就是和其他一切无产阶级政党一样，"使无产阶级形成为阶级，推翻资产阶级的统治，由无产阶级夺取政权"②，但没有提及共产党跟无产阶级专政国家的关系，也没有说共产党在无产阶级革命中发挥的是领导作用。他们只是一方面强调共产党"没有任何同整个无产阶级的利益不同的利益""不是同其他工人政党相对立的特殊政党"；另一方面强调"在无产者不同的民族的斗争中，共产党人强调和坚持整个无产阶级共同的不分民族的利益""在无产阶级和资产阶级的斗争所经历的各个发展阶段上，共产党人始终代表整个运动的利益"，因此"共产党人是各国工人政党中最坚决的、始终起推动作用的部分""他们胜过其余无产阶级群众的地方在于他们了解无产阶级运动的条件、进程和一般结果"。③ 在这里，创始人的用词是"推动"而不是"领导"。但列宁依据创始人关于共产党之特殊性的论说，说"党是阶级的先进觉悟阶层，是阶级的先锋队"④，并由此引申出共产党的作用就是领导无产阶级，说"在通常情况下，在多数场合，至少在现代的文明国家内，阶级是由政党来领导的"⑤。而且他把这种领导作用从无产阶级革命延伸到无产阶级专政阶段，说"专政是由组织在苏维埃中的无产阶级实现的，而无产阶级是由布尔什维克共产党领导的"⑥。

在无产阶级专政理论方面列宁也进行了创造。他首先指出，"专政是直接凭借暴力而不受任何法律约束的政权。无产阶级的革命专政是由无产

---

① 苏俄在历时三年的政权保卫战中实行过战时共产主义，列宁曾一度以此作为通向未来社会主义社会（共产主义社会的第一阶段）的桥梁，然而遭到广大民众的强烈抵制，遂清醒过来，回到过渡时期的基本定位，并坚持只有在过渡时期才存在无产阶级专政国家。他在1921年说："看来，也没有一个共产主义者否认过'社会主义苏维埃共和国'这个名称是表明苏维埃政权有决心实现向社会主义的过渡，而决不是表明现在的经济制度就是社会主义制度。"（《列宁全集》（第41卷），人民出版社1986年版，第196页）不过列宁逝世后，斯大林通过国家强制力量开展重工业化的五年建设，并进行生产关系大变革，建立国有制和集体制，从而在1936年明确宣布建成社会主义。但社会主义建成之后，无产阶级专政国家不但继续存在而且得到前所未有的强化。

② 《马克思恩格斯文集》（第2卷），人民出版社2009年版，第44页。
③ 同上。
④ 《列宁全集》（第24卷），人民出版社1990年版，第38页。
⑤ 《列宁全集》（第39卷），人民出版社1986年版，第21页。
⑥ 同上书，第27页。

阶级对资产阶级采用暴力手段来获得和维持的政权，是不受任何法律约束的政权"[①]，反过来"无产阶级民主对资产阶级剥削者实行镇压——因此它不骗人，不向他们许诺自由和民主——而给劳动者以真正的民主"[②]。这就是无产阶级专政二元说：对资产阶级敌人实行镇压和给无产阶级民主。然后对于无产阶级专政的政体，列宁提出了无产阶级专政体系理论。[③] 该理论大意为，虽然无产阶级专政国家的统治阶级当然是无产阶级（和其他劳动群众），但这个阶级却不可能由包括其全体的工会组织来实现统治，因为工会组织不是实行强制的国家机关，所以只能通过无产阶级的先锋队——共产党——掌握国家政权来实施统治。但是如果没有工会去吸引、教育、训练和说服广大无产阶级，没有其他组织（如合作社）去联系其他劳动群众，那么即使共产党掌握运用国家政权，无产阶级专政也是无法实施的。这样，工人阶级和其他劳动群众，通过工会、合作社等群众组织类似齿轮的"传动"作用，再通过共产党掌握运用国家政权，就实现了无产阶级专政，从而形成为无产阶级专政体系。

列宁提出的无产阶级专政体系看起来有点复杂，后来斯大林作出了最精练的概括，他说："例如在我们苏联，在无产阶级专政的国家里，我们的苏维埃组织和其他群众组织，没有党的原则性指示，就不会决定任何一个重要的政治问题或组织问题，——这个事实应当认为是党的领导作用的最高表现。在这个意义上也可以说，无产阶级专政实质上是无产阶级的先锋队的'专政'，是它的党即无产阶级的主要领导力量的'专政'。"[④]

（三）毛泽东思想中的国家治理体系构建思想

列宁主义对党构建国家治理体系的指导作用非常大。因为党本身就是在苏联共产党（通过共产国际）的扶助下产生的，而且苏共通过共产国际长期影响甚至指挥党的行动，这就使得党的领导人更为熟悉列宁主义。不仅如此，列宁主义产生于革命实践而不是哲学论辩中，绘制了许多行动路线图，具有革命实践特别是成功建立国家（苏俄）的经验基础，这就使得党的领导人更容易理解、接受甚至可以直接运用列宁主义。所有这些

[①]《列宁全集》（第35卷），人民出版社1985年版，第237页。
[②] 同上书，第105页。
[③]《列宁全集》（第40卷），人民出版社1986年版，第199—201页。
[④]《斯大林选集》（上卷），人民出版社1979年版，第415页。

就导致党在构建新中国的国家治理体系时，完全吸收了列宁的无产阶级专政国家建设理论，特别是无产阶级专政体系理论。①

但是党领导的革命和俄国相比毕竟很不相同，从而形成了马克思列宁主义的理论与中国革命的实践之统一的毛泽东思想。毛泽东思想也是一个庞大的体系，就国家治理体系构建方面来说，它以马列主义特别是列宁的无产阶级专政国家建设理论为基础和骨架，通过吸收中国古代和近代的政治思想和经验、苏俄革命和建设的实践经验以及自身革命的实践经验，提出了新中国的国家治理体系构建方案。这种思想资源的多样性，在毛泽东《关于中华人民共和国宪法草案》的讲话中就有充分体现。② 他指出这个草案总结了历史经验，特别是最近五年革命和建设的经验，也总结了从清朝末年以来关于宪法问题的经验，还参考了苏联和各人民民主国家宪法中的好东西，是本国经验和国际经验的结合。

实际上在抗战期间，毛泽东就已经提出了新民主主义革命理论，勾画了革命成功后新民主主义国家的政体轮廓。总的来看，就是在列宁提出的无产阶级专政体系的基础上，结合中国的情况进行局部修改调整，但是基本框架不变。比如列宁坚持无产阶级专政的提法，以无产阶级为统治阶级，农民只是同盟者，并由此设想由工会、合作社等群众组织来联系工人和其他劳动群众。但毛泽东将无产阶级专政扩展为人民民主专政。他说，"总结我们的经验，集中到一点，就是工人阶级（经过共产党）领导的以工农联盟为基础的人民民主专政。……这就是我们的公式，这就是我们的主要经验，这就是我们的主要纲领"③。而"人民是什么？在中国，在现阶段，是工人阶级，农民阶级，城市小资产阶级和民族资产阶级。这些阶级在工人阶级和共产党的领导之下，团结起来，组成自己的国家，选举自己的政府，向着帝国主义的走狗即地主阶级和官僚资产阶级以及代表这些阶级的国民党反动派及其帮凶们实行专政，实行独裁，压迫这些人，只许他们规规矩矩，不许他们乱说乱动。如要乱说乱动，立即取缔，予以制裁。对于人民内部，则实行民主制度，人民有言论集会结社等项的自由权。选举权，只给人民，不给反动派。这

---

① 郑谦等：《当代中国政治体制发展概要》，中共党史资料出版社1988年版，第36页。
② 中共中央文献研究室编：《建国以来重要文献选编》（第五册），中央文献出版社1993年版，第287—288页。
③ 《毛泽东选集》（第4卷），人民出版社1991年版，第1480页。

两方面，对人民内部的民主方面和对反动派的专政方面，互相结合起来，就是人民民主专政"①。总的来说，"人民民主专政的基础是工人阶级、农民阶级和城市小资产阶级的联盟，而主要是工人和农民的联盟，因为这两个阶级占了中国人口的百分之八十到九十。推翻帝国主义和国民党反动派，主要是这两个阶级的力量。由新民主主义到社会主义，主要依靠这两个阶级的联盟"②。

由于毛泽东关于国家治理体系构建思想上的这些差异，所以后来党并没有完全按照列宁主义的有关理论来构建国家治理体系，而是在保持无产阶级专政体系基本框架的基础上，作出了局部调整修改。比如由于人民群众的范围非常广泛，所以为了联系人民群众，中华人民共和国成立后不但成立了工会等组织，还成立了其他各种各样的人民团体，甚至允许其他阶级的政党存在，然后以政治协商会议为各种群众组织的活动平台。另外在国家结构方面，党既没有采纳马克思提出的地方自治制度，也没有学习苏联的联邦制，而是按照中国的传统采取了中央集权制。

（四）当代中国国家治理体系的构建逻辑和总体框架

现在可以概括一下当代中国国家治理体系的构建逻辑。马克思主义视私有制为公共治理发生变异的根源，也就是说，私有制导致阶级分化和阶级统治，结果本来应当通过管理公共事务而实现互惠互利、共同受益和最终幸福③的公共治理，却变成了某一个强势阶级为了一己之私而进行的压迫性统治。因此，要恢复公共治理的本来性质，就必须铲除私有制，消除阶级分化和阶级统治的根源。在马克思主义创始人生活的时代，他们认为资本主义发展的结果就是社会越来越分化为资产阶级和无产阶级两个对立的部分，前者统治后者。而无产阶级由其生产条件决定，是有史以来最先进的阶级，因此只有依靠无产阶级发动革命，建立无产阶级专政的国家，并通过无产阶级专政国家去铲除私有制（同时尽可能快地增加生产力总量），使一切阶级和作为阶级统治的国家都趋于消亡，这样阶级统治才会

---

① 《毛泽东选集》（第4卷），人民出版社1991年版，第1475页。
② 同上书，第1478—1479页。
③ 为着这样的目标而结成的社会共同体，就是马克思主义提出的共产主义社会，只不过马克思主义创始人根据18—19世纪西方的话语形式，将其表述为"这样一个联合体，在那里，每个人的自由发展是一切人的自由发展的条件"（《马克思恩格斯文集》（第2卷），人民出版社2009年版，第53页）。

被对社会公共事务的管理所代替，从而恢复公共治理本来的性质①。这就是马克思主义主张建立无产阶级专政国家的基本逻辑。至于无产阶级专政国家的政体形式，马克思主义创始人有过探索，包括马克思基于巴黎公社实践提出了普选制、委员会制、议行合一制、责任制、廉价政府、司法民主制、国民军、地方自治等基本原则，恩格斯则提出可以直接承袭作为国家最高形式的民主共和国的政体形式。但在所有这些设计中均未提到共产党及其作用，是列宁根据俄国布尔什维克革命的实践，提出以共产党领导的无产阶级专政体系作为无产阶级专政国家的政体形式。而中国共产党领导的革命又不同于俄国，形成了毛泽东思想，进一步把共产党领导的无产阶级专政体系发展为共产党领导的人民民主专政体系。这就是当代中国国家治理体系的构建逻辑。

根据这样的逻辑所构建的当代中国国家治理体系，可以概括为一个模式，我们不妨称其为党领导国家和社会的"一体两翼"模式，其中作为领导者的党是"体"，而受其领导的国家和社会分别为"两翼"。关于这个模式，虽然七十多年来，作为其基本组成部分的党、国家和社会都发生过甚至较大的变化，党的领导内涵和方式也发生过一些变化，但是这三个基本组成部分及其相互关系（党领导国家和社会）始终未变，具有很强的稳定性。

具体来说，在这个模式中，党是最核心的组成部分，它具有双重角色，既是这个体系的组织者，又是这个体系的参与者和组成部分，这就使得它承担的功能多样而混杂。总的来看，党主要负责决策（从最根本的目标任务、最重大的路线方针政策到各地方各部门各单位的具体事务决策）和组织实施决策（包括任务分工和协调控制）。而党的决策是由国家和社会两个部分来负责执行的（所以是党的"两翼"）。大体上，社会部分主要执行那些能给党带来支持效果的决策（不一定跟公共事务有关），"发挥党和政府联系人民群众的桥梁纽带作用"；国家部分则主要执行有

---

① 马克思主义创始人在《共产党宣言》中说："当阶级差别在发展进程中已经消失而全部生产集中在联合起来的个人的手里的时候，公共权力就失去政治性质，原来意义上的政治权力，是一个阶级用以压迫另一个阶级的有组织的暴力。"（《马克思恩格斯文集》（第2卷），人民出版社2009年版，第53页）恩格斯在《论权威》中又说："所有的社会主义者都认为，政治国家以及政治权威将由于未来的社会革命而消失。这就是说，公共职能将失去其政治性质，而变为维护真正社会利益的简单的管理职能。"（《马克思恩格斯文集》（第3卷），人民出版社2009年版，第338页）

关公共事务的决策（但不限于此）。社会部分包括党派组织、群众组织、事业单位、企业等多种组织，分别执行各自领域的决策；同时通过政协的统合以及其他途径，可以向党提出决策议题和参考意见。国家部分包括人大、政府、军委、法院、检察院和最新成立的监察委等机构，分别执行各自领域的决策。不过总的来说，党最倚重政府来执行决策，所以日常用语通常是"党和政府"并提。但不管怎样，各国家机关的执行功能，是由党作为组织者来进行分配的，不一定跟宪法法律的规定相匹配。比如通常情况下，人大的功能是使党的决策合法化（把党的意志上升为国家意志），这是一种程序性、仪式化的功能。在地方上，特别是在基层，人大以及其他机关甚至还有可能承担招商引资、扶贫、打击犯罪等任务。除了执行决策，所有国家机关也可以向党提出决策议题和建议。国家和社会两个部分主要是在执行党的决策的时候发生联系，如果有冲突，则由党负责协调。现实中国家与社会的关系并无一定之规，比如可以通过建立人民公社实现政社合一，也可以通过改革实行政社分开，但又可以保留一些人民团体的政府职能，由国家财政供养。党还通过派驻、巡察、评价、奖惩、追责等方式途径，监督国家和社会两个部分执行决策的情况。

对于当代中国国家治理体系的这个模式，学界大多能看到党在其中的核心地位，但对其基本组成和内在结构却不甚明确，或者观察不够准确。如俞可平指出，中国的国家治理体系是以党组织为主导的多元治理结构，是"以党领政"的治理结构，党委是权力核心，是最高决策权力所在，政府更多是执行的作用。[1] 这就没有看到社会部分在其中的存在和作用。其实这个模式在党的有关文件中早已有所揭示和表述。十六大报告就明确使用了"党领导国家和社会"的提法，指出"党的领导主要是政治、思想和组织领导，通过制定大政方针，提出立法建议，推荐重要干部，进行思想宣传，发挥党组织和党员的作用，坚持依法执政，实施党对国家和社会的领导"[2]，从而揭示了当代中国国家治理体系的"一体两翼"模式。

二　作为领导核心的党

在当前中国的国家治理体系中，党的领导核心地位首先体现在它作为

---

[1] 俞可平：《论国家治理现代化》，社会科学文献出版社2014年版，第109页。
[2] 中共中央文献研究室编：《十六大以来重要文献选编》（上），中央文献出版社2005年版，第26页。

组织者的角色，行使着构建、驱动和维护整个体系的组织功能；其次是作为体系参与者和组成部分的角色，主要行使着决策功能。但党作为一个政党，本身就是一个组织体系，因此需要首先摸清其组织情况，才能搞清楚它是如何发挥这些功能的。

根据《党章》①，党的"最高理想和最终目标是实现共产主义"。但是"中国共产党人追求的共产主义最高理想，只有在社会主义社会充分发展和高度发达的基础上才能实现"。所以在新民主主义和社会主义革命完成之后，党的基本任务就是建设社会主义。不过对于环境形势条件的判断和阶段性任务的确定，党经历过重大的曲折和挫折，最后是在"文革"结束后审时度势，认为中国在社会主义革命完成后，实际上进入的是一个极为落后的社会主义初级阶段。在这个阶段，党的基本任务就是领导和团结全国各族人民，把中国建设成为富强民主文明和谐美丽的社会主义现代化强国，也就是要摆脱社会主义初级阶段，进入发达的社会主义阶段。但这个基本任务也是非常庞杂繁重的，所以又分解出诸多阶段性的和各方面的具体任务。总之，自改革开放以来至今，根据党在社会主义初级阶段的基本路线，党确定自己的基本任务就是领导全国人民建设中国特色社会主义，简言之就是领导。

那么党的领导究竟是何含义？仅就建政以后来讲，党的自我认识也是在不断变化的。1956年刘少奇在八大报告中说："党应当而且可以在思想上、政治上、方针政策上对于一切工作起领导作用。当然，这不是说，党应当把一切都包办起来，对一切都进行干涉；也不是说，对于自己所不懂的事情，可以安于做外行。"② 1962年毛泽东说："工、农、商、学、兵、政、党这七个方面，党是领导一切的。党要领导工业、农业、商业、文化、教育、军队和政府。"③ 1982年十二大报告似乎恢复了八大报告的提法："党的领导主要是思想政治和方针政策的领导，是对于干部的选拔、分配、考核和监督，不应当等同于政府和企业的行政工作和生产指挥。党

---

① 《中国共产党章程》，见"人民网·中国共产党新闻网"，http://cpc.people.com.cn/n1/2017/1028/c64094-29614351.html。以下各处同例。

② 中共中央文献研究室编：《建国以来重要文献选编》（第九册），中央文献出版社1994年版，第105页。

③ 《毛泽东文集》（第八卷），人民出版社1999年版，第305页。

不应当包办代替它们的工作。"① 1987年十三大报告调整了提法："党领导人民建立了国家政权、群众团体和各种经济文化组织，党应当保证政权组织充分发挥职能，应当充分尊重而不是包办群众团体以及企事业单位的工作。党的领导是政治领导，即政治原则、政治方向、重大决策的领导和向国家政权机关推荐重要干部。"② 2002年十六大报告再次调整提法："党的领导主要是政治、思想和组织领导"。但2017年十九大修订的党章似乎又回到了毛泽东的提法："中国共产党的领导是中国特色社会主义最本质的特征，是中国特色社会主义制度的最大优势。党政军民学，东西南北中，党是领导一切的。党要适应改革开放和社会主义现代化建设的要求，坚持科学执政、民主执政、依法执政，加强和改善党的领导。党必须按照总揽全局、协调各方的原则，在同级各种组织中发挥领导核心作用。"其实所有这些提法只意味着领导内容和方式的变化：是领导一切还是政治、思想和组织领导？是包办一切还是充分尊重自主性？是直接命令指示还是科学、民主、依法执政？其中一直不变的是领导主体（党）、领导目的（建设社会主义）和领导对象（人民，只不过表述方式不同，如"工农商学兵政党""国家与社会""党政军民学，东西南北中"等）。所有这一切，其实都可以放到党的双重角色中去理解。

　　放眼世界，从过去到现在恐怕还没有什么政党像中国共产党这样制定目标任务，这就意味着为了实现目标和完成任务，党必然要遵循自己的特殊组织逻辑，这就是始终以实现党的领导为出发点和落脚点来进行组织。基于此，党大体把领导任务划分为决策、办公、组织、宣传、军事、统战、外联、政法等若干部分，分别设立相应的机关来承担。其中决策、办公、组织、宣传等机关长期存在，其他部分则视形势条件、相应任务的变化甚至高级领导人的意志而进行调整。同时，由于党的领导这个任务非常复杂和繁重，不得不进行再分工，这又导致党的组织体系形成从中央、地方到基层的层次格局。由于党从一开始就是在列宁主义指导下建立起来的，所以也就遵循列宁主义的民主集中制来进行协调控制，其主要内涵就是"四个服从"：党员个人服从党的组织，少数服从多数，下级组织服从上级组织，全党各个组织和全体党员服从党的全国代表大会和中央委员

---

① 中共中央文献研究室编：《十二大以来重要文献选编》（上），人民出版社1986年版，第51页。

② 同上书，第36页。

会。具体负责协调控制的，主要是党的各级领导机关、办公机关、组织部门和专设的纪检机关。

通过这样的组织方式，党就形成了权力广泛而集中的严密组织形态。其中，各级代表大会及其产生的委员会是党的领导机构，主要负责制定党的目标任务。在执政的情况下，这些党的领导机构实际上也负责制定整个国家和各级各部门（或单位、组织）的目标任务。由于各级代表大会在其任期内通常只召开一次会议，各级委员会通常一年只集会一次，绝大多数时间都处于休会状态，所以实际上它们的职能是由其常设机构（各级常委会，中央是政治局及其常委会）来承担的。相比而言，常设机构规模小，召集方便，会议频繁，所以能够承担这些职能，而党代会和全委会的职能反而变成了确认常设机构的决策。此外，各级党委书记有召集和主持常委会的职权，在常委会中占据更为有利的优势。而党的各种职能机构和党组，则从各个方面来具体实施领导任务，比如军委领导军队（"党指挥枪"）、组织部门从人事方面实施领导（"党管干部"）、党组负责领导各种国家机关和非党组织。整个党由其领导机关在办公机构的协助下来进行协调。在中央，书记处协助政治局及其常委会，中央办公厅协助中央委员会；在地方和基层，各级党委办公厅（室）协助各级党委及其常委会。在约束控制方面，虽然纪律检查委员会专门负责纪律约束，但实际上是和同级党委会一道来实施控制的，因为根据党章规定，纪检机关受党委领导，所以几乎所有的纪律处分都要经纪检机关调查审议后报同级党委会批准。至于对全党的激励控制，则是由各级党委常委会在相关职能机构的协助下来实施的，比如在组织部门的协助下提拔晋升干部。由于党在执政的情况下，承担着整个国家治理体系的组织者角色，所以这套党内的控制体系和机制也运用于整个国家治理体系。

三 国家机关

在列宁的无产阶级专政体系理论中，国家就是政权体系，被看成是阶级统治的工具，是镇压阶级敌人的机器，反过来对于统治阶级则是实行民主的场所或工具。而列宁所说的那些齿轮和传动装置，即吸收了工人阶级或其他劳动群众的工会等组织，就是无产阶级专政体系中的社会。党是在列宁主义的指导下，完全基于无产阶级专政体系理论来构建国家治理体系的，由此我们就能理解在当代中国的国家治理体系中，国家和社会是何含义及其功能定位是什么。不过党并没有完全按照苏俄和苏联的模式来构建国家和社会,特别是对于国家政权体系的构建,党吸收了中国古代到近现代的政治思想和实践经验以及自己的革命思想和实践经验。

党对国家政权体系的构建,从1949年至今发生过很大的变化,但总体模式不变。就当前而论,这套体系被称作人民代表大会制度,这就是说,当前中国的国家政权体系是根据人民代表大会而形成的。按照《宪法》的规定[①],国家一切权力属于人民[②],人民依照法律规定,通过各种途径和形式,管理国家事务,管理经济和文化事业,管理社会事务。而人民是通过各级人民代表大会来行使国家权力的,各级人民代表大会都由民主选举产生,对人民负责,受人民监督。但是代表人民行使权力和管理国家事务的职能太庞杂繁重,是仅靠各级人民代表大会所不能承担的,由此进行再分工,就形成了由人大选举产生的国家元首、国家行政机关、监察机关、审判机关、检察机关和军事领导机关,并要求对人大负责和受其监督。同时,由于中国地域广袤,这种再分工也包括管辖区域的划分,由此就形成了中央和各级地方的政权体系,而中央和地方国家机构的职权划分,遵循在中央统一领导下充分发挥地方主动性和积极性的原则。

根据《宪法》,人民代表大会在国家政权体系中居于核心地位,是根本的政治制度。人民代表大会制度有一些突出的特点:(1)人大代表候选人主要由党提名,且人大代表中的党员一般占到2/3以上[③]。(2)除了县乡人大代表是选民直接选举的,其余各级人大代表均由间接选举产生,其中全国人大代表是经由三次间接选举产生的。(3)全国人大代表规模巨大,一般接近三千人。(4)各级人大集会次数少,通常一年集会一次,且

[①] 查阅"中国人大网"中的"中国法律法规信息库"资料(http://law.npc.gov.cn:8081/FLFG/)。以下各处同例。

[②] 关于人民,《宪法》第一条的表述是"中华人民共和国是工人阶级领导的、以工农联盟为基础的人民民主专政的社会主义国家"。这表明,工农阶级就是统治阶级。但是人民的范围似乎不仅限于此,因为《宪法》序言又说,"社会主义的建设事业必须依靠工人、农民和知识分子,团结一切可以团结的力量。在长期的革命、建设、改革过程中,已经结成由中国共产党领导的,有各民主党派和各人民团体参加的,包括全体社会主义劳动者、社会主义事业的建设者、拥护社会主义的爱国者、拥护祖国统一和致力于中华民族伟大复兴的爱国者的广泛的爱国统一战线"。由此看来,人民就是统治者及其支持者的概念。反过来,敌人就是统治者的反对者,因为《宪法》序言又说,"在我国,剥削阶级作为阶级已经消灭,但是阶级斗争还将在一定范围内长期存在。中国人民对敌视和破坏我国社会主义制度的国内外的敌对势力和敌对分子,必须进行斗争"。

[③] 史卫民等:《中国选举进展报告》,中国社会科学出版社2009年版,第290页。

会期短，最多两周，最短一天。（5）人大会议的议程由主席团掌控，而主席团由上届人大常委会提名并经人大预备会议选举产生。（6）在人大的会议过程中，代表不发言、不辩论，而付诸各地区（和军队）代表团分组讨论。（7）作为人大常设机构的常委会经常集会，在很大程度上替代了人大的功能。（8）人大常委会受其党组领导。（9）人大选举产生的各种国家机关理论上都是人大的执行者角色，但各种分工有其不同于西方国家的特殊含义。（10）国家元首、国家军事领导机关和国家监察机关对人大负责和受其监督的方式不明，现实中国家军事领导机关和党的军事领导机关是同一套人马，国家监察机关跟党的纪检机关也是同一套人马。（11）所有这些国家机关之间的协调控制，《宪法》规定实行对人大负责和受其监督以及中央统一领导的原则，实际上是依靠党的协调控制体系和机制来负责实施的。

人大制度的这些特点表明，当代中国的国家政权体系必须放在更宏大的国家治理体系中才能得到完整而合理的解释。这就是说，按照无产阶级专政体系理论，国家政权是由共产党来掌握运用的，这才是当代中国国家政权体系真正的构建逻辑。

四　社会组织

党对社会的组织构建跟苏俄相比也有一些不同之处。自建政以后，一批从前成立的民主党派得以保留，党从前发动成立的一些社会组织也保留下来，并建立了更多的以及其他类型的社会组织，改革开放以后民间还自发成立了一大批社会组织。所有这些社会组织大体上可以分为党派组织、群众组织、事业单位和企业组织四种类型。

党派组织经过调整，最后形成八个民主党派，包括中国国民党革命委员会、中国民主同盟、中国民主建国会、中国民主促进会、中国农工民主党、中国致公党、九三学社和台湾民主自治同盟。此外实际上还存在一个由无党派知识分子或知名人士组成的派别，称为"无党派人士"。周恩来在新政治协商会议筹备会第一次全体会议上曾经说过，无党派民主人士"他们在形式上虽没有结成党派，但实质上是有党派性的"，其实是"没有党派组织的有党派性的民主人士"。[①]

[①] 周恩来：《无党派民主人士的称谓与实质》（一九四九年六月十九日），见"人民网·中国共产党新闻网"（http://cpc.people.com.cn/GB/69112/75843/75874/75992/5181295.html）。

群众组织在这里是一个笼统的称谓，大概包括社会团体、社会中介组织、基金会和基层群众自治组织四类，其中除了最后一类是地域性组织外，其余的都是代表性、专业性或行业性组织。按照《社会团体登记管理条例》，社会团体是指中国公民自愿组成，为实现会员共同意愿，按照其章程开展活动的非营利性社会组织。其中有两类社会团体很特殊，由国务院批准免予登记，而且其主要任务、机构编制和领导职数由中央机构编制管理部门直接确定，在很大程度上行使部分政府职能。一类是参加中国人民政治协商会议的"人民团体"，包括中华全国总工会、中国共产主义青年团、中华全国妇女联合会、中国科学技术协会、中华全国归国华侨联合会、中华全国台湾同胞联谊会、中华全国青年联合会、中华全国工商业联合会；一类是由国务院机构编制管理机关核定并经国务院批准免予登记的团体，包括中国文学艺术界联合会、中国作家协会、中华全国新闻工作者协会、中国人民对外友好协会、中国人民外交学会、中国国际贸易促进委员会、中国残疾人联合会、宋庆龄基金会、中国法学会、中国红十字会、中国职工思想政治工作研究会、欧美同学会、黄埔军校同学会、中华职业教育社。[1] 按照《民办非企业单位登记管理暂行条例》，社会中介组织是介于政府与企业和社会利益群体之间的，由民间资本而非政府财政举办的，具有社会服务、沟通、公证、监督、市场调节等功能的各类社会组织，涉及教育、科技、文化、卫生、体育、劳动、民政、法律、中介服务等诸多领域。按照《基金会管理条例》，基金会是指利用自然人、法人或者其他组织捐赠的财产，以从事公益事业为目的而成立的非营利性法人。基层群众自治组织是根据《居民委员会组织法》和《村民委员会组织法》建立起来的，也就是城镇地区的居民委员会和乡村地区的村民委员会这两类社会组织。

事业单位亦称公共事业单位，是由政府财政支持的提供各种公共产品或服务的公共事业组织，主要就是公立学校、医院等社会组织。企业组织作为营利性机构，在中国有国有企业、集体企业、民营企业、外资企业、合资企业几种类型。

总的来看，在当代中国，社会的概念是宽泛的，几乎可以等同于非国家组织（non-state organization）的概念，其基本定性是人民的社会组织，

---

[1] 《民政部关于对部分团体免予社团登记有关问题的通知》（民发〔2000〕256号）。

也就是把各方面人民群众吸收于其中的社会组织形式。这就跟西方学界特别是"国家—社会"理论框架中的社会概念大不相同。

对于所有这些人民的非国家组织（统称为社会），党根据无产阶级专政体系理论的指导，将其作为社会部分构建于整个国家治理体系之中。对于那些由党亲自发起组建的社会组织（人民团体、事业单位、基层群众自治组织、公有制企业）来说，党早已将其体制化，并主要在这些社会组织中建立党组织，实施领导，发挥其支持功能。对于那些非由党发起组建的社会组织（民主党派、民间自发成立的社会组织以及私营、外资和合资企业），近年来也强调党的领导，通过在其中建立党组织等方式来发挥支持功能。此外，对于所有这些社会组织特别是其中的代表人物，党的统战部门专门负责将其吸收进政治协商会议中来发挥支持作用。

根据政协章程①，中国人民政治协商会议是中国人民爱国统一战线（即宪法中的人民概念）的组织，其参加者以党派和团体为主兼及少数个人，现实中就是上述这些社会组织及其代表人物。1949年的时候，参加新政协的代表分为党派代表、区域代表、军队代表、团体代表（共45个单位）和特邀代表五大类。1954年人大成立后，区域代表和军队代表不再作为政协的参加单位，中国人民政协全国委员会改由党派、团体、界别、特邀四个方面组成，即由中共、民革、民盟、民建、无党派、民进、农工、致公、九三、台盟、青年团、工会、农民、妇联、青联、合作社、工商联、文联、自然科学团体、社会科学团体、教育界、新闻出版界、医药卫生界、对外和平友好团体、社会救济福利团体、少数民族、华侨、宗教界共28个单位和特别邀请人士组成。以后各届全国委员会的参加单位大体类似，略有变化。

政协的主要职能是政治协商、民主监督、参政议政。政治协商是指对国家和地方的大政方针以及政治、经济、文化和社会生活中的重要问题，在决策之前进行协商和就决策执行过程中的重要问题进行协商。民主监督是对国家宪法、法律和法规的实施，重大方针政策的贯彻执行、国家机关及其工作人员的工作，通过建议和批评进行监督。参政议政是对政治、经济、文化和社会生活中的重要问题以及人民群众普遍关心的问题，开展调查研究，反映社情民意，进行协商讨论，通过调研报告、提案、建议案或

---

① 《中国人民政治协商会议章程》，见"中国政协网"（http://www.cppcc.gov.cn/zxww/2018/03/27/ARTI1522131885762644.shtml）。

其他形式，向党和国家机关提出意见和建议。这些功能足以说明，政协是把各种社会组织及其代表人物集中起来发挥支持功能的途径和平台。所以政协的地位和作用也需要放在整个国家治理体系中才能得到合理的理解和解释。

第三节 当前中国国家治理体系的运行过程

当前中国国家治理体系是党为了完成社会主义建设任务和实现现代化目标而构建起来的，所以说这个体系的运行过程就是建设和实现社会主义现代化的过程，这就是当代中国国家治理的基本含义。从该体系的基本构造来看，整个体系的核心是党，整个体系也是靠党的领导才得以构建、驱动和维系的，所以又可以说当代中国的国家治理体系就是党的领导体系，该体系的运行过程就是党开展领导的过程——党领导人民治理国家。有鉴于此，要把握当前中国整个国家治理体系的运行过程（国家治理过程），就非常有必要首先考察一下党的领导机制。

一 党的领导机制

根据《党章》，党实行的是集中领导与分工领导相结合的领导机制："党的各级委员会实行集体领导和个人分工负责相结合的制度。凡属重大问题都要按照集体领导、民主集中、个别酝酿、会议决定的原则，由党的委员会集体讨论，作出决定；委员会成员要根据集体的决定和分工，切实履行自己的职责"。

早在1948年，毛泽东就提出了党委通过会议制度集体讨论决定和党委委员个人负责相结合的工作方式[1]，1958年又提出"大权独揽，小权分散。党委决定，各方去办。办也有决，不离原则。工作检查，党委有责"的工作方法供讨论。[2] 后来邓小平将这种领导机制概括为"集体领导和个人分工负责相结合"，并写进了八大《党章》。"文革"结束后，邓小平重提这种领导机制，说"各级党委要真正实行集体领导和个人分工负责相结合的制度。要明确哪些问题应当由集体讨论，哪些问题应当由个人负责。重大问题一定要由集体讨论和决定。……集体决定了的事情，就要分

---

[1] 《毛泽东选集》（第4卷），人民出版社1991年版，第1340—1341页。
[2] 《毛泽东文集》（第7卷），人民出版社1999年版，第355页。

头去办，各负其责，决不能互相推诿。失职者要追究责任。集体领导也要有个头，各级党委的第一书记，对日常工作要负起第一位的责任。在党委的其他成员中，都要强调个人分工负责"[1]。

具体来说，集中领导就是党委集体领导，表现为党委发布决议、决定或指示，各方面向党委请示报告，下级向上级党委请示报告，党委或上级对请示报告作出审查批示，等等。分工领导在过去也被称作归口管理，是将领导任务划分为不同的领域（口），由党委委员分工负责。至于具体如何分工，首先取决于党所认为的领导内容是什么，范围有多大，这是经历了一个演变过程的。但不管是"党领导一切"还是"政治、思想和组织领导"，党都主要依靠临时组建或常设的领导小组（委员会）和党组这一类机构来实施分工领导。每个领导小组（委员会）和党组各负责一个方面的事务，如军事、外事、财经、政法、农村、教育、人大、政府、政协、党务、纪检等，通常分别由一名常委牵头，再加上一些工作与之相关的一般党委委员（在中央则是政治局委员和中央委员）。每个领导小组（委员会）一般都设有办公机构。

党的这种集中领导和分工领导相结合的领导机制，大体上是这样运作的：在中央，承担相关分工责任的政治局常委，根据由相应办公机构收集、整理和提供的议题和信息来源，带领领导小组（委员会）或党组的成员，就有关事务进行磋商，作出决定。如2017年2月6日上午，中央全面深化改革领导小组召开第32次会议，会议审议通过了《新时期产业工人队伍建设改革方案》等若干方案和意见。[2] 如果事关重大，则通过书记处向党的核心决策机构（政治局及其常委会）提出决策意见，由后者作出决定。如果有必要，政治局作出决议后还要提交中央委员会甚至全国代表大会审议通过，中央委员会通过的决议再提交全国人民代表大会审议通过。一旦决策以党的名义作出后，就通过中央办公厅下达给各有关部门执行办理（纪委例外，它有一套相对独立的系统）。而这里所说的执行部门，范围极为广泛，举凡党能够调动的一切党、政、军、群、社、事、企等部门、单位、机构、组织，都是执行者。简言之，这些执行部门不仅包括党自己的机构，还包括国家机关和社会组

---

[1] 《邓小平文选》（第2卷），人民出版社1994年第2版，第341页。
[2] 《习近平主持召开中央全面深化改革领导小组第三十二次会议》，见"新华网"（http://www.xinhuanet.com/politics/2017-02/06/c_1120420090.htm）。

织。在地方，这种领导活动过程是类似的，只不过地方的核心决策机构是党委常委会。

二 国家治理的过程

国家治理过程包括动议、决策和执行三个环节，这里逐一进行考察。

（一）动议过程

我们知道，公共议题指向公共事务，跟公众有密切的利害关系，而任何人都最关心与自己有切身利害关系的事情，所以提出公共议题的也一定是与此有利害关系的人。而人之所谓利害关系，其含义往往不尽一致，甚至相去甚远，或者侧重不同。但不管有多大差异，每个人都一定非常关心自己的生活资源，因为这直接涉及一个人的生存及其质量，跟自己有最紧密的利害关系。鉴于此，我们不妨根据生活资源的差异，将全中国的人口分成党政干部群体、国有经济群体、事业单位群体、民间投资创业群体、受雇与非受雇劳动群体和无业群体六类。这当中，无业群体包括无业成人、退休老人、非退休老人和未成年人，其中未成年人可以不用考虑，那么其余的所有人群就应该是中国最主要的公共议题提出者。

党政干部群体（人数最少）的概念比较笼统，范围较为宽泛，其共同点就是依赖于公职权力而生存。当然公职权力有差异，所以党政干部群体的生活状况也有差异，中间也有分化，但共同点是生活有保障。国有经济群体比较特殊，依赖国有经济的垄断利润而生活，生活有保障且总体质量较高。事业单位群体总体上依靠自身的知识和技术而生活，由国家财政拨款支付报酬，生活有保障但总体质量一般。民间投资创业群体（跟国有经济群体和事业单位群体的人数大致持平）依靠私人资产所赚取的利润而生活，生活质量参差不齐且保障不确定。受雇或非受雇劳动群体（人数最多）依靠自身的知识、技术或者体力而生活，生活没有保障，质量也是参差不齐。无业群体（人数次多）中除了退休老人有固定的养老金作为生活资源外，其余的都没有稳定的生活资源。由于这些群体的生活资源和生活状况存在差别，他们对利害关系的认知也必然存在差异，由此关心不同的事务：党政干部群体最关心公职权力，国有经济群体最关心国有经济的垄断地位，事业单位群体最关心知识技术的价值，民间投资创业群体最关心投资创业的渠道和制度，受雇与非受雇劳动群体最关心生活资源的扩大和提升，无业群体最关心生活资源的获得。当然，所有这些群体在相互比较或者内部比较时也会关心社会公正问题。所有这些应当就是公共议题的主要内容（当然不限于此）。

应当说在当前形势下，中国的公共议题来源广泛而丰富，然而并不是所有群体都有充足的渠道和同等的机会提出议题。概言之，当前中国公共议题的提出途径不外乎体制外和体制内两种。体制外途径就是不通过国家治理体系所设定的渠道和机制来提出议题，比如抗争、自媒体、媒体代言等途径，这通常是占人口比例最大的体制外群体（主要是受雇和非受雇劳动群体，也包括部分民间投资创业群体和无业群体）所利用的渠道。各种代表和信访是给体制外群体提供的体制化渠道，但是现实中代表的作为表现和"截访"等问题的存在，使得这个途径不够通畅和有效。按照中国的"一体两翼"国家治理体系模式，体制内渠道就是党组织、国家政权和社会组织三种。由于体制内群体（党政干部群体、国有经济群体和事业单位群体）本身就占据着这些渠道，所以利用体制内途径提出议题的，也就必然主要是这些群体。

最后，也不是所有提出来的公共议题都能进入国家治理的议程。特别是通过体制外途径提出的议题，除非已经造成了广泛的或者重大的影响，否则很难进入国家治理的议程。这就有必要搞清楚中国国家治理体系的议程设定机制。根据党领导国家和社会的"一体两翼"国家治理体系构造，议程设定功能是由各级各单位（部门、机构、组织）的党组织来行使的（这被看成是党实施领导的重要体现），由其负责接收或搜集议题，进行筛选、整理和综合，并决定是否纳入议程，其运作方式就是上述的领导机制。大体上，领导小组（委员会）的办公机构协助牵头的常委来决定议程，党组则由相关部门（单位、组织）的办公机构协助党组书记来决定议程。按照这样的议程设定机制，显然通过体制内途径提出的议题更有机会触发议程设定机制，也就更容易进入国家治理的议程。

（二）决策过程

一旦公共议题被列入国家治理的议程，决策过程就启动了。按照"一体两翼"模式的国家治理体系，决策自然是由党负责，这是党的领导的一个重要含义和内容，所以决策过程就是按照上述的领导机制来进行的。具体来说，各领导小组（委员会）或党组是第一级决策机构，负责大多数的决策事务。党委常委会（中央还包括政治局）是第二级决策机构，负责更加重大的决策事务。党委会是第三级决策机构，通常只涉及非常重大的决策，比如《深化党和国家机构改革方案》（2018年）就是由十九届三中全会决议通过的。全国党代会是第四级决策机构，涉及最重大的决策事务，比如党章的修改、整体换届。此外，如果党作出的决定需要具备国家合法性，那么还要以党的名义提交人民代表大会审议通过。

虽然党的决策层次分明，但实质性的决策其实多是由领导小组（委员会）、党组或者党委常委会作出的。这是因为领导小组（委员会）、党组和党委常委会的规模通常都很小，便于召集，可以频繁集会，能够真正进行商议，所以能够实质性地作出决定。反过来，党委会或者代表大会规模太大，会议次数也非常少，而且不开展大会发言和辩论，所以很难作出实质性决策，结果其主要作用是给小规模决策机构所作出的决策赋予合法性，是一种程序性、仪式化的功能。这里比较特殊的是各种领导委员会，如十九大以后成立的中央全面深化改革委员会。实际上这种决策机构的规模也比较大，特别是相对于领导小组来说扩大了很多，因此也很难通过全体会议来作出实质性决策。但是领导委员会的特殊之处在于，其成员大多数是负责执行决策的，真正作出决策的仅限于规模很小的领导层（主任、副主任、秘书长）。

这样的决策过程表明，在各个国家机关或社会组织中，党组织（特别是党组、党委常委会）起着核心枢纽的决定性作用。比如就人大事务来说，全国人大常委会原委员长李鹏说："在立法过程中，无论是立项，还是涉及政治、经济等方面重大问题，及时请示中央，这是加强党对立法工作领导的一个重要举措。九届全国人大常委会五年立法规划，是按中央的精神制定，并报经中央批准的。地方人大在开展立法工作时，对一些重要的法规草案也应由人大常委会党组向同级党委请示，取得党委的同意。"[①] 相对而言，社会组织比国家机关的独立性大一些，特别是那些民间自发成立的社会组织和民营、外资等企业。但那些正式建立了党组织的社会组织，也就是体制内社会组织，如民主党派、人民团体、基层群众自治组织、事业单位、国有企业等，相关党组织在决策过程中还是起着核心枢纽的决定性作用。

[①] 中共中央文献研究室编：《十五大以来重要文献选编》（中），人民出版社2001年版，第1435页。

（三）执行过程

有关议程的决策作出之后就要交付执行，其过程还是按照上述的领导机制来进行。

笼统地说，执行者涵盖党能够调动的一切党、政、军、群、社、事、企等部门、单位、机构、组织，大体上就是体制内的各级党组织、国家机关和社会组织。但具体来说，执行者因决策事务领域（分口）的不同而有所不同，通常在设立领导小组（委员会）和党组的时候，就已经明确了执行部门。比如设在各国家机关的党组，其执行部门自然是下属的各个和各级部门。而领导小组（委员会）的执行部门则一般是职责范围与之相关的党组织、国家机关和社会组织，不过基本上都是体制内的。比如中央财经领导小组（2008—2012年）的构成情况大致是：（1）领导决策者，包括组长（国务院总理、中央政治局常委）、副组长（国务院常务副总理、中央政治局常委）和秘书长（国务院副总理）；（2）组成人员主要就是各执行部门的负责人，同时参与决策，包括国务院副总理若干、国务委员兼国务院办公厅秘书长、国家发展和改革委员会主任、财政部部长、中国人民银行行长、国务院国有资产监督管理委员会主任、中国银行业监督管理委员会主席、中国证券监督管理委员会主席、中国保险监督管理委员会主席、国家发改委副主任兼党组副书记、中央财经领导小组副秘书长；（3）负责服务协调联络研究的办公人员，包括办公室主任一名（兼）、副主任若干名（中央农村工作领导小组办公室主任、国务院发展研究中心党组书记兼副主任、中央农村工作领导小组办公室副主任）；（4）成员单位就是具体负责执行的各个部门单位，包括国务院办公厅、国家发展和改革委员会、财政部、中国人民银行、国务院国有资产监督管理委员会、中国银行业监督管理委员会、中国证券监督管理委员会、中国保险监督管理委员会、中央农村工作领导小组办公室、国务院发展研究中心。又如，中央对台工作领导小组的成员单位通常有中央宣传部、中央统战部、中央外事工作办公室、海峡两岸关系协会、总参谋部、国家安全部；中央农村工作领导小组的成员单位通常有国家发展和改革委员会、农业部、水利部、国家林业局、中华全国供销合作总社、国务院扶贫开发领导小组办公室、中央财经领导小组办公室；中央精神文明建设指导委员会的成员单位有中央纪委、中央办公厅、中央组织部、中央宣传部、中央统战部、中央政法委、中央防范和处理邪教问题领导小组办公室、国务院办公厅、国家发展和改革委员会、教育部、科学技术部、公安部、民政部、财政部、住房和城乡建设部、铁道部、交通运输部、文化部、卫生部、国家人口和计划生育委员会、海关总署、国家税务总局、国家工商行政管理总局、环境保护部、中国民用航空局、国家广播电影电视总局、新闻出版总署、国家体育总局、国家旅游局、中国社会科学院、解放军总政治部、中华全国总工会、共青团中央、中华全国妇女联合会、中国残疾人联合会。

从领导小组（委员会）的构成情况我们可以看到，所有成员单位的负责人均为领导小组（委员会）的成员或者办公室负责人。这就意味着，这些执行者也参与领导小组（委员会）的动议和决策过程，可能会提出一些议题，或者对决策方案提出一些参考意见，但其主要作用还是聆听和领会领导层所作出的决策，并从执行的角度提出意见或表达决心。例如2014年11月28—29日，中央外事工作会议在北京召开。据报道，中共中央总书记、国家主席、中央军委主席习近平在会上发表重要讲话，中共中央政治局常委、国务院总理李克强主持会议并发表讲话。中共中央政治局常委、全国人大常委会委员长张德江，中共中央政治局常委、全国政协主席俞正声，中共中央政治局常委、中央书记处书记刘云山，中共中央政治局常委、中央纪委书记王岐山，中共中央政治局常委、国务院副总理张高丽出席会议。国务委员杨洁篪作会议总结。中联部、外交部、商务部、文化部、国务院新闻办公室、总参谋部、浙江省、驻美国使馆负责同志作大会交流发言。中共中央政治局委员、中央书记处书记，全国人大常委会有关领导同志，国务委员，最高人民法院院长，最高人民检察院检察长，全国政协有关领导同志以及中央军委委员出席会议。各省、自治区、直辖市和新疆生产建设兵团、计划单列市，中央和国家机关及军队有关单位、中央管理的部分企业和金融机构主要负责同志，驻外大使、大使衔总领事、驻国际组织代表和外交部驻香港、澳门公署特派员等参加会议。① 尽管此次会议没有作出决策，但是领导层发表了讲话，所以中联部等部门（包括其他出席和参加会议的机构、个人）作为执行者的主要功能，就是聆听讲话和领会精神，用以指导本单位本部门本地区的执行工作。其中中联部等作交流发言的部门，应当是最直接的执行部门，所以不仅仅是聆听讲话，还要从执行的

---

① 《习近平出席中央外事工作会议并发表重要讲话》，见"新华网"（http：//www.xinhuanet.com/politics/2014-11-29/c_1113457723.htm）。

角度表达意见或决心，提出一些供决策参考的意见。

这些执行者在接到正式决策的文件之后，通常会在本地区本部门（单位、机构、组织）成立或者启动相关组织，召开会议，学习文件，制定执行方案，发布文件，召开动员大会，分派任务和发布执行命令等，这些就是大致的执行过程。在这个过程中，"以会议落实会议、以文件落实文件、以讲话落实讲话"的现象比较常见。

第四章 中国县域治理体系的状况

在澄清本书研究的两个基本前提之后,本章开始具体探讨当前中国县域治理体系现代化的问题。首先考察的是中国县域治理体系的状况,以此为出发点。

第一节 中国县域治理体系的变迁

正如中国的宏观国家治理体系有着悠久而连贯的历史一样,中国县域治理体系也有着两千多年的连贯历史,历史的深远影响是在所难免的。而且回顾历史上的县域治理体系,对于今天探讨县域治理体系现代化问题可能也有一定的启示作用。鉴于此,这里首先考察一下中国传统的县域治理体系及其近代以来的变革。

一 中国传统的县域治理体系

如前所论,这里所说的传统时代也是指晚清以前。但不同于国家治理体系的是,中国县域治理体系的形成要晚很多。县域治理体系的形成,首先取决于县这样一种地方建制的产生。商周时期是方国体制或分封体制,没有建立县制。直到春秋时期,楚、晋这些虽地处边鄙但实力强大的诸侯国"灭国为县",县开始出现了。但当时情形比较杂乱,既有国君赏赐给贵族、功臣作为采邑的县,也有国君任命官员管辖的县。战国时期,各诸侯国普遍"集乡聚为县",由国君直接委派官员进行管理,县作为一种地方建制得以正式形成。① 此后,秦灭六国而建立统一的大帝国,将县制推向全国,从此,县作为最末端的地方建制再无更改。因此大体而言,中国

---

① 参阅周振鹤、李晓杰《中国行政区划通史·总论、先秦卷》,复旦大学出版社2009年版。

传统的县域治理体系就存在于整个帝制时代，这也就意味着，这个时代的县域治理体系其实是帝国皇权统治体系最末端的组成部分，因此也就是县域统治体系（不过出于行文连贯的考虑，以下姑且还是用县域治理体系的提法）。

（一）传统县域治理体系的构建逻辑

中国传统时代地方建制终于县，这就在学界造成了一种"皇权不下县、县下皆自治"的观点，认为自中央而下的皇帝权力和官府权力止于县一级，县以下就是由宗族和乡绅自治的。尽管这种观点一度广泛流传，但是质疑和反对的意见也不少。① 有反对意见认为，仅仅依靠中央朝廷任命组成的小县衙并不足以治理一县，实际上县级官府是通过众多的胥吏、乡里组织和乡绅来进行统治的，也正因如此，皇权得以渗透到广大的乡村地区，而不是皇权不下县。② 还有学者把注意力放在所谓的"县辖政区"以及正印官之外的佐贰官、杂职官上，根据佐杂官的分防和驻扎乡村现象，来反驳"皇权不下县、县下皆自治"的观点（不过仅限于清代而言）。③

对这个问题的争论，其实反映的是人们对于中国传统的县域治理体系究竟是什么样子，持有不一致的观点。我们认为，到底哪一种观点更有说服力，不仅要看是否有史料史实的支撑，还要看是否符合前述之集体行动组织逻辑。过去的论争主要发生在史学界，学者们特别重视史料的比拼，却不关心理论的指导，很少去追究整个皇权统治体系和相应的县域治理体系的构建逻辑。结果就是争论双方的观点恐怕都欠缺说服力，都没有很好地把握这个时代的县域治理体系。比如"皇权不下县"的说法，仅从逻辑上推理便知难以成立。如果皇权下不了县，县以下是所谓的自治，那就等于说在中国的帝制时代，实际上是两套体系分别在运作，二者有清晰的界限。如果是这样，那么皇权统治还有可能吗？皇权国家还能够维持下去吗？反过来，认为皇权渗透进了县以下地区，从而认为县以下完全受到县级官府（作为皇权的基层体现）的支配，也未必站得住脚。如果是这样，

---

① 胡恒：《皇权不下县？清代县辖政区与基层社会治理》，北京师范大学出版社2015年版，第301—307页。

② 张新光：《质疑古代中国社会"皇权不下县、县下皆自治"之说》，载《学习与实践》2007年第4期。

③ 胡恒：《皇权不下县？清代县辖政区与基层社会治理》，北京师范大学出版社2015年版。

那就意味着在帝制时代,中国的县级官府力量十分强大,足以保证皇权统治总是成功有效的。但这是不可能也不符合事实的,否则就不会有王朝灭亡了——即使不因为外族入侵。因此,局限于"皇权不下县、县下皆自治"的观点进行争论,不可能把我们引导到正确的道路上去并得到有益的结果。这种先入为主的观念(比如自治这个来源于西方的概念)和思维(比如皇权和自治的对立),会让我们忘记根据中国帝制时代的情况来分析县域治理体系的构建逻辑。

我们已经知道,在中国帝制时代,构建皇权统治体系的出发点就是实现皇权统治。为此,在皇帝以下不仅进行了领域的分工,如执行官与监察官和文官与武官的划分,文官又分为若干部门等;还进行了地域的分工,建立了各个地方政权,并按照地域再分工,形成次级地方政权,最末端就是县级政权。而皇帝高高在上,要实现皇权统治,就不仅要保证中央朝廷的文武监察官员服从于自己,还要设法让各级地方政权都服从于中央朝廷,并通过这些政权的运作,最终使广大民众服从于皇帝的统治。在这个皇权统治体系中,如果说皇帝的主要任务在于控制和协调中央朝廷,中央朝廷和上级地方政权的主要任务在于控制和协调地方各级政权,那么作为皇权统治体系末端的县级政权是直接面对民众的,它的主要任务就只可能是保证民众服从于县级官府,由此完成和实现皇帝对全天下的统治。所以早有人指出,县官是治事之官,负责实际事务,而自此以上的各级地方官则是治官之官,负责监督官员。① 对于这种任务分工,可以说历代皇帝大多心知肚明,从而非常重视县级政权,强调其重要性。明太祖朱元璋说:"任官惟贤才,凡郡得一贤守,县得一贤令……何忧不治?"明成祖朱棣说:"为国牧民,莫切于守令。"② 清代雍正皇帝也说:"朕惟国家首重吏治,尔州牧、县令,乃亲民之官,吏治之始基也。贡赋狱讼,尔实司之,品秩虽卑,职任綦重""全省吏治,如作室然。督抚,其栋梁也;司道,其垣墉也;州县,其基址也""惟尔州县诸臣,具有父母斯民之责,其为朕立之基址,以固邦本焉。"③ 帝制时代中国的县域治理体系,就是按照这样的逻辑来构建的。但是历代民情不一,环境条件各方面多少会发生变

---

① 王成、谢新清:《中国地方政府发展史》,山东大学出版社2011年版,第253页。
② 转引自杜婉言、方志远《中国政治制度通史》(第九卷),人民出版社1996年版,第217页。
③ 转引自郭松义等《中国政治制度通史》(第十卷),人民出版社1996年版,第207页。

化，所以尽管历代的县域治理体系都必然是围绕着如何实现对民众的统治这个根本目标来构建的，但具体的方案却不可能一成不变。

(二) 传统县域治理体系的基本框架

在整个帝制时代，尽管县域治理体系历经变化，但总的来看还是有共同模式的（如图4-1所示）。中国传统县域治理体系的核心构成就是县级官府，这也是地方建制的基本内涵。大体上，历代的县级官府都包括两个层面：一个是以县城为治所的县衙，包含主官、副官及其所属员吏（办事员）；一个是县衙的派出机构，也就是分片区负责某些事务的机构，这是县衙按地域进行再分工的结果。

就县衙来说，自秦以来，县的主官就一直是县令（大县）或县长（小县），宋以后改称知县事（简称知县）一直到明清，中间只有元代叫县尹。县令（长）的副官（佐贰官）最先是县丞和县尉，魏晋南北朝时期由于丞、尉废置不定，结果原来作为县令（长）之秘书长的主簿也升格为副官。到了隋代，县衙形成了令（长）、丞、主簿、尉的官员组合体制，此后历代几无变化，只是元代作为少数民族统治的政权，在县尹之前增设了达鲁花赤，而明代以后取消县尉而代之以典史（是不入流的县属属官）。此外，几乎历代都设有一些杂职官，如清代的巡检、驿丞、课税大使、仓大使、闸官、河泊所所官等。所有这些主官和副官，全都由皇帝或中央朝廷直接任免，其职责范围虽历代不尽一致，但最主要的就是刑名（含缉捕）、钱谷（赋税徭役）。至于劝民农桑、教化百姓、养恤赈济、工程建设等，要么是虚的，要么不常见，要么无能力，总之很难说是最主要的职责。县衙官员之间的大致分工是：县令（长）全面负责一县之事务，即所谓"掌治民，显善劝义，禁奸罚恶，理讼平贼，恤民时务，秋冬集课，上计于所属郡国"①，或者说"总治民政、劝课农桑、平决狱讼，有德泽禁令，则宣布于治境"②；县丞管文书、库房、牢狱，主簿管粮马、征税、户籍、缉捕，县尉管治安和军政，典史管员吏、文件收发、出纳。

在帝制时代的中国，一县事务之繁杂程度虽远不能和今日相比较，但也不是三五个长官可以完成的。实际上这些长官主要负责决策、组织和监督，具体实施则交付县属员吏（也叫"掾史""吏""史""小吏""小

---

① 转引自孟祥才《中国政治制度通史》（第三卷），人民出版社1996年版，第230—231页。

② 转引自朱瑞熙《中国政治制度通史》（第六卷），人民出版社1996年版，第309页。

第四章 中国县域治理体系的状况

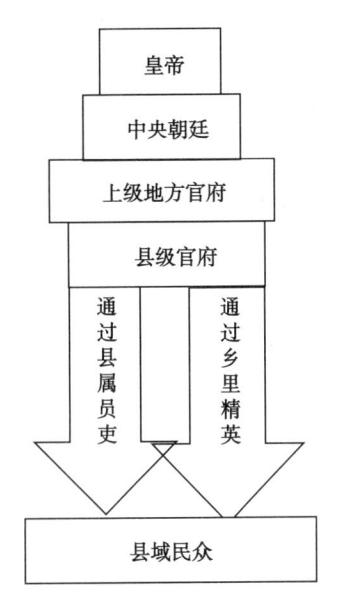

```
        皇帝
         │
       中央朝廷
         │
      上级地方官府
         │
       县级官府
      ╱       ╲
  通过县      通过乡
  属员吏      里精英
      ╲       ╱
       县域民众
```

图 4-1 中国传统的县域治理体系

史",就是办事员)以及一些差役(属于劳役性质,相当于今天所说的临时工)。这些员吏大多又分为若干部门来开展工作,明清以后以典史为其首领官(事务长)。比如东汉时,县衙设有功、户、奏、辞、法、尉、决、兵、金、仓、水、集、塞等曹,基本与上级官府的职能部门相对应,并以主簿、廷掾、道桥掾、主设掾、录事史、祭酒、阁下书佐、阁下干、狱吏、骑吏、伍百、门士、街卒、县三老、孝者、悌者、力田等各种掾史充任其中。元代以后,这些部门确定为六曹(房),最后到明清时期变成吏、户、礼、兵、刑、工六房。[①]充任各部门的员吏最先由县级长官任命本地人充当("自辟僚属"),隋唐时期担任员吏带有差役性质,北宋中期以后主要实行雇募[②],明代的员吏则主要来源于农民佥充(服役)、学员或官员罚充和生员纳银求充[③],所以这些员吏往往成为欺上瞒下和盘剥百姓的群体。此外,县衙还有一些劳役性质的衙役,清代时主要分为四班(皂役、快班、民壮、补班),其他衙役则包括门子、禁卒、牢役、仵作、库丁、仓夫、轿夫、更夫等。

[①] 韦庆远、柏桦编著:《中国政治制度史》,中国人民大学出版社 2005 年版,第 291 页。
[②] 朱瑞熙:《中国政治制度通史》(第六卷),人民出版社 1996 年版,第 716—717 页。
[③] 杜婉言、方志远:《中国政治制度通史》(第九卷),人民出版社 1996 年版,第 463—465 页。

或许是县衙长官及其所属员吏大多活动于县城和县衙机关，与民众之间还是存在一定距离，所以历代县级官府都设有分片区（如上所述，有人称之为"县辖政区"）的派出机构。如在秦汉时期，县尉要经常巡查亭和乡里，所以通常分部而治，设有与县衙分开的治所，并带有自己的属吏，如尉史、尉从佐。① 这种部尉就是县衙的一种派出机构。秦汉时期在县内还划分有亭这种片区（通常位于交通要道上或县城里），由亭长带领求盗、亭吏等属员，协助都尉管理地方治安，并负责官府文书的承传转递。这种亭也是县衙的一种派出机构。但是历代县衙最主要、最重要且持续时间最长的派出机构，应该是乡里。早在周代即有乡里的划分，秦代以后很长时间沿袭这种乡里体制，即县下分乡，乡下分里，里下再划分为什（十家）、伍（五家）。唐以后，乡似乎被弱化了，变成了里社、里甲体制，最后到明清时期确定为保甲体制。秦汉时期，乡设立有秩（大乡）、啬夫（小乡）、三老、游徼等职务。其中有秩或啬夫相当于一乡之长，在乡佐的协助下负责了解和统计民情、平息纷争、征收赋税，承办县衙布置的各项任务。游徼直属于县衙，被分派到乡里负责巡查缉盗。三老并非公职，没有俸禄，主要起乡里表率和号召作用，也就是教化作用。② 所有这些"乡官"，除极个别之外，均由县衙从本地人中选用。里设立里正（里魁）、父老，还有里宰、里门监等杂役，什、伍分别设立什典（长）、伍老（长），职责在于"相率以孝弟，不得舍奸人"③。从这些情况来看，那种认为乡才是最基层政权的观点恐难成立。关键就在于，虽然"乡官"绝大多数都是有俸禄的公职，但他们都是由县级官府任免的（只有极个别的由上级官府任免），其职责也是接受县衙分派的任务和协助县衙完成任务，如统计、治安、赋税和教化，明显是从属和依附于县衙的，所以将其看成是县衙派驻于乡的机构最为妥宜。至于乡以下的里、什、伍，所设职务均无俸禄，而由当地居民兼任，所以肯定不是政权组织，更接近社会组织。但它们又不是民间自发成立的，而是由官府建立起来发挥协助官府统治作用的，依附和从属于县衙及其派出机构，可视之为准官方组织。

　　可见，帝制时代的县级官府，是通过县衙部门、派出机构及其所属员吏以及乡里精英，来履行赋税、徭役、兵役、教化、狱讼、治安等职能

---

① 孟祥才：《中国政治制度通史》（第三卷），人民出版社1996年版，第234页。
② 同上书，第237页。
③ 同上书，第242页。

的。那么由此形成的县级官府治理体系就不大可能是小规模的，三五个县级长官并不等于县级官府治理体系。比如据史载，在汉代某个时期，仅洛阳一县就有员吏796人。[①] 而清代一县之内，包括官员的私人帮办、仆从和县衙的衙役、公差等在内的吏胥，就有成百上千之众。[②] 所以，那种认为传统时代的县级官府属于小政府的看法只是一种想象。

(三) 传统县域治理体系的运作机制

通过县衙部门、派出机构及其所属员吏和乡里精英，县级官府真的能够实现对民众的统治吗？要知道，历代县级长官通常都是异地任职的，虽然没有固定的任期，但的确是有任期的，不可能在一地长期扎根。而且县级官府所掌握的武装或者说暴力仅限于缉捕力量，谈不上有多强大（借助于上级官府的暴力另当别论）。此外，在这套县级官府治理体系中，诸多乡里精英是兼差而非官僚。所有这些都意味着县级官府在面对广阔乡村和广大民众的时候，算不上十分强势。[③] 既然如此，县级官府还能有效地履职吗？总的来看，历朝历代的县级官府的确并不总是能够有效地发挥作用——特别是在王朝末期，但也的确发挥了统治的作用。这该当作何解释？这就涉及传统县域治理体系的运作机制问题了。

通过对历史的考察和概括，我们认为传统县域治理体系的运作机制，主要就是县级官府与乡里社会特别是乡里精英之间的交易机制。至于说县级官府对县域民众实施暴力镇压的机制，这肯定是存在的，但就整个帝制时代来看，这种机制并不总是可靠，通常不是县级官府主要的而是最后的依靠。

县级官府与乡里社会特别是乡里精英之间的交易机制，就是"支持—回报"机制。要搞清楚这个机制，首先就要把交易双方的情况搞清楚。其中县级官府的情况已如上所述，这里着重来看乡里社会及其精英的状况。我们这里所说的乡里社会和精英主要针对县域的乡村地区而言。因为总的来说，中国传统时代的城市不够发达（个别时代的个别大城市例外），城市人口占比很小，县城的人口规模就更小了，考察县城的情况意义不大，更何况县城作为县级官府的治所，可以为县衙所直接管理。

[①] 孟祥才：《中国政治制度通史》（第三卷），人民出版社1996年版，第236页。
[②] 王成、谢新清：《中国地方政府发展史》，山东大学出版社2011年版，第265页。
[③] 萧公权：《中国乡村：论19世纪的帝国控制》，张皓、张升译，联经出版事业股份有限公司2014年版，第5页。

在帝制时代的中国，县域内除了小家庭和准官方组织，还有没有其他形式的社会组织，抑或是处于完全散乱的无组织状态？对此，人们最容易想到的就是宗族。宗族是有男性血缘关系的各个家庭在宗法观念的规范下组成的社会群体①，其中宗法观念至为关键，使得宗族可以在一定程度上突破地域的限制。商代出现了祖先崇拜和祭祖行为，最先建立起宗法观念，周代则更加明确了宗法观念，制定了全面而详细的宗法礼教，最终全面建立起宗族这种社会组织形式。但是战国以后，在战乱、人口流动、混居、政权变更、赋税制度变革等因素的作用下，商周时代的那种宗族自然很难以完整而严密的形态保留下来。此后历代还出现了其他形式的社会组织，比如魏晋至隋唐时期的宗教社团、行会等私社②，宋以后行会、会馆、书院、党社、交友社、宗教社团等私社更加发达。鉴于此，把秦以后县域内的社会组织形式笼统说成是宗族，确有不妥之处。

　　但是另一方面，说宗族是传统时代最主要的社会组织形式，可能也没有什么问题。因为中国很早就形成了农耕经济形态并长期维持不变，这就意味着人们被土地所束缚，缺乏流动性，容易形成聚族而居的社会生活方式，这就是宗族得以产生和长期维系的根本原因。所以秦虽然灭六国而建立起统一的帝国，却不可能灭掉先前形成的社会组织形式——宗族，甚至皇帝本身就建宗族、立太庙，由太常（奉常）、宗正等职官机构进行管理。所以在整个帝制时代，宗族的具体形式和流行范围的确一直在变化，但宗族始终是最基本的社会组织形式。虽然战国时期宗族组织遭到了一定的破坏，但汉以后得到恢复，除了皇族、贵族的宗族外，外戚、功臣等也纷纷建立宗族，到魏晋时期演化为世家大族。隋唐宋元明清时期实行科举制，平民出身的官僚也建立自己的宗族，形成官僚宗族，并进而影响到平民修族谱、建宗祠，形成更加广泛的平民宗族。③ 此外，历代实行的缘坐、灭族之刑罚④，似乎也可以证明宗族这种社会组织形式的广泛性，否则这类刑罚很难实施。再有，什伍邻里保甲之类的组织方式，其实是在既有宗族的基础上来划分的。如从北朝到隋唐规定100家为一族，这不是随意的划分，而是基于既有的宗族分布格局，至少是基本与之相匹配的，否

---

① 冯尔康、阎爱民：《中国宗族》，广东人民出版社1996年版，"前言"第1页。
② 毛佩琦主编：《岁月风情：中国社会生活史》，广西教育出版社2000年版，第366—368页。
③ 冯尔康、阎爱民：《中国宗族》，广东人民出版社1996年版，第33—59页。
④ 张金鉴：《中国法制史概要》，正中书局1974年版，第51—54页。

则就完全行不通。① 基于上述种种证据,把宗族看成是帝制时代中国最主要的社会组织形式,应当是没有问题的。

宗族是乡里精英生于斯长于斯的沃土。有学者认为血缘关系、地理靠近和领导组织是宗族得以形成的三个条件。② 这当中组织领导者就是宗族的头领人物,包括族长、族正、房长、禁首,等等。这些人就是乡里精英,多由官僚、绅缙、富人担任③,或者身份地位较高,或者掌握丰富的资源。虽然乡里精英不限于宗族的头领人物,但通常都跟宗族难以分割,都来源和依托于某个宗族,比如秦汉时期的三老、啬夫、游徼之类的乡里精英,就跟宗族有密切的关系。④ 乡里精英在明清时期被称作乡绅,主要包括三类人:因致仕、卸任或坐废(获罪罢职或者未受启用)的回乡官员,现任官员在乡间的亲戚子弟(特别是通过恩荫入监或出仕的),府州县学的生员、国子监的监生、举人、回乡候选的进士。⑤ 据统计,这样的乡绅阶层规模庞大,明清时期竟达百万之众。⑥ 乡绅在当地具有很高的权威性,主要原因在于县级官府因其自身的先天虚弱性(异地任职、短期任职、机构人员资源匮乏等)而不得不倚重乡绅,乡绅在特权、经济实力、文化知识、承袭的威望等方面具有明显优势,以及乡绅充当乡民(特别是族人)的代言人、保护伞和组织者(如牵头出资搞水利、赈灾、扶困、助学),能够造福于乡民。⑦

正是凭借宗族这种社会组织形式,乡里社会在很大程度上实现了组织化,同时依托于宗族的乡里精英又具有各方面的明显优势,反观县级官府却显得比较弱势,这就导致县级官府必须与乡里社会特别是乡里精英合作,否则绝难正常发挥作用。这种合作就是"支持—回报"交易。

一方面,乡里社会和精英为县级官府提供支持。从历史上看,这种支持主要有直接和间接两种方式。其一,乡里社会和精英通过提供人财物等资源,直接帮助县级官府履行某些其无力完成的职责。最明显的就是征收赋税,还有县署、学宫、书院、城隍庙、文昌阁以及道路、饮水、排污、

---

① 冯尔康、阎爱明:《中国宗族》,广东人民出版社1996年版,第117页。
② 同上书,第32页。
③ 同上书,第68—69页。
④ 冯尔康等编著:《中国社会史研究概述》,天津教育出版社1988年版,第84页。
⑤ 岑大利:《中国历代乡绅史话》,沈阳出版社2007年版,第8页。
⑥ 同上书,第22页。
⑦ 同上书,第67—79页。

防火、泄洪、疏浚等基础设施建设，通常都要借助地方大族和乡绅捐献的人财物才能完成。此外大族乡绅还帮助解决民间纠纷，特别是调解县域内的重大争端。① 其二，宗族在内部追求团结、和睦，通过教化、训导、规范、惩戒、互助等措施，不仅建立和维护着局部的社会秩序，而且实际上从事着最底层的公共治理，如兴修水利、修桥筑路、建仓储粮、济困赈灾、建设学校、开展教育、培养人才，等等。② 这就间接地帮助县级官府履行了某些职责。此外，宗族内部教育的一个重要内容就是忠孝，教导族人事君守法、完纳国赋③，这对县级官府也是一个非常重要的间接支持。

另一方面，县级官府给予乡里社会和精英一定的回报。乡里社会和精英对县级官府的支持当然不是无偿的，如果要维持二者的合作，那么县级官府必须给予回报。从历史上看，县级官府能够给予的回报也有直接和间接两种形式。其一，县级官府直接给予或承认乡里精英一些特权，包括礼仪上的尊崇待遇、身份和人身保护、免除徭役田赋等。④ 如秦汉时期，乡的三老虽然没有俸禄，但却给予礼遇和赏赐，并免除其徭役。⑤ 唐代的里正也可以免除课役。⑥ 对于宗族，县级官府常常会扶持大族，助其在地方上建立权势。⑦ 其二，县级官府也会间接地回报乡里社会和精英，一个重要举措就是选用本地人在官府或者准官方组织中任职，借此照顾大族乡绅，结果县属员吏和乡里长基本上都由宗族或乡绅把持（虽不一定亲任，但可以操纵代理人）⑧。比如明代的保甲就跟宗族难分难解，互为表里。⑨ 清代的保甲长亦为乡绅所掌控。⑩ 乡里精英在官府或者准官方组织中任职，虽然可能没有什么直接收益（特别是没有俸禄），但是以此为途径，

---

① 施由明：《明清时期宗族、乡绅与基层社会：以万载县辛氏宗族以例》，载《农业考古》2008年第4期。

② 同上。

③ 冯尔康、阎爱明：《中国宗族》，广东人民出版社1996年版，第86页。

④ 岑大利：《中国历代乡绅史话》，沈阳出版社2007年版，第31—42页。

⑤ 孟祥才：《中国政治制度通史》（第三卷），人民出版社1996年版，第237页。

⑥ 俞鹿年：《中国政治制度通史》（第五卷），人民出版社1996年版，第495页。

⑦ 施由明：《明清时期宗族、乡绅与基层社会：以万载县辛氏宗族以例》，载《农业考古》2008年第4期。

⑧ 冯尔康、阎爱明：《中国宗族》，广东人民出版社1996年版，第66—67页；岑大利：《中国历代乡绅史话》，沈阳出版社2007年版，第68页。

⑨ 杜婉言、方志远：《中国政治制度通史》（第九卷），人民出版社1996年版，第220—221页。

⑩ 郭松义等：《中国政治制度通史》（第十卷），人民出版社1996年版，第223、224—225页。

却可以获得其他诸多好处。对于乡里精英个人来说，可以借此捞取一些好处，特别是有晋升的机会，比如员吏有机会获得升迁或成为官员中的一员①；对于宗族来说，不仅可以借此增强保护力量，还可以建立或增强宗族在地方上的权势。

由此来看，帝制时代县级官府对民众能否有效实施统治，就取决于这个"支持—回报"机制是不是有效。比如在北魏孝文帝时期，乡、里、党长均由"乡人强谨者"充任，也就是来自于丁壮多、势力大的豪族。这些人要帮助县府清查户口、完成租调征收和落实兵役、徭役等。作为交换，这些人可以免于征戍且可以荫庇一至三人享受同样待遇。结果是县域大治："初，百姓咸以为不若循常，豪富并兼者尤弗愿也。事施行后，计省昔十有余倍，于是海内安之。"② 反之在元代，居民担任里正、坊正、社长之类是一种差役，不但没有什么回报，反而可能还要赔补，结果就出现了逃避差役的现象。③ 这就是说，县级官府跟乡里社会和精英之间的"支持—回报"机制失效了，那么这样的县级官府也就不大可能有效地统治乡民。除了这种县级官府不予回报（纯粹的掠夺行为）的情况，还有县级官府无法给予回报的情况。在整个帝制时代都有一些豪强宗族，县级官府根本拿不出可以回报他们的东西，这时候"支持—回报"机制无法建立起来，官府统治也必然失效。

综合上述情况，可以认为中国传统的县域治理体系实际上是由县级官府和本地乡里社会及其精英共同构成的，并依靠二者之间的"支持—回报"合作机制运作下去。但这种合作并不一定成功，这就解释了整个帝制时代县域治理的基本状况。

从结果来看，中国传统的县域治理体系作为皇权统治体系的末梢，本身也是一种统治体系，因而，县域治理的变异问题也非常严重。我们可以发现，如果不是依托乡里社会和精英的支持，则县级官府几乎谈不上开展什么公共治理。县级官府的基本功能（刑名钱粮）完全是统治性的，只不过附带产生了一些维护社会秩序的效果；至于赈灾、扶困、城乡建设等

---

① 孟祥才：《中国政治制度通史》（第三卷），人民出版社1996年版，第424页；俞鹿年：《中国政治制度通史》（第五卷），人民出版社1996年版，第496—497页；朱瑞熙：《中国政治制度通史》（第六卷），人民出版社1996年版，第719页。

② 王成、谢新清：《中国地方政府发展史》，山东大学出版社2011年版，第74页。

③ 陈高华、史卫民：《中国政治制度通史》（第八卷），人民出版社1996年版，第136—137、140页。

公共治理功能，几乎都要靠乡里社会和精英来完成。结果构成县域治理体系的两个部分完全是按照两个不同的逻辑在运作，始终存在分离的趋势，成为矛盾的冲突点。其中县级官府是由上而下为着统治的目的建立起来的，而乡里社会是民间为着互助互利的目的建立起来的。所以即使县级官府和乡里社会之间有时能够成功合作，也不能保证合作总是能够成功，最终还是要周期性地出现矛盾冲突的总爆发。正如帝制时代的中国一直存在"分裂—统一"的周期循环，这个时代的县域也一直存在官府与社会的"合作—冲突"周期循环，始终无解。

二 晚清以来县域治理体系的现代化变革

晚清时期，特别是清王朝宣布实行新政以后，中国国家治理体系开始了从传统到现代的变革，地方（包括县域）治理体系当然也因此开始了现代化变革。有学者认为，近代以来中国基层政府治理现代化是为了使国家权力深入基层，加强国家的财税汲取能力和社会动员能力。[①] 此观点值得商榷。我们已经知道，从全世界总体趋势来看，公共治理体系现代化实际上是顺应平民阶层崛起的形势而发生的改进，基本主题是吸纳平民参与到公共治理的体系和过程之中，消除政府的统治性质，恢复和建立真正的公共治理体系。近代以来受西方影响，中国整个国家治理体系的现代化追求也是如此。在此情况下，作为国家治理体系一部分的基层政府治理体系现代化，怎么可能会是国家渗透和控制社会？实际上主流趋势是探索如何实现基层自治，最后实现国家与社会合作基础上的民治。我们不能把近代以来实际发生的历史进程都看成是现代化，而应当以现代化的追求为线索来看待和探讨这个问题。

正如整个国家治理体系的变革一样，晚清王朝在地方治理体系变革方面也是三心二意，特别是所谓新政，仅仅是在地方上裁撤了一些巡抚总督[②]，并无任何实质性举措。只是 1906 年宣布仿行宪政之后，才下令各级地方开设议会，颁行《咨议局章程》（1908 年）、《城镇乡地方自治章程》（1909 年）和《府厅州县地方自治章程》（1910 年）[③]，开始实行它

[①] 周庆智：《在政府与社会之间：基层治理诸问题研究》，中国社会科学出版社 2015 年版，第 2 页。
[②] 徐中约：《中国近代史》，世界出版公司 2008 年版，第 410 页。
[③] 参阅王建学编《近代中国地方自治法重述》，法律出版社 2011 年版。

所理解的地方自治。按照这些章程的规定，省一级设立经民选（不过有严格的选民资格限制）产生的咨议局作为议决机构，以作为省级长官的督抚为执行机构；作为府、厅、州、县治所的城厢地方为城，其余地方人口满五万以上者为镇（城和镇若太大则可划分为若干区），人口不满五万者为乡，城镇乡和府厅州县均选举议事会作为议决机关，以各级地方长官（知县、知州、同知、知府）为执行机构，但城镇乡以议事会选举产生的并交由上级地方长官核准任用的董事会（乡只设乡董）作为执行机构。1909年各省召开了第一次咨议局会议，看似晚清的地方自治体系已经建立起来并开始运作。但这些民选的议决机构并未成为真正的地方自治机构，因为地方长官既可听取其意见亦可不予理睬，实际上就是一个咨询机构。① 这里的关键就在于，各级地方长官均不是由民选的议决机关产生的（其任命一仍如旧），所以不对其负责，不受其节制（城镇乡的执行机构虽经议决机关选举产生，但要由上级地方长官核准任用），倒是可以反制议决机关。显然这样的议决机关即便真正代表民意，也会因为没有实权而无法落实自治，因为自治的本质是民治。这就说明，晚清王朝所谓的地方自治变革，根本就没有抛弃皇权统治的逻辑，而不过是用民选议事会将皇权统治包装于其中，结果自然是不伦不类。

晚清王朝虚情假意、勉强为之的地方自治变革没有持续多长时间，很快就爆发了辛亥革命，清王朝和延续了两千余年的整个皇权统治体系都随之而覆灭。但是晚清王朝所开辟的地方自治变革却得以保留下来，成为此后整个民国时期的主流思潮，因为从理论上说，此后皇权统治逻辑已为民治逻辑所代替。不过民国时期地方非常混乱，很少有完全统一的规制，这里仅就两个主要的时期来看。北洋政府时期基本上沿袭了晚清王朝的地方自治变革，于1913年颁布《划一现行各省地方行政官厅组织令》《划一现行各县地方行政官厅组织令》等，将地方划分为省、道、县三级（辅之以特别区）。除道外，各级地方均设民选议会（议事会），但还是没有掌握对地方长官（民政长/巡按使、观察使/道尹、县知事）的任免权（地方长官由中央政府任免），而且县议事会很快就被取消了。②

1928年中华民国再次统一。按照孙中山先生的建国纲领，军政完成

---

① ［美］费正清、刘广京编：《剑桥中国晚清史》（下卷），中国社会科学院历史研究所编译室译，中国社会科学出版社1985年版，第460—461、462—463页。

② 袁继承等主编：《中华民国政治制度史》，湖北人民出版社1991年版，第240—254页。

民主革命，接着就进入训政阶段，实行中国国民党的党治主义，其目标是通过训导国民掌握政权（选举、罢免、创制、复决四大民权）最终实现宪政，为此孙中山先生主张地方自治，地方议会和行政官均由人民选举。① 据此，中国国民党制定了《训政纲领》《中华民国训政时期约法》以及各级地方组织法、选举法等②，确定地方划分为省、市（行政院直辖或者省辖）、县、区、乡镇坊、闾邻，其中市、县设民选之参议会，以市长、县长为地方行政长官（县、市筹备自治达标者，长官实行民选），区、乡镇坊、闾邻直接召开民众大会，选举区长、乡镇坊长、闾邻长以及区监察委员会、乡镇坊监察委员会，闾邻长协助乡镇坊长办理事务。由于内乱外患，训政纲领未能真正得到贯彻落实，特别是抗战爆发以后，地方建制发生了很大改变，地方自治进程基本被打断。

　　1949年以后，在军事战争胜利的基础上，党通过镇反运动、经济革命、社会重整、思想改造和文化革命，把整个中国全部重新塑造了一遍。正是在此基础上，一种党领导国家和社会的"一体两翼"国家治理体系模式得以构建起来。就地方建制而言，1949年以来发生了较大的变化，如大区制（1949—1954年）、人民公社制（1958—1982年）的建立和取消。不过总的来看，省（自治区、直辖市）、县两级地方建制还是非常稳定的。1954年宪法施行之后，地方分为省、县、乡三级，分别设立人民代表大会，其中乡级人大由选民直接选举产生，乡级以上各级人大由下级人大选举产生。原来代替人大职能的政协在省级仍旧存在。根据1954年5月政协全国委员会与政务院联合发布的《关于在地方各级人民代表大会召开后各级协商机构暂时保留的通知》，作为1954年各级人民代表大会召开前县各界人民代表会议常设机构的县务委员会得以保留，并在政协第二届全国委员会召开以后，根据政协章程改为政协县级地方委员会。③ 地方各级人大选举人民委员会作为执行机关，各级人民委员会对本级人大和上级人民委员会负责，但上级人民委员会有权停止、改变或撤销下级人大和人民委员会的决议和命令，各级人民委员会服从国务院的统一领导。省、县级人大还选举产生人民法院。至于地方上的社会组织，一方面取缔

---

① 广东省社会科学院历史研究所等合编：《孙中山全集》（第一卷），中华书局1981年版，第297—298页。
② 参阅王建学编《近代中国地方自治法重述》，法律出版社2011年版。
③ "县各界人民代表会议常务委员会"，见"中国政协网"（http://www.cppcc.gov.cn/2011/09/26/ARTI1317001118843775.shtml）。

镇压反动党团和会道门；另一方面建立工会、妇联、公营企业、农民协会、农业合作社、居民委员会、事业单位等组织。随着地方政权体系和社会组织的建立，党在地方上的组织体系也相应地建立起来，包括在各大行政区、省、市分别设立中央局、分局、党委会和各级纪律检查委员会，在各级国家机关和社会组织中设立党组或党支部，广泛设立宣传机构，实行中央和各级党委的组织部统一管理、中央和各级党委的各部分管干部的制度。

地方的这套体系在此后的岁月中，特别是在"文革"期间发生了很大变化，直到 1978 年以后，从党到国家和社会才逐渐恢复到 1954 年体制，并最终在 1982 年宪法通过后定型。当然 1982 年以后地方体制也不是原封不动地恢复到 1954 年的样子，实际上也发生了一些变化，比如乡镇以下建立村民委员会作为基层群众自治组织，县级以上地方各级人大设立常委会，县级以上地方人大有选举罢免同级检察长之权力（同时须报上级人民检察院检察长提请该级人民代表大会常务委员会批准），地方各级人民委员会改称人民政府，实行地市合并，推广市管县体制。①

第二节 当前中国县域治理体系的基本构造

对于当前中国县域治理体系的基本状况，我们依旧从静态和动态两个角度来进行考察：前者考察它的构造，后者考察它的运行。

一 构建逻辑与基本框架

按照当代中国的国家构建路径，县域治理体系作为整个国家治理体系的底层末梢，是随着整个国家治理体系一起构建起来的。这也就导致，在此后的历史中，县域治理体系的修改、调整或者重建，都是全国一盘棋的问题，是属于中央层面的事情。所以很自然地，整个国家治理体系的构建逻辑和相应形成的基本框架，也就是各个地方县域治理体系的构建逻辑和基本框架。换言之，党领导国家和社会的"一体两翼"国家治理体系模式，直接复制到全国的各个县域，就形成了各地的县域治理体系，这是当前中国县域治理体系的底色。

---

① 以上参阅郑谦等《当代中国政治体制发展概要》，中共党史资料出版社 1988 年版；迟福林、田夫主编《中华人民共和国政治体制史》，中共中央党校出版社 1998 年版。

但这只是最初构建的状况。此后整个国家的环境形势条件不断发生变化，特别是改革开放以后，党改变了总体方针，从阶级斗争转变为以经济建设为中心，调整了整个国家治理体系的总体目标和任务，这就势必要调整国家治理体系。结果尽管从基本框架来看，整个国家治理体系没有发生根本变化，但是一些组成部分的具体功能却发生了一些重大变化，特别突出的就是普遍承担招商引资等经济发展功能。当然也不能夸大这种调整程度，以至于认为改革开放以后，原来体现在无产阶级专政体系理论中的国家治理体系构建逻辑也被改变了。党提出的"一个中心、两个基本点"基本路线以及直至今日仍反复提及的"枪杆子""刀把子"等说法，表明这不是事实，真实发生的不过是调整了目标任务的主次轻重。所以今天中国的国家治理体系起码是按照两重逻辑来构建的，即专政和建设的逻辑。只是这两个逻辑的表述方式有所改变，即维稳与发展，而且发展也已经被进一步表述为具有更丰富内容的科学发展（全面、协调、可持续发展），而不仅仅是从前的经济发展。此外，在科学发展观和服务型政府建设提出之后，公共服务也被设定为国家治理体系的一个重要目标任务，由此可以说又增加了一个服务逻辑。

由于县域治理体系只是整个国家治理体系的末梢部分，所以国家治理体系构建的维稳、发展和服务三重逻辑，也就完全适用于各县域治理体系。改革开放以来，由于经济发展成为中心任务，所以各县域治理体系以此目标为导向来进行调整，这很容易理解。最开始，发展经济是通过改革和开放这两个途径来进行的，而开放只限定于沿海地区，所以大多数县域只能以改革方式来发展经济，发展跟改革差不多是一个意思。1989年事件平息后，鉴于之前的教训，党突出强调维护稳定的意义，将之与改革也就是发展相提并论，于是维稳成为县域承担的一项重大任务。1992年党的十四大确立了市场经济体制改革的大方向，此后便很少将改革跟发展并提，加之2000年之后中国加入世贸组织，全面开放已成定局，这就导致此后从中央到地方（包括县域），真正的核心任务就是发展和稳定。这种从中央传导下来的目标任务，不是县域可以选择的，所以工业和招商引资就成了县域的中心工作，同时社会稳定也成为基层工作的重中之重。[①] 正

[①] 冯军旗：《中县干部》，博士学位论文，北京大学，2010年。

所谓"发展是第一要务,维稳是第一责任"。① 当然在科学发展观和服务型政府建设提出来之后,县域治理又增加了提供公共服务这项重大任务。这就是说,此后中国各地的县域治理体系主要就是根据完成和实现这三个目标任务的需要来进行构建的。但这种构建并不是完全废除或者打破原有的体系框架,而只是进行调整,所以我们可以看到其基本做法就是增设机构,比如招商局、各种维稳组织;或者强化某些机构的职能,如武警政法;或者调整和增加原有机构的职能,如人大、政协、法院和群团组织都承担着招商引资任务。因此,那些把发展型政府套用于中国的说法,包括认为中国中西部地区县级政府是发展型政府形态的说法②,恐怕就是不尽符合事实的,否则我们将无法解释维稳组织体系广泛而强势的存在和大量的维稳支出。当然我们承认,各县域对于所承担的目标任务是区分主次轻重的,普遍把经济发展和维稳放在第一位,而公共服务只能排在第二位来考虑。

虽然中国县域治理体系的构建存在这些复杂情况,但总的来说并没有打破"一体两翼"的基本框架,这里我们还是按照这种框架来考察它的基本构造(如图4-2所示)。至于其局部调整的情况,我们准备放在县域治理体系的运行过程中来具体考察。

这里需要说明的是,乡镇是包括在县域治理体系之内的,而不是外在于县域治理体系的体系,应当把乡镇整合进来统一考察。赵树凯指出,乡镇本来就不具备一级政权的属性,特别是没有行政许可权、行政处罚权和行政强制权,长期是残缺不全的。特别是农村税费改革后,"乡财县管"以及各地多次进行的撤乡并镇、乡镇合并等举措,早已把乡镇变成为县的派出单位或代理机构,呈现出县乡一体化趋势。现在除了税务、工商、国土、质监、药监、环保、城建、社保甚至财政、计生、民政等部门由县级相关部门垂直管理外,乡镇的机构编制也由县级直接决定,乡镇只是在既定格局下可以调动和安排使用人员。此外,县级还加强了对乡镇的考核问责,使得乡镇完全成了县级的下属部门和办事机构,即使个别地方进行的

---

① 樊红敏:《转型中的县域治理:结构、行为与变革》,中国社会科学出版社2013年版,第44—51页。
② 瞿磊:《中西部地区发展型县级政府治理困境及其纾解:基于广西的调查与分析》,载《湖北行政学院学报》2012年第5期。

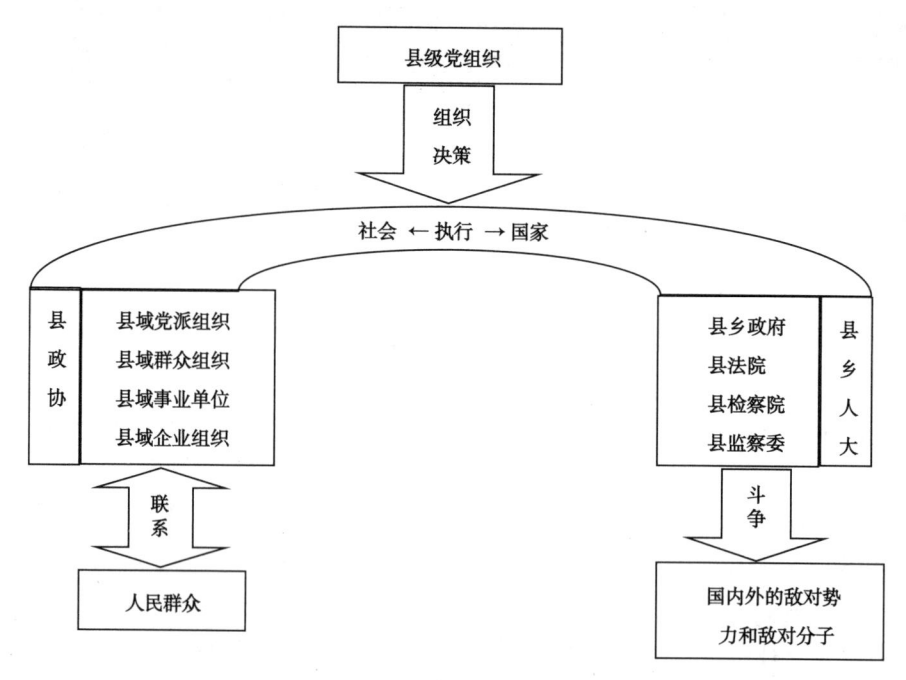

图 4-2　当前中国的县域治理体系

强镇扩权改革也未动摇这个基本面。① 事实上我们完全可以这样来理解县乡之间的这种关系：如果说县级各种机关部门是按领域分工的结果，那么乡镇就是按地域分工的结果，县域治理体系主要就是依靠这两种分工来运行的。

二　县级党组织

根据《党章》，党是通过党员代表大会组织起来的，但党代会非常设组织，每届只召开一次会议，所以实际上各级党组织都以委员会为其形象代表。但委员会也不是常设组织，通常每年召开一两次会期很短的会议，结果真正代表各级党组织活动的，是各级党委的常设机构——常委会，常委会在党委会休会期间行使其职权。不过各级党委常委会的设置到县级为止，乡镇级只设党委会，被称为基层委员会。

各地县委常委会以党委书记为首，人数不定，其成员的职务不尽一

---

① 人民论坛编：《大国治理：国家治理体系和治理能力现代化》，中国经济出版社 2014 年版，第 215—216、220—222 页。

致。根据民政部公布的全国行政区划名录①，我们从除港澳台以外的各省市区分别选取若干县市区（含直辖市的区），进入其官网（通常为当地的政府门户网站）进行检索，结果显示：县委常委会的固定成员是县委书记和县长（必然兼副书记），其他成员中最常见的是组织部长（有的兼统战部长）、宣传部长和纪委书记，比较常见的有常务副县长、专职副书记（有的不设置，有的兼政法委书记或农工部长）、统战部长、政法委书记、武装部政委或部长、党办主任，不大常见的成员是某些副县长、重要乡镇街区的书记或者下派挂职人员。按照《党章》规定，党委会和常委会都实行集体领导和决策。但这不意味着所有常委会成员具有同等的地位和权力。通常而言，县委常委会的成员是有排名先后区别的，但每个常委在其中的具体影响力很难一概而论，实际上取决于博弈。大体上，作为常委会固定成员的县委书记和县长占据绝对优势，两相比较，县委书记又更占优势，因为从分工来说，县委书记通常管一县之全面工作，而且是常委会的召集者和主持人，所以在许多地方，县委书记基本上就是县委及其常委会的代名词。

　　县委常委会成员的职务本身就表明了各自的分工，但也不尽然，实际的分工要复杂一些，且各个地方差别较大。② 例如，在 S 省 H 县，县委常委会共有 10 名成员，其中 (1) 县委书记负责全面工作；(2) 县长（兼县委副书记）负责政府全面工作；(3) 县委副书记负责县委日常工作和党务、新农村建设、移民、脱贫攻坚、关工委、老促会、维护稳定等工作，负责深化改革、依法治县、城乡环境治理以及县委其他重点工作的综合协调和督促检查，分管县委办、接待办、督查室、总指办、深改和依法治县办、清房办，协调县四套班子办公室，联系县人大常委会党组和县政协党组；(4) 县总工会主席主持县总工会工作，分管群团工作，负责农村移民安置和后扶等相关工作，牵头负责农村经济、脱贫攻坚、路桥工程建设工作；(5) 组织部长（兼县委党校校长）主持县委组织部工作，分管党建、组织、干部、人才、老干部、党校、县直机关工委，负责基层政权建设和机构编制工作；(6) 常务副县长协助县长负责县政府日常工作，负责县域经济工作、灾后重建、J 镇城镇建设工作；(7) 宣传部长主持县委宣传部

---

① "2013年中华人民共和国行政区划代码"（截至2013年12月31日），见"中华人民共和国民政部"官网（http：//www.mca.gov.cn/article/sj/xzqh/1980/201507/20150715854922.shtml）。

② 以下几则材料来自于有关县政府门户网站公开的信息。

工作，分管宣传、意识形态、精神文明建设，负责文明城市、卫生县城等系列创建工作，牵头负责旅游经济、社会事业工作；(8)统战部长主持县委统战部工作，分管统战、民族、宗教、外侨台，联系民主党派和工商联等；(9)政法委书记主持县委政法委工作，分管政法、综治、维稳、防邪工作，负责生态环境保护、安全生产、社会稳定、信访和群众工作，牵头负责工业经济工作；(10)纪委书记（兼监察委主任）主持县纪委工作，分管纪检、监察、党风廉政建设、反腐败工作，负责移民工程、灾后重建工程、全县其他重点工程的资金监管和审计结算监督工作。

在G省W县，县委常委会共有12名成员，其中（1）县委书记（兼县经济开发区党工委书记）主持县委、经济开发区党工委全面工作，分管党风廉政建设、人民武装工作，联系县人大常委会和县政协；(2)县长（兼县委副书记、开发区党工委副书记、管委会主任）主持县政府全面工作，负责审计、监察、机构编制等工作，负责分管党风廉政、安全生产、信访维稳、项目建设，分管县审计局、县监察局、县编委办；(3)县委副书记协助县委书记处理县委日常事务，统抓全县政法维稳和信访工作，协助书记分管党的建设工作，分管县委办公室、党校、党史、群团、农业和农村、人口计划生育和卫生工作，负责分管领域的党风廉政建设，负责县委委托的其他工作；(4)统战部长主持县委统战部全面工作，分管全县统一战线、各民主党派、工商联、宗教、民族团结工作，负责分管领域的党风廉政建设，负责县委委托的其他工作；(5)纪委书记主持县纪委全面工作，协助县委书记分管党风廉政建设、纪律检查、反腐败工作，负责分管领域的党风廉政建设，负责县委委托的其他工作；(5)政法委书记（兼公安局局长）协助县长工作，负责公安工作，对分管工作的党风廉政、环境保护、安全生产、信访维稳、项目建设工作负责；(6)宣传部长主持县委宣传部全面工作，分管精神文明建设、意识形态工作（含报社、广播电视），联系教育、卫生工作，负责县委委托的其他工作；(7)组织部长主持县委组织部全面工作，协助县委书记分管党的基层组织建设、干部人事、县直机关工委（县委基层组织局）、老干工作（含关工委、县老年大学、县老年协会），联系县人力资源和社会保障局工作，协助县委副书记、县长分管县编委工作，负责分管领域的党风廉政建设，负责县委委托的其他工作；(8)县委办公室主任主持县委办公室工作，协助县委书记处理县委日常事务，分管督查、政研（县小康办、县委改革办）、机要、保密、档案工作，负责分管领域的党风廉政建设，负责县委委托的其他工作；(9) 挂职副县长负责率先小康驻村工作，协助县长分管医疗卫生、人口和计划生育等工作；(10) 挂职副县长协助县长工作；(11) 挂职副县长协助县委书记和县长负责脱贫攻坚工作；(12) 副县长协助县长工作。

在 S 省 J 县，县委常委会有 11 名成员，其中 (1) 县委书记（兼县人武部党委第一书记）主持县委全面工作，联系县人大常委会党组和县政协党组；(2) 县长（兼县委副书记）领导县政府全面工作，负责财政、审计工作，分管县财政局、审计局；(3) 县委副书记（兼县委党校校长、县委深化改革办主任和综治委主任）协助书记处理县委日常事务，协助书记抓党的建设工作和联系人大和政协工作，负责督查督办、档案管理、保密机要、外事接待、城市经济、园区建设、县改市、油气资源开发、环境保护、协调各常委等方面工作，分管县委办、直工委、改革办、党校、档案局、机关事务局、各界人士联谊会，联系县能化园区管委会、中小企业创业园区管委会、住建局、国土局、环保局、交运局、公用事业局、外事接待办、创建办、新区管委会、新能源产业园区筹建处、物流园区筹建处、塑料产业园区筹建处；(4) 政法委书记主持县委政法委工作，负责政法、维稳、综治、公安、司法、信访、防邪、国安、应急、农业农村（乡村振兴）、社会治理和服务、脱贫攻坚、安全生产、市场监督管理等方面工作，分管县法院、检察院、农工部，联系县现代农业园区管委会办公室、公安局、司法局、信访局、安监局、市场监督管理局、扶贫办、农业局、林业局、水务局、畜牧局、农机服务中心、气象局；(5) 纪委书记主持县纪检委、监察委工作，主抓党风廉政建设和反腐败斗争工作，负责巡察巡视、优化经济发展环境等方面工作；(6) 宣传部长主持县委宣传部工作，主抓意识形态领域工作，负责宣传思想、新闻出版、精神文明建设、诚信建设、网络安全、舆情信息、文广旅游、教育体育、卫生计生、"扫黄打非"、创文创卫、创建书法之乡等方面工作，分管县文联、机关工委工作，联系县教体局、卫计局、文广局、旅游局、文旅公司；(7) 常务副县长协管县财政局、审计局，协助县长主抓政府系统党建和党风廉政建设工作，负责县政府常务工作及政府机构改革、督查考核、行政效能、维护稳定、脱贫攻坚、发展改革、追赶超越、营商环境、信用体系、人力资源和社会保障、机构编制、安全生产、行政审批、依法行政、国防动员、人民武装、民兵和预备役、应急、金融及金融风险管控、统计、招商引资、税务、外事接待、重大项目、国有资产、机关事务、能化园区和精细化工园区及新能源产业园区建设管理等工作，分管县政府办公室、发改局、人社局、安监局、行政审批局、扶贫办、统计局、招商局、金融办、能化园区管委会、精细化工园区筹建处、新能源产业园区筹建处、国有资产运营管理公司、X 公司，联系县纪委、监察委、组织部、人武部、预备役部队、县委办、人大办、政协办、编办、党校、老干局、直工委、机关事务管理局、老促会、各界人士联谊会、税务局、养老保险经办中心、人行 H 支行、工商银行、驻 J 县各保险公司；(8)副县长负责工业经济、油气及煤炭资源开发、教育体育、国土资源、不动产登记、交通运输、医疗卫生、计划生育、商贸物流、邮政、通信等工作，分管县工业经济局、教育督导室、教体局、国土局、不动产登记局、交运局、卫计局、商务局、物流园区筹建处、移民公司，联系县档案局、计生协会、老年体协、邮政局、电信公司、移动公司、联通公司、公路管理段、路政执法大队、火车站、汽车站、邮政储蓄银行、C 油田公司和 Y 石油集团驻 J 县各单位；(9)统战部长主持县委统战部工作，负责统一战线、对台涉台、招商引资、民族宗教事务、工商联、群团社团、慈善救助、决策咨询、工业经济、非公经济、煤炭勘探与开发等方面工作，分管县总工会、共青团、妇联、工商联、科协、残联、计生协会、慈善协会、老促会、老年体协，联系县工业经济局、科技局、商务局、供销社、手工联社、老龄办、中小企业局、民政局、宗教局、招商局；(10)组织部长主持县委组织部工作，负责组织、党建、人事、人才、目标责任考核、统计、机构编制、党史(史志)、老干部等方面工作，分管县编办、老干局、考核办、史志办、非公党工委，联系县人社局、统计局；(11)人武部政委协助书记抓党管武装工作，负责国防动员员工作。

县委常委会是县级党组织的领导决策机构，而党内负责执行的机构主要有县委办公室、组织部、宣传部、农工委、统战部、政法委、人武部、纪检委、机关工委、老干部局、党校、督察办、巡察办等，此外还包括设在各个国家机关、政协和人民团体中的党组以及乡、镇、街、企、事、村(社)党委或党总支、支部。其中乡镇党委规模较小，通常由书记、乡镇长(兼副书记)、人大主席、副书记(有的兼纪检书记)、组织委员、纪检书记、人武部长(有的兼副乡镇长)和其他个别委员组成。党内主要依靠县委书记在党办、组织、纪检、党组等部门的协助下来负责协调控制。

在县域治理体系中，县级党组织的功能笼统言之就是领导。如前所述，目前这个含混的术语主要包含两层含义：组织和决策。也就是说，党组织既是县域治理体系的组织者，也是县域治理的决策者。从组织者的角度来看，县级党组织主要负责制定县域治理的目标任务并据此进行任务分工和协调控制。具体来说，只有县委常委会（有时是县委书记）才有权确定一县之目标任务，其余目标任务则分属于其他各级党组织，此时党组织的组织者和决策者角色重合。

至于目标任务的分工，我们发现在一县之内一般采取三种分工方式，而且通常是并存的。第一种是按照"一体两翼"的基本框架来进行分工，也就是说，除了党自身发挥决策功能外，作为执行者的国家机构各自履行其法定职责，作为执行者的各种社会组织也按其常规发挥各自的功能；第二种就是上述的县委常委分工方式；第三种是临时性分工，最常见的就是成立各种领导小组并在其中进行分工，这放在后面县域治理体系的运行过程中来考察。不过总的来看，所有这些分工方式最终还是为第二种方式所统摄。

与分工相伴随的就是人事安排，这是党组织作为组织者角色的重要体现。以县域内领导干部的任用来说，自从党中央 1995 年颁行《党政领导干部选拔任用工作暂行条例》以来，县域内领导干部的任用就大体形成了"动议—（民意测验）—民主推荐—考察—讨论决定"的模式。在赵树凯看来，这是一种由官员推荐官员的模式，属于官场内部选举模式。[①]因为除了有时进行的民意测验需要吸收人大代表、政协委员、一般科员或者普通群众参加外，其余的程序全都是在领导干部中开展的。其中人事动议是由县委常委会、各党组或者组织人事部门提出来的，本级、上级和下级官员（以选任的领导职位为基准）均参加民主推荐，县委常委会或组织人事部门负责考察，最后由县委常委会作出决定。这种选拔任用的另一个鲜明特点在于秘密性。参加民主推荐的领导干部因其级别不同而使用不同的推荐票，而且分开统计，各自的权重自然不同，但不为外人所知，计票结果也不对外公布。能够了解计票结果的，主要是上级派来的考察组负责人、上级党委书记和组织部负责人以及县委书记、计票工作人员。不过

---

① 人民论坛编：《大国治理：国家治理体系和治理能力现代化》，中国经济出版社 2014 年版，第 227—228 页。

计票工作人员也不能完全掌握这个信息,因为推荐票是分开统计的。此外,即使最终作出选用人决定的县委常委会,除了县委书记外,其余常委也不尽知候任人选所获得的推荐票数。

党组织在县域治理体系中的组织功能还包括负责整个体系的协调控制,通常是县委书记在县委办公室、组织部、纪检部门等机关的协助下来开展的。例如,某市(县级市)委书记新上任,发现县城公厕过少,于是命令市委办主任牵头负责在三天内建成五个公厕。市委办主任立即通知组织部、纪检委、城建局、规划局和财政局等部门开会,部署此项工程。城建等负责具体实施的部门领导表示非常为难,但有纪检和组织部门的督阵,结果当天上午开完会后不久就开始施工了,待到三天后市委书记去检查时,五个公厕已接近完工。①

这种协调控制机制并不只是在县级层面发挥作用,还渗透到乡镇层面。某县明确规定县处级领导分包乡镇,负责在分包的乡镇落实县级决策,开展调查研究,听取工作汇报,检查指导工作,协调解决困难问题。对于乡镇在落实县级决定时推诿扯皮、敷衍塞责的,分包领导可以向县委提出对相关乡镇责任人的处理建议。各分包领导在年终述职时要汇报分包乡镇的工作情况,县委县政府也会不定期召开专题会议,听取分包的工作情况。② G省F县委在开展党的群众路线教育实践活动过程中,创建了"四直为民"的活动形式,专门成立领导小组和"创建办",督促各乡镇、部门建立完善"四直为民"配套制度,确保各项工作落到实处,并提出要加强与县群众路线教育实践活动督导组的联系,把"四直为民"纳入教育实践活动的重要督导内容,加强考核考评,对工作落实较好的要大力表彰,对工作不力的单位和部门及时进行责任追究,还要求各单位要采取有力措施,加强经常性的督查和指导,及时研究解决工作中遇到的困难和问题。③ 具体做法是,县委将"党群直议话民事"工作纳入农村基层党建目标管理考核内容,并以项目化的形式推进。县委组织部动态考核各乡镇实施"党群直议话民事"的情况,坚持每月一督查,每季度一考核,将督查中发现的问题和先进典型进行通报。乡镇党委凡是因工作不力被通报

---

① 樊红敏:《转型中的县域治理:结构、行为与变革》,中国社会科学出版社2013年版,第33—34页。
② 同上书,第58—60页。
③ 来自调研获赠材料:《中共F县委、F县人民政府关于开展"四直为民"创建工作推进党的群众路线教育实践活动的实施意见(试行)》(2014年)。

一次，在年终党建考核总分中扣除0.5分，凡是"党群直议话民事"工作推进缓慢、效果较差的，取消其党组织、党员干部评先评优资格，并对分管的党委副书记和直接负责的党总支书记进行问责。①

这种协调控制机制甚至一直延伸到村社。在广东云安县，全县建立村民理事长年度评奖、以奖代补试行办法，由镇组织评议。县财政每年安排200万元作为以奖代补经费，按照百分制计分，按得分计算奖金，每分10元，确保民事民办、民事民治与党委政府决策导向保持一致。同时在全县开展百名优秀理事、十大杰出乡贤、十大明星村等评选活动，由县政府颁发明星村流动红旗，并配套以奖代补奖金。②

三 县域国家机关

目前县域治理体系中的国家机关包括县乡两个层次。在县一级，依《宪法》之规定，国家机关包括人大、政府、法院、检察院和监察委，但是仔细考察现实情况就可以发现，目前真正发挥县域治理作用的仅限于政府。一则，虽然《宪法》规定县级人大是代表县域人民行使国家权力的机关，有各种重要的决定权、人事权、监督权等，但考诸现实，县级人大的主要功能还是程序性和仪式性的，也就是合法化功能。二则，自从党的十八届三中全会启动司法体制改革以来，法官和检察官统一由省级法官/检察官遴选惩戒委员会提名、管理并按法定程序任免，同时省以下地方法院和检察院经费由省级政府财政部门统一管理。到2016年，除西藏外的30个省份均已设立了法官/检察官遴选惩戒委员会。③ 这就意味着省以下的法院和检察院实际上已经脱离同级政权，县级法院和检察院自然也不例外。三则，2018年新成立的各级监察委员会均与同级的纪委合署办公，一个机构两块牌子，实则可归为党组织系统，县级监察委亦不例外。鉴于此，这里仅考察县级政府。

县级政府以县（市、区）长为首长，成员包括县长、副县长和各部门局长、科长等。县长主持政府工作，实行首长负责制，但县级政府工作

---

① 来自调研获赠材料：《中共F县委办公室、F县人民政府办公室关于印发〈F县"四直为民"创建工作推进方案〉的通知》（2014年）。

② 南方日报社编著：《治理创新：广东的实践与探索》，南方日报出版社2012年版，第89页。

③ 单玉晓：《30省份设立法官检察官遴选及惩戒委员会》，见"财新网"（http://china.caixin.com/2016-09-07/100986455.html）。

中的重大问题须经政府常务会议或者全体会议讨论决定，其中全体会议由政府全体成员组成，常务会议由县长和副县长组成，全体会议和常务会议均由县长召集和主持。不过现实情况跟宪法法律的规定稍有出入。以S省J县为例，实际上县政府有全体会议、常务会议、县长办公会议、专项问题会议和县长工作例会五种会议形式。[①] 其中，（1）全体会议由县长、副县长、县长助理、县政府党组成员、县政府办公室主任和县政府工作部门主要负责人组成，可以安排列席人员，包括县政府办公室副主任和镇（街道办、便民服务中心、X农场）、县政府直属事业机构、派出机构、其他机构、中央和省市驻县单位主要负责人，还可邀请县委、县人大常委会、县政协、县纪委、县法院、县检察院、县人武部负责人参加会议，邀请县委、县人大常委会、县政协有关工作部门、群团组织、各民主党派负责人和无党派人士代表列席会议。全体会议由县长召集和主持，每年至少召开一次，主要任务是讨论决定县政府工作中的重大事项、部署县政府的重要工作、讨论其他需要县政府全体会议讨论的事项。（2）常务会议由县长、副县长、县长助理、县政府党组成员和县政府办公室主任组成，县政府办公室副主任列席会议，县发改局、监察局、财政局、县政府法制办、县政府督办室、县效能办为固定列席单位，可安排有关镇（街道办、便民服务中心、X农场）、县政府各有关部门和单位、企业主要负责人列席会议，可邀请县委、县人大常委会、县政协、县纪委、县法院、县检察院、县人武部负责人参加会议，可邀请县委、县人大常委会、县政协有关工作部门和群团组织负责人列席会议。常务会议由县长或县长委托常务副县长召集和主持，原则上每月召开一次，必要时可临时召开，主要任务是传达党中央国务院、省委省政府和市委市政府的重要部署以及县委的决议，研究贯彻意见，讨论报请市政府和县委审定的重要事项，讨论提请县人大及其常委会审议的政府工作报告和议案，讨论由县政府制定和发布的政府规范性文件以及重大行政措施，审议全县国民经济社会发展的长期规划和年度计划以及年度财政收支预算安排情况、执行情况，讨论决定县政府管理的人事任免和奖惩事项，研究各镇（街道办、便民服务中心、X农场）、县政府各部门和单位上报的重要请示或重要报告，通报和讨论县政府其他事项。（3）县长办公会议由县长或者县长委托常务副县长主持，

[①] 来自相关政府门户网站公开的文件：《J县人民政府全体会议常务会议县长办公会议专项问题会议县长工作例会制度（暂行）》（2017年）。

与议题有关的副县长、县长助理、县政府办公室副主任、部门和单位负责人参加,根据需要不定期召开。主要议题包括县长认为有必要主持研究布置的重要工作事项,涉及两个以上副县长分管工作范围且因情况复杂、需由县长主持研究决定的事项,分管副县长认为在其职权范围内难以决定、需提请县长研究决定的事项。拟提请县长办公会议研究的议题,需报县长审批确定,也可由县长口头指示确定。(4)县政府专项问题会议由副县长、县长助理或委托县政府办公室主任主持,与议题有关的其他县政府领导和有关部门、单位负责人参加,根据需要不定期召开。议题范围包括副县长分管范围内的工作事项,副县长认为需要召集有关部门协调解决的事项,副县长根据上级会议、文件和县政府全体会议、常务会议、县长办公会议、县长工作例会精神在分管范围内研究布置的工作事项,副县长、县长助理、县政府办公室主任根据县长指示研究处理的工作事项。拟提交县政府专项问题会议研究的议题,由分管副县长、县长助理、县政府办公室主任审批确定。(5)县长工作例会由县长或县长委托常务副县长召集,由县长、副县长和县政府办公室主任参加,县政府办公室副主任以及有关部门和单位负责人列席。县长工作例会原则上每月召开一两次,一般安排在星期五上午召开,必要时可临时召开。议题范围主要是县政府领导传达学习上级会议文件精神,县政府领导通报沟通近期工作情况,布置有关工作,县政府领导认为有必要提交县长工作例会商议的工作事项。

以县长为首的县政府全体会议、常务会议和其他会议形式,承担的是县政府职权范围内的决策和组织功能,而决策的执行则交由县政府的各职能部门。县政府的职能部门通常是按照公共事务的类别来设立的。由于除了一些公共事务是各县均要处理的,不同县域还有一些特殊事务,如海洋渔业、林业、煤炭业,所以各县的政府组成部门不尽一致,兹举三例。[①]
A县有25个政府组成部门,包括办公室(挂人民防空办公室、法制办公室、外事侨务办公室、金融工作办公室、档案局牌子)、发展改革局(挂物价局牌子)、财政局(挂国有资产管理委员会办公室牌子)、人力资源和社会保障局、规划建设局、安全生产监督管理局、交通运输局、农业局、水利局、商务局(挂粮食局牌子)、环境保护局、教育局、国土资源局(挂地理信息局牌子)、工业和信息化局(挂科学技术局、地震局牌

---

① 材料来自相关县政府门户网站公开的信息。

子)、城市管理综合执法局、民政局（挂民族宗教事务局牌子）、文化广电新闻出版局（挂版权局、体育局牌子）、卫生和计划生育局（挂爱国卫生运动委员会办公室牌子）、食品和市场监督管理局（挂工商行政管理局、食品药品监督管理局、市政府食品安全委员会办公室牌子）、公安局、审计局、统计局、司法局、质量技术监督局、行政审批局。B县政府组成部门有26个，包括办公室、发展和改革局、农业局、科技工业信息化局、财政局、教育局、人力资源和社会保障局、文化广电出版体育局、卫计委、公安局、司法局、监察局、民政局、民族宗教事务局、国土资源局、住房和城乡建设局、交通运输局、旅游和商务局、海洋与渔业局、审计局、水务局、统计局、食品药品监督管理局、安全生产监督管理局、信访局、住房保障与房产管理局。C县有23个政府组成部门：办公室、发展和改革局、经济和信息化局、公安局、民政局、司法局、人力资源和社会保障局、国土资源局、财政局、住房保障和城乡建设管理局、水利局、审计局、农业委员会、林业局、文化局、卫生和计划生育局、统计局、安全生产监督管理局、教育科技局、环境保护局、交通运输局、煤炭工业局、市场和质量监督管理局。

  在乡镇一级，名义上国家机关包括人大和政府，但乡镇人大每年只召开一次为期半天至一天的会议，休会期间只设置一名人大主席留守，且其日常工作基本上与人大无关。如某镇人大主席（兼镇党委委员）按照分工，主持人大主席团工作，分管住房和城乡规划建设、城乡环境综合治理、国土，联系村建环卫中心、国土所，负责分管及联系部门的党风廉政建设、招商引资、督查、目标考核、安全生产、行业统计、信访和稳定工作。① 所以在乡镇，实际上发挥治理作用的国家机关主要就是政府。不过乡镇政府规模非常小，功能和机构不够完备，且与乡镇党组织紧密结合，处于党政合一的状态，民众常常更熟知乡镇党委而非乡镇政府，所以乡镇党委政府要并提才更符合实际。这里仅仅出于行文需要，仍旧单独提及乡镇政府。

  农村税费改革之后，乡镇政府的下属执行机构也普遍进行了调整，各地差异非常大。比如A镇下属机构有党政办、畜牧兽医站、计划生育服务站、民政办、文化广播服务站、乡镇企业服务站、农业综合服务站、劳

---

① 材料来自相关县政府门户网站公开的信息。

动保障所、财政所。B镇的下属机构则是党政办公室、社会事务办公室、经济发展办公室、财政所、农业服务中心、社会事业服务中心、村建环卫中心、人口与计划生育服务站。C乡下属机构却包括党政综合办公室、安全生产监督管理站、财政所、民政办、农村经济经营管理站、统计站、综治办、司法所、计生办、企业工作站、国土所、文化服务中心、水利管理站、畜牧水产工作站、动物防疫站、农业农机技术推广中心。① 在这些机构当中，实际上大多已不属于行政机构性质，而是所谓的事业单位。

四 县域社会组织

在当代中国国家治理体系中，社会组织包括党派组织（8个民主党派外加无党派人士）、群众组织（社会团体、社会中介组织、基金会和基层群众自治组织）、事业单位和企业组织四类，涵盖代表性、行业性、专业性、公益性、营利性、地域性等各种组织形式，基本上就是非国家组织的概念（党组织除外）。这种情况在各县域内大体一致，但有地区差别。

县域内的社会组织指的是主要在县域（县市区）范围内活动的社会组织。这些组织在各地的分布差异很大，大体上城镇比乡村多，经济发达地区比不发达地区多，地域性社会组织比其他类型多。例如，根据民政部统计显示，截至2017年底，全国共有社区服务指导中心619个（其中农村16个），社区服务中心2.5万个（其中农村1.0万个），社区服务站14.3万个（其中农村7.5万个）。社区服务中心（站）覆盖率25.5%，其中城市社区服务中心（站）覆盖率78.6%，农村社区服务中心（站）覆盖率15.3%。②

具体而言，并非全国各县域内都建立有民主党派组织，即便有也不一定是所有民主党派齐聚。比如目前台湾民主自治同盟只在19个省市建立了组织，中国国民党革命委员会没有建立县级组织。其他各民主党派在更多的省市区建立了组织，但在许多县域仍然没有建立组织。截至2017年，中国民主同盟共有411个市、县级委员会③，九三学社共有29个县级委员会④，截至2010

---

① 材料来自有关县政府门户网站公开的信息。
② 《2017年社会服务发展统计公报》，见"民政部"官网（http://www.mca.gov.cn/article/sj/tjgb/2017/201708021607.pdf）。
③ 见"中国民主同盟"官网（http://www.dem-league.org.cn/mmgk/jianjie/11796.aspx）。
④ 见"九三学社"官网（http://www.93.gov.cn/html/93gov/bsjs/jsjj/index.html）。

年中国民主建国会共有 54 个县级委员会①。要知道，截至 2017 年，全国县域单位共有 2851 个（市辖区 962 个、县级市 363 个、县 1355 个、自治县 117 个、旗 49 个、自治旗 3 个、特区 1 个、林区 1 个）。② 可见县域内的民主党派组织是极少的，绝大多数县域都没有民主党派组织。

县域内更常见的社会组织形式是群众组织、事业单位和企业组织，这些社会组织的数量也最多。就群众组织而言，大多数县域都有工会、共青团、妇联、科协、残联、工商联、红十字会、文联等官办的人民团体。其他民间成立的社会团体、社会中介组织和基金会等，如行业协会、合作社、公益慈善组织、社区服务组织（老人服务社、业主委员会等），在最近几十年中发展很快，但更多出现在发达地区和城区，不发达地区和乡村地区相对较少。例如，在深圳，截至 2014 年底，全市社区级社会组织就达到了 6037 家，其中包括公益类、服务类、维权类、文体类和保健类等各种社会组织。③ 不过不论城乡，亦不论发达或不发达地区，最多见的群众组织还是基层群众自治组织。截至 2017 年底，全国基层群众性自治组织共计 66.1 万个，其中村委会 55.4 万个（含 439.7 万个村民小组），居委会 10.6 万个（含 137.1 万个居民小组）。④

县域内的事业单位以教育、卫生、技术等单位为最主要，即学校、医院和一些技术服务性单位。根据国家统计局的数据，截至 2016 年，全国 3674 个重点镇有幼儿园、托儿所 45634 个，小学 30126 所，医疗卫生机构 45825 个；17144 个非重点镇有幼儿园、托儿所 155347 个，小学 117799 所，医疗卫生机构 159970 个；11200 个乡有幼儿园、托儿所 51172 个，小学 49991 所，医疗卫生机构 52446 个。⑤ 这些教育医疗机构当然不全是公共财政支持的事业单位，但却可以大致反映县域事业单位的数量，显然是非常庞大的。此外还有一些县乡政府直接管理但却采取事业单位编

---

① 见"中国民主建国会"官网（http://www.cndca.org.cn/mjzy/mjgk/mjgs/699303/index.html）。

② 《2017 年社会服务发展统计公报》，见"民政部"官网（http://www.mca.gov.cn/article/sj/tjgb/2017/201708021607.pdf）。

③ 唐奕主编：《基层治理之路：来自基层实践着的中国梦》，中央编译出版社 2016 年版，第 221 页。

④ 《2017 年社会服务发展统计公报》，见"民政部"官网（http://www.mca.gov.cn/article/sj/tjgb/2017/201708021607.pdf）。

⑤ 国家统计局农村社会经济调查司编：《2017 中国县域统计年鉴（乡镇卷）》，中国统计出版社 2018 年版，第 3—5 页。

制的单位，其中一些具有行政功能，一些具有技术或社会服务功能，甚至有些具有经济开发功能，比较杂乱。如某县政府直属事业单位25个，包括W红色旅游开发管理中心、经济技术开发区、机关事务管理中心、档案馆、政务大厅管理服务中心、地震局、中小企业服务中心、国有资产管理中心、供销合作联合社、城镇集体工业联合社、畜牧兽医中心、农业机械中心、扶贫开发中心、文化服务中心、广播电视台、体育服务中心、农村合作经济经营管理中心、文物管理中心、商务中心、人民政府招商中心、疾病预防控制中心、G水库管理中心、农业技术推广中心、园林管理中心、市容环境卫生管理中心。[①]

目前县域内的企业组织数量也非常庞大。根据国家统计局的数据，截至2016年，全国3674个重点镇有工业企业591255个，建筑企业15204个，住宿餐饮企业71159个；17144个非重点镇有工业企业1373427个，建筑企业46563个，住宿餐饮企业81465个；11200个乡有工业企业180218个，建筑企业6669个，住宿餐饮企业31642个。[②]

所有这些社会组织或其代表人物，大都通过县政协这个平台而被整合进县域治理体系中。县政协是按照党派、团体、界别和特邀四类来吸收这些社会组织或其代表人物的，其中党派就是指中共、各民主党派和无党派，团体是指那些官办人民团体，特邀针对个别人士，界别一般包括文化艺术、科技、社科、经济、农业、教育、体育、新闻出版、医药卫生、对外友好、社会福利和社会保障、少数民族以及宗教界，基本上把上述所有类型的社会组织及其代表人物囊括于其中。在任何一个县，政协跟党委、政府和人大都并列为"四大班子"，可见社会组织也是县域治理体系的重要组成部分。

第三节 当前中国县域治理体系的运行过程

县域治理体系运行的过程就是开展县域治理的过程，包括动议、决策和执行三个环节，下面逐一考察。

---

① 来自相关县政府门户网站公开的信息。
② 国家统计局农村社会经济调查司编：《2017中国县域统计年鉴（乡镇卷）》，中国统计出版社2018年版，第3—5页。

一　动议过程

我们已经看到，整个中国国家治理体系具有以体制内动议为主的特征，县域治理体系的动议过程也是如此。也就是说，只有那些本身就在体制中的人，包括县域内各级各部门党组织、县乡国家机关和县域内官办型社会组织中的人，才最有机会和途径提出议题，甚至相当部分议题就是党政部门领导人自己提出来的。而县域治理体系中主要由县委常委会和县政府负责决策，所以这些提出来的议题能否进入治理过程，关键就在于能否进入这两个机构的议程。这就需要具体考察县域治理体系的动议机制了。

在县委常委会方面，G 省 Z 县规定，县委各常委按照职责分工向常委会提出议题，县人大常委会党组、县政府党组、县政协党组得到各自联系的常委同意后提出议题。议题经县委办公室综合整理后，报县委书记确定常委会议题及召开的时间。县委常委根据职责分工，在认真调研、广泛征求意见的基础上提出议题方案。一般在县委常委会召开会议前两天，由县委办公室通知各常委，同时送达有关会议材料。[①]

S 省 J 县规定，(1)凡需县委常委会讨论决定的重大事项，提出议题的单位要在充分调查研究的基础上，形成主题鲜明、内容准确、简明扼要的汇报材料或文件，经部门主要负责同志审核把关并经分管领导审定后提交。(2)汇报所提意见和建议要具体可行，会前要与有关部门充分会商和协调。对于重大问题，事先要在一定范围内广泛征求意见，根据决策内容可分别听取和征求县人大、政协、人民团体、各界代表人士及离退休老干部的意见，有的重大决策应组织专家、学者进行论证评估。作出同下级党组织有关的重要决定，要听取下级党组织的意见。县人大、县政府、县政协需报请常委会审定的事项，应先经县人大常委会、县政府、县政协党组会议讨论，议定具体意见后，再报常委会决定。(3)报送县委常委会讨论的议题，由县委办公室主任根据议题内容和轻重缓急提出安排处理意见，报经书记或主持工作的副书记批准后列入会议议题。没有列入会议的议题，一般不在会议上临时提出，确需临时提议的须经会议主持人同意。凡未经充分准备并提出必要汇报材料的，凡涉及几个方面而未事先进行沟通协调的，凡贯彻上级精神而没有结合本县实际提出具体落实意见的，非突

[①] 来自相关县政府门户网站公开的文件：《中共 Z 县委常委会议事决策规则》(2011 年)。

发性重大事件而临时动议的,均不列入常委会议题。(4)议题列入会议议程后,由县委办公室通知相关部门、单位打印汇报材料或文件,于会议召开前送达县委办公室,并确定好汇报人。涉密材料由指定人员会上发放,所涉及议题讨论完毕即收回。(5)提交县委常委会的议题,一般应由分管领导或有关部门主要负责人按汇报提纲汇报。①

S省Y县规定,(1)县委常委会议题由县委书记提出,或由其他常委提出意见、书记综合考虑后确定。需要提交常委会审议的重要事项,可以先召开书记专题会议或县"四大班子"主要领导联席会议进行酝酿。(2)县委办负责收集汇总常委会议题,根据县委近期安排和议题收集情况,将议题送县委副书记审核后报县委书记审定,并根据审定的上会议题,及时通知参会人员和议题承办部门(单位)及其汇报人做好准备。(3)议题承办部门(单位)对提交常委会审议的事项,应充分准备,经集体研究讨论后由主要负责同志签报。由多个部门(单位)联合承办的,应事先协商一致,形成较为成熟的意见后,再报分管常委签报。提交常委会审议的事项,涉及项目安排、资金支持、机构编制和评比表彰、庆典论坛内容的,由议题承办部门(单位)主动与职能部门沟通并提供有明确答复意见的复函。议题承办部门(单位)一般应在会前两个工作日向县委办报送会议材料,其中党内规范性文件代拟稿一般应在会前五个工作日报送县委办法制指导股。(4)县委办对会议材料的格式进行初审把关。涉及干部任免的会议材料,由分管干部工作的常委签报县委书记同意后直接上会。提交常委会审议的重要报告、重要讲话和规范性文件类会议材料,一般应以书面形式在会前印送常委会委员阅悉。②

H省H县规定,(1)县委常委会议题由县委书记提出,或者由其他常委提出建议。县人大常委会、县政府、县政协提请县委常委会讨论的议题由其党组(党委)提请,报县委书记同意。县纪委、县委各部委以及县政府组成部门和直属机构等、各人民团体和其他有关单位党组(党委)提请县委常委会讨论的议题,由分管常委把关,对确有必要提交常委会审议的提出书面建议。(2)建立县委常委会议题库,由县委办秘书科负责议题的收集,并按照要求对相关材料、提请程序等进行初步审核,符合要求的进行汇总,提出具体安排建议,按照程序报县委办主任审核,最后由县

---

① 来自相关县政府门户网站公开的文件:《中共J县委常委会议事规则》(2011年)。
② 来自相关县政府门户网站公开的文件:《中共Y县委常委会议事决策规则》(2017年)。

委书记综合考虑后确定。会议议题应当适量安排，重要、紧急议题优先安排，重大议题可以安排专题讨论。会议议题确定后，一般不再变动，对确有必要提交县委常委会研究的临时性议题，由县委书记决定并及时安排会议研究。(3) 县委办公室应当严格把好议题材料关。汇报材料由汇报单位负责撰写，经分管县领导签字同意后，由县委办秘书科汇总报县委办主任审核、县委书记审定。汇报材料由汇报单位按照统一要求和格式印制，于会前两天报送县委办公室。属于涉密资料、案件查办、干部人事安排等方面不宜提前送达的，按有关保密规定管理、印发、收回。(4) 提请县委常委会研究的事项，有关单位应作充分调查研究，进行科学分析论证。对涉及经济社会发展全局的重要事项，应当广泛征询意见，进行风险评估；对关系长远、专业性及技术性较强的重大决策、重大项目、重要事项，上会前要认真组织专家论证，进行技术咨询和决策评估；对关乎人民群众切身利益的重要民生问题，应当实行公示、听证等，形成比较成熟的意见，再提交县委常委会会议讨论决定。对提请县委常委会讨论的重大问题和重大事项，会前应当注重通过国家机关、政协组织、民主党派、人民团体、基层单位等渠道，广泛协商、广集民智、增进共识、增强合力。对重要干部任免事项，事前应当充分酝酿、听取各位县委常委意见，并提交书记专题会议酝酿，然后再提请县委常委会讨论。提请研究事项需县政府事先研究而未研究同意的，不得提请县委常委会会议研究。提请研究事项涉及多个部门的，提请单位应当在会前与相关部门进行沟通协调；如沟通意见不一致的，应当请分管县领导进行协调，仍不能达成一致意见的，提请单位应当提出倾向性意见，并附上其他单位意见一并供决策参考。讨论下级党组织有关重要问题，一般应当事前征求下级党组织的意见。提请县委常委会审议的县委党内规范性文件，须与相关部门进行充分协商沟通，审议前应当按规定程序报送县委办进行前置审核。①

从这些案例来看，县委常委会的动议机制大致是：县委常委会各常委及其分管联系的各单位部门组织都可以提出议题，但需得到分管常委的同意，有些还要求所提议题必须事先经过充分调研、协商或协调。县委办负责接收和整理议题，甚至可以提出关于议题处理的参考意见，但最终决定议题能否列入县委常委会议程的，是县委书记。在这个动议机制中，我们

---

① 来自相关县政府门户网站公开的文件：《中共 H 县委常委会工作规则》(2018 年)。

可以看到虽然议题来源可能比较广泛，但渠道却是唯一的，那就是体制内渠道，并且由县委常委把守着议题关口。而在议题是否列入常委会议程方面，县委书记又具有绝对的权力，把守着第二道关口。由于县委书记本身可以直接提出议题，还决定议题是否列入议程，因此对县委常委会的动议过程发挥着最重要的作用。

在县政府方面，例如，S省J县政府会议有全体会议、常务会议、县长办公会议、专项问题会议和县长工作例会五种形式。按规定，（1）全体会议议题由县长或县政府常务会议确定，全体会议研究的议题材料由相关职能部门负责起草，涉及法律、法规、规章、政府规范性文件的，须经县政府法制办审查，涉及全局性的重大事项应依法定程序征求意见，必要时应通过县政府常务会议研究讨论，所有会议材料须经县政府办公室主任、县长审核后方可印制。（2）常务会议议题由县政府办公室提出意见，经县政府办公室主任审核后报县长确定，或者由县长根据工作需要提出。由提案单位提交县政府常务会议研究讨论的议题，在会前由县政府分管领导召开专题会议对提案内容进行研究，经协调意见一致的议题，县政府分管领导签署具体的处理意见后，由县政府办公室安排上会；确实无法达成一致意见的，由县政府分管领导向会议召集人报告，由会议召集人决定。县政府常务会议议题一经确定，一般不再追加，临时动议、准备不充分的议题不安排上会。若县政府分管领导不能参加会议，一般不研究其分管领域的议题。（3）县长办公会议的议题范围包括县长认为有必要主持研究布置的重要工作事项，涉及两个以上副县长分管工作范围且因情况复杂、需由县长主持研究决定的事项，分管副县长认为在其职权范围内难以决定、需提请县长研究决定的事项。拟提请县长办公会议研究的议题，需报县长审批确定，也可由县长口头指示确定。（4）县政府专项问题会议的议题范围包括副县长分管范围内的工作事项，副县长认为需要召集有关部门协调解决的事项，副县长根据上级会议、文件和县政府全体会议、常务会议、县长办公会议、县长工作例会精神在分管范围内研究布置的工作事项，副县长、县长助理、县政府办公室主任根据县长指示研究处理的工作事项。拟提交县政府专项问题会议研究的议题，由分管副县长、县长助理、县政府办公室主任审批确定。（5）县长工作例会的议题范围包括县政府领导传达学习上级会议文件精神，县政府领导通报沟通近期工作情况，布置有关工作,县政府领导认为有必要提交县长工作例会商议的工作事项。①

由此可见,县政府最重要的决策机制是常务会议,其他会议要么是程序性仪式化的,要么是应对狭小、机动或常规事务的。就常务会议来看,其动议机制跟县委常委会的雷同,是同一个模式:县长可以直接提出议题,政府办负责搜集整理来自各方面的各种议题,甚至可以提出议题处理的参考意见,但只有县长能决定是否列入议程。因此也可以说,县长在县政府的动议过程发挥着最重要的作用。

这就是中国各县域治理体系动议过程的主要情况,体制内动议和由领导个人集中的特征比较突出。应当说,县域治理体系直接与民众接触,所处理的几乎都是最贴近民众生活的公共事务,因此广大县域民众应当有广泛而便捷的动议渠道,可以直接向县域治理体系输送议题。但事实通常不是如此。一般来说,除非是制造了重大的群体性事件,否则普通民众的诉求和提议很难上达县一级,到达乡镇一级也很少,大多局限于村社层面。我们对S省P县普通民众进行的问卷调查显示(见附录A),在1077名受访者中,仅有3%的人想过且提出过本县需要办的大事,有41.8%的人想过但不知道怎么提,有55.2%的人根本没有想过。这就是说,近一半的普通民众有动议的意愿,但这些人中90%以上不知道怎么提出议题,也没有提出过议题。这说明中国县域治理体系比较缺乏普通民众动议,这也是一个显著特征。

近年来,有些地方试图打通或构建县域普通民众动议的渠道。例如,某(县级)市委书记新上任,立即推出"民生热线"工程,在电视等媒体上公布了两个热线电话,由市委办和政府办负责接线,群众可以反映各种问题和困难;并要求热线电话24小时有人接听,对于咨询求助性质的要当场答复,对于提出意见和建议的,每天由两办领导批示办理,做到件件有答复,事事有回音。借此,群众反映了如公共设施损坏、生活设施和环境、农民工讨薪、贫困生入学、教育培训等各种问题。② 还有一些地方兴起"网络问政"工程。在广东河源地区,到2009年底,"公仆信箱"从市一级一直延伸到全市所有县直部门和乡镇综治维稳中心,子信箱扩展

---

① 来自相关县政府门户网站公开的文件:《J县人民政府全体会议、常务会议、县长办公会议、专项问题会议、县长工作例会制度(暂行)》(2017年)。

② 樊红敏:《转型中的县域治理:结构、行为与变革》,中国社会科学出版社2013年版,第36—37页。

到 1020 个，同时链接"广东网上信访网"。"公仆信箱"市、县区、乡镇三级共享，形成办理、查询、回复、督办、统计、考核"六位一体"的统一管理平台。2010 年以来，《河源日报》又开设了"公仆在线"，以"点评网友来信""网友留言板""网友报评"等报网融合的形式，关注民生，传递民意。此外，还开通了公仆信箱跟帖系统"公民广场"，将群众反映的热点难点问题开放给所有网民讨论，以及开通了公仆信箱手机版、短信信访系统等。① 珠海市香洲区在 2009 年因为城中村拆迁事件而开设了"珠海市香洲区网络问政平台"，其中包含区领导信箱和职能部门信箱，网民可以向区领导和各单位直接提交咨询、投诉、意见和建议。该区要求区领导、各职能部门和镇街都要通过平台直接受理网民的投诉和建议，一对一听取群众意见，点对点解决群众问题。为此又设立网络问政处理中心，全区各单位共 108 余人，组成网络发言人团队，在规定时限内完成办复工作（直接办理的事项 5 个工作日，复杂事项 15 个工作日）。香洲网络问政平台开通以来，两年内共受理网民来信 4218 件，其中书记信箱 603 件，区长信箱 216 件，按时办理率 99.6%。② 这些试图增进县域民众参与动议的举措虽然值得肯定，但是一方面，这并不是普遍现象，而是个别现象；另一方面，这些举措难免含有作秀成分，华而不实，更关键的是，这些举措大多不能坚持下去，不是制度化的民众动议渠道，往往随着主政者调离而偃旗息鼓。所以总的来说，中国县域治理体系缺乏县域民众动议，这一普遍的情况并没有得到有效改变。

按照这样的动议机制，最后列入议程的议题几乎都来自于体制内途径，是在各常委分管部门和联系单位汇报工作和提供信息的基础上形成的。其内容主要是两个方面：一是上级交派的任务，也就是落实上级的决定；一是本县党政领导提出的事项。例如，在 S 省 Y 县，县委常委会议事决策事项包括：（1）组织传达学习中央、省委、市委重要会议、重要文件和中央、省、市委领导同志重要指示批示精神，研究本县贯彻落实意见。（2）研究决定召开县委全会、县委其他重要会议及有关事项。对拟提请县委全会讨论和决定的事项先行审议，提出意见。审议县委重要文件和常委会委员代表县委所作的重要工作报告、讲话，审定以县委名义上报市

---

① 南方日报社编著：《治理创新：广东的实践与探索》，南方日报出版社 2012 年版，第 94—95 页。

② 同上书，第 110—111 页。

委的重要请示、报告。(3)对全县经济建设、政治建设、文化建设、社会建设、生态文明建设和党的建设等方面工作中的重要问题作出决定。定期研究党建工作,每年至少向县委全会和市委专题报告一次抓党建工作情况。(4)每年听取县人大常委会党组、县政府党组、县政协党组、县人民法院党组、县人民检察院党组工作汇报,听取乡(镇)党委书记抓党建工作述职。(5)对县人大常委会党组、县政府党组、县政协党组、县人武部党委、县纪委、县人民法院党组、县人民检察院党组和乡(镇)党委、县委各部委、县级部门党组(党委)、人民团体党组请示的重大问题作出决定。(6)对重大突发事件和紧急情况,及时研究对策,作出处理决定,并向市委报告。(7)按照干部管理权限和规定程序,研究决定干部推荐、提名、任免、奖惩和纪律处分等有关事项。(8)对应当由常委会决定的其他重要事项作出决定。(9)常委会委员按照分工可以决定的事项、下一级党委(党组)能够自行决定的事项,不列入常委会议事决策范围。① 在H省H县,县委常委会讨论决策的事项包括:(1)贯彻实施党中央、省委、市委决策部署和县委全会决议、决定,检查贯彻落实情况。(2)审议以县委名义上报市委的重要请示、报告和以县委名义下发的党内规范性文件,讨论和决定下级党组织请示报告的重要事项。(3)讨论召开县党代表大会、县党代表会议有关事项,讨论和决定召开县委全会以及其他重要会议有关事项,对拟提交县委全会讨论和决定的事项先行审议、提出意见。(4)对全县经济社会发展和宣传思想文化工作、组织工作、纪律检查工作、群众工作、统一战线工作、政法工作等方面经常性工作中的重要问题作出决定。(5)研究讨论本县行政区划调整以及有关党政群机构设立、变更和撤销有关事项。(6)听取县委常委通报情况和有关专项工作。(7)按照有关规定推荐、提名、任免干部,教育、管理和监督干部,研究决定党员干部纪律处分有关事项。(8)听取县纪委、县人大常委会党组、县政府党组、县政协党组、县人民法院党组、县人民检察院党组工作汇报,支持和保证各国家机关依法履行职责,协调一致开展工作。(9)对应当由县委常委会决定的其他重要事项作出决定。②

---

① 来自相关县政府门户网站公开的文件:《中共Y县委常委会议事决策规则》(2017年)。
② 来自相关县政府门户网站公开的文件:《中共H县委常委会工作规则》(2018年)。

二 决策过程

在中国的县域治理体系中,县委常委会会议是最重要的决策机制,其次是县政府的常务会议、县长办公会议和专项问题会议。这里重点来看县委常委会会议。

按照中央要求,现在各县常委会的决策过程已经比较规范。在 G 省 Z 县,按规定,县委常委会会议一般每月召开 2—3 次,遇有重要情况可随时召开。会议由县委书记召集并主持,县委书记不能参加会议时可委托副书记召集并主持。会议的出席人员为县委常委,列席人员包括县人大常委会主任、县政协主席、县委办公室主任,也可根据工作需要确定有关方面党组织的负责人列席。会议必须有半数以上的常委到会方能举行,讨论干部问题时必须有 2/3 以上的常委到会方能举行。提交会议讨论决定的事项,由相关部门进行汇报,分管常委负责介绍情况、作出说明,各常委充分讨论、发表意见。根据讨论事项的不同内容,分别采取口头、举手或投票方式进行表决。决定多个事项时,应逐项表决。表决按照少数服从多数的原则,当场宣布表决结果。对于意见分歧较大的议题,除紧急事项外,应当暂缓作出决定。[①]

S 省 J 县规定,(1)不再设立书记办公会,对一些不必要或尚不宜提交县委常委会的专门事项,可通过书记碰头会或个别酝酿方式交换意见,但不能代替常委会形成决议、决定。(2)县委常委会由书记或委托主持工作的副书记主持,一般每两个星期召开一次,遇有重要情况可随时召开。(3)常委会出席人员为县委常委,列席人员包括县人大常委会党组书记、县政协党组书记、不是县委常委的统战部长。根据工作需要和会议内容,县有关领导和县直有关部门党组(党委)主要负责同志可列席会议。列席人员可以在会上发表意见,但没有表决权。常委因特殊情况不能到会,应向会议主持人请假,可以对会议议题以书面形式提出意见和建议。县委常委会必须有半数以上应到常委到会方能举行,讨论干部问题时必须有 2/3 以上应到常委到会方能举行。(4)在讨论时,常委要紧紧围绕议题中心,畅所欲言,充分发表意见,既要关心自己分管的工作,也要对全局性或其他工作主动提出意见和建议,同时还要注意征求列席人员的意见和建

---

① 来自相关县政府门户网站公开的文件:《中共 Z 县委常委会议事决策规则》(2011 年)。

议。凡属重大原则问题，赞成什么，反对什么，每个常委都应有鲜明的态度。（5）讨论结束后，由会议主持人集中讨论意见，提出决定方案或意见。讨论决定问题，必须执行少数服从多数的原则。对少数人的不同意见，要认真考虑。各种意见和主要理由要如实记录。讨论干部任免事项，还要如实记录推荐、考察、酝酿、讨论决定的情况。决定重要问题要进行表决，以赞成者超过应到会常委的半数为通过，未到会常委的书面意见不能计入票数。表决可以采取口头、举手、无记名投票或记名投票方式。会议决定多个事项时应逐项表决，表决结果和表决方式应当记录在案。常委对常委会议所作决定或决议如有不同意见可以保留，或向上一级党组织反映，但在本级或上级党组织未作出改变之前，必须无条件执行。对重要问题意见不一致，双方人数接近，除在紧急情况下必须按多数意见执行外，应当暂缓作出决定，进一步调查研究，交换意见，下次再表决；在特殊情况下也可将争论情况向市委报告，请示裁决。（6）县委常委会讨论议题时，如涉及与会人员或其直系亲属需要回避的，应按规定回避。会议内容除决定可以传达或公开发表的外，与会人员要自觉遵守组织纪律、保密纪律和干部人事纪律，严格保密，坚决杜绝失泄密问题。①

S省Y县规定，（1）县委常委会一般每月召开两次会议，根据工作需要可随时召开。由县委书记召集并主持，书记不能参加会议的，可以委托副书记召集并主持。会议应当有半数以上常委到会方可召开。讨论和决定干部任免事项必须有2/3以上常委到会。常委因故不能参加会议的，应在会前请假，其意见可以用书面形式表达。县人大常委会党组书记、县政协党组书记、县委统战部部长、县委办公室主任、县委政策研究室主任、县目标督查办公室主任列席常委会会议。列席有关议题的人员由县委办根据工作需要提出建议，经县委副书记审核确定。相关列席人员对与其有关的议题进行汇报和答询，该议题讨论研究完毕即退席。（2）会议讨论决定事项，一般应遵循以下程序：由议题提出人简要汇报文件、材料的要点及需要讨论决定的事项、对所提问题解决办法的建议；各常委就议题发表意见；县委书记归纳讨论情况，提出初步意见；到会常委进行表决，县委书记宣布表决结果。（3）根据会议讨论和决定事项的不同，表决可以采取口头、举手、无记名投票或者记名投票等方式进行。干部事项实行票决制。

---

① 来自相关县政府门户网站公开的文件：《中共J县委常委会议事规则》（2011年）。

决定多个事项时应逐项表决，赞成票超过应到会常委半数为通过，未到会常委的意见不得计入票数。对重要问题如有不同意见，双方人数接近，除紧急情况下必须按多数意见执行外，应暂缓作出决定，进一步调查研究、交换意见，下次再表决。常委会会议讨论决定特别重大问题，如有常委因故缺席，根据工作需要，会后应及时向其通报情况。(4)常委会应认真执行党务公开有关规定，经县委副书记审核报县委书记同意，部分议题可通知县级新闻媒体派专人听会。会议新闻稿由县委办公室指定专人审定，重要稿件由会议主持人指定专人审定。县委规范性文件议题，由承办单位会同县委办公室或者县政府办公室按文件公开的程序和时限办理。干部任免和违纪处分议题，由县委组织部、县纪委机关及相关部门按干部工作公开的程序和规定办理。常委会委员和列席会议人员应严格遵守保密纪律，对常委会会议讨论的具体情况和决定事项未经批准公开前，不得对外泄露。(5)遇重大突发事件、抢险救灾等紧急情况，不能及时召开常委会会议决策的，县委书记、副书记或者其他常委可以临机处置，事后及时向常委会报告。①

H省H县规定，(1)县委常委会会议的出席人员为县委书记、副书记和其他县委常委。县人大常委会主任、县政协主席列席会议。其他列席和听会人员，根据各项议题的需要，由县委办主任提出，报会议召集人确定。列席人员要从严控制，坚决防止和杜绝陪会现象。县委应当有计划地邀请部分县党代表大会代表列席县委常委会会议。邀请的党代表人员范围，应当根据会议议题和实际需要，由县委办公室会同县委组织部协商提出建议，报会议召集人确定。(2)常委会审议事项时，一般先由相关单位主要负责同志作简要汇报，再由分管县领导作说明，然后各位常委发表意见，最后由会议召集人总结形成县委常委会意见。(3)县委常委会实行县委书记末位表态的民主表决制度，在充分讨论的基础上，按照少数服从多数的原则进行表决，以赞成人（票）数超过应到会常委人数的半数为通过（未到会常委的书面意见不计入票数）。表决可根据讨论事项的不同内容，采取口头、举手、无记名投票或者记名投票等方式进行。会议讨论和决定多个事项时，应当逐项表决。讨论干部任免事项时，应当逐个表决，每位常委都要逐一发表同意、不同意或者

---

① 来自相关县政府门户网站公开的文件：《中共Y县委常委会议事决策规则》（2017年）。

缓议等明确意见。对于意见分歧较大的议题，除紧急事项外，应当暂缓作出决定，待进一步调查研究、交换意见后再提交县委常委会会议讨论表决。(4)会议讨论的有关事项，如涉及县委常委或列席会议人员需要回避的，有关与会人员应当主动申请回避。讨论案件查办、干部任免事项涉及县委常委或者列席人员本人及其亲属的，分别由县纪委、县委组织部事先告知县委办公室通知该县委常委或者列席人员回避。(5)遇到重大突发事件、抢险救灾等紧急情况，不能及时召开县委常委会会议决策的，县委书记、副书记或其他县委常委可以临机处置，事后应当及时向县委常委会报告或边处置边报告。①

除了县委常委会会议外，有的地方还设有书记专题会议和县委常委议事协调会议，以应对一些临时机动的、预备性的或执行性的决策事务，特别是前者，虽规定不能取代县委常委会决策，但在实践中对县委常委会决策有很大的影响作用。其中书记专题会议由县委书记召集并主持，副书记和其他有关县委常委参加。涉及干部任免事项、巡察工作、重大案件等方面的议题，参会人员为县委书记、县委副书记、县纪委书记、县委组织部部长，其他参会人员则由县委书记根据需要确定；涉及其他方面的议题，参会人员由县委书记根据会议议题内容确定。书记专题会议主要研究酝酿拟提交县委常委会会议讨论决定的重大问题，研究酝酿需要提交县委常委会会议审议的干部推荐、提名、任免和奖惩；听取县纪委对重大敏感案件处理意见的汇报，听取巡察工作情况汇报，听取党建工作重大问题专题汇报，听取其他专项工作汇报；对县委常委会会议决定重要事项的组织实施进行协调沟通，交流日常工作中的重要情况，商议和统筹安排一个阶段内的重点工作和重要活动；对重大突发事件和紧急情况，来不及召开县委常委会会议的，可以召开书记专题会议临机处置，事后应当及时向县委常委会报告情况。书记专题会议有关材料由相关部门准备和提供，由县委办公室安排专人负责记录。涉及干部任免事项、巡察工作、重大案件的，采用双记录制度，除县委办公室明确专人记录外，相关部门也应当明确一名工作人员负责记录并做好相关后续工作。书记专题会议以沟通情况、酝酿协商为主，不得代替县委常委会会议作出决策。书记专题会议酝酿讨论的事项，一般不制发会议纪要，确需制发的，由负责记录的同志起草，按程序

---

① 来自相关县政府门户网站公开的文件：《中共H县委常委会工作规则》(2018年)。

报县委书记审签。至于县委常委议事协调会议，是县委常委根据工作需要，在其职责范围内主持召开的议事协调会议，研究解决有关问题，但不得超越权限作出决策。县委常委议事协调会议，由参加会议的县委常委协商后确定时间、议题、参会人员并召集。县委常委议事协调会议的主要议事范围包括：县委常委会会议议定由县委常委负责的具体事项，县委常委召开会议就有关工作进行协调；县委主要领导交办或者委托县委常委召开会议就有关工作进行协调；属于县委常委职责范围内的有关工作。县委常委议事协调会议有关材料由相关部门准备和提供，会议应当由相关部门组织专人负责记录，会议议定事项应当及时编发会议纪要。[①]

从这些情况来看，县委常委会的决策机制大体是：在满足参加与列席人员和人数的规定基础上，由县委书记主持常委会会议。首先由相关议题的分管常委或者有关人员介绍汇报议题情况，然后各参会常委发表意见，进行讨论，最后由县委书记进行总结，概括讨论结果，或者提出常委会决定意见，或者提出表决意见，由全体参会常委进行表决，并按有关规定发布决策结果。

在县委常委会决策的过程中，虽然明文规定是"集体领导、民主集中、个别酝酿、会议决定"，但是各常委在其中发挥的实际作用并不均衡，而取决于博弈。总的来说，县委书记被称为一把手，在其中最具优势，具有非常大的发言权，有时候甚至可以做到一人拍板。因为县委书记不仅控制着议题是否列入议程，还作为常委会的召集人和主持人控制着决策进程。在议程重要性的排序上，书记的意见最重要，各常委分口负责的事务都要围绕一把手的思路转。一县的所谓"中心工作"往往就是这样决定下来的。重点工程通常也是书记拍板。特别是人事任免，书记的权力最大，即便是副县级干部的提拔，县委书记也有很大的发言权，因为如果是本地提拔，书记有完全的决定权（上级打招呼除外），在换届选举时则书记的推荐意见非常重要。常委会决策主要是看书记和县长的意见，其他常委附议。书记和县长的意见也可能有所抵牾，但一般也不会公开化，而是隐匿在具体的执行过程中。[②]

[①] 来自相关县政府门户网站公开的文件：《中共 H 县委常委会工作规则》（2018 年）。
[②] 樊红敏：《转型中的县域治理：结构、行为与变革》，中国社会科学出版社 2013 年版，第 27—29 页。

三 执行过程

对于县级决策,特别是县委常委会的决策,所有县乡国家机关和县域社会组织特别是官办型社会组织,都是其执行机构。当然这种执行是分层次的,大体上按照从分管常委、分管部门、乡镇街党政机关到村社党组织和其他组织这样的顺序开展。

例如,G省Z县规定,县委常委会决定的事项,由县委办公室负责整理,以会议纪要形式予以印发。县委常委会决定的事项,县委书记要对其组织实施工作负总责,并由各常委按照分工分别组织实施并对其负责。对于常委会形成的决议,常委个人无权改变,少数人有不同意见允许保留,但必须无条件服从,并在行动上积极执行。县委常委会决定的事项在执行过程中,根据实际情况需要调整或更改时,应提交会议复议,落实结果要向会议报告。县委副书记、各常委要向县委常委会及时报告重大决策事项和分管工作的落实情况。县委办公室负责县委常委会议定事项落实情况的汇总,并及时向县委报告,向下通报落实情况。①

S省J县规定,县委常委会决定或决议的事项,由县委常委按照集体领导、分工负责的原则执行落实,县委可设书记碰头会、县委专题会等形式推动常委会精神的落实。县委常委要认真遵守、执行集体的决定,按照集体的决定和分工履行各自职责。如在工作中发现新情况或有不同意见,应及时报告书记,在没有重新作出决定前无权改变常委会的集体决定。对县委常委会作出的决策,实行目标责任分解制度,量化为可执行、可操作、可监控的目标责任体系,明确目标任务、工作内容、完成时限、执行单位和责任人。县委常委按照各自分工负责督促落实,并研究解决执行中出现的问题。对涉及部门多、工作难度大的问题,由县委常委牵头组织有关部门负责人进行现场办公。县委办公室和县委县政府督查局负责根据会议决定或决议向承办单位发送"常委会议决定事项通知",承办单位要在规定的时间内提出贯彻落实意见,并及时报告贯彻执行情况。县委办公室和县委县政府督查局要及时催办督办县委常委会决定事项的贯彻落实情况,对落实情况及存在问题要进行汇总并报告县委。②

S省Y县规定,县委常委会会议由县委办记录并起草形成会议纪要,

---

① 来自相关县政府门户网站公开的文件:《中共Z县委常委会议事决策规则》(2011年)。
② 来自相关县政府门户网站公开的文件:《中共J县委常委会议事规则》(2011年)。

经县委副书记审核报县委书记审定后印发县委委员、候补委员、县人大常委会党组、县政协党组、县纪委，并根据相关内容印发有关乡（镇）党委和有关部门（单位）党组（党委）。常委会对讨论和研究事项作出决定后，按照分工负责的原则，由分管常委负责在规定时间内贯彻落实和组织实施，落实情况及时向县委书记汇报，重大事项应当向常委会汇报。决策执行过程中需作重大调整或者变更的，应当由常委会决定。常委会作出的决定，常委个人必须坚决执行，有不同意见可以保留，也可以通过正常渠道向组织报告，但不得公开发表同决定相反的意见。常委会议定的事项由县目标督查办（县委办）负责督办落实，每季度形成《督查通报》向县委书记和常委会报告。①

H省H县规定，县委常委会决定事项应当及时编发会议纪要，由县委办秘书科负责拟稿，并按照程序报批，由会议召集人签发或者授权县委办主任签发。县委常委会作出的决策，县委常委要带头贯彻执行，按照分工负责组织实施，重要进展情况、工作中的重大问题应当及时向县委常委会和县委书记报告。有关乡镇和承办部门应当按照县委常委会决定和时限要求，认真抓好落实，并及时向县委作出书面汇报。县委常委会作出的决策在执行或者推进过程中需作重大调整的，应当按照谁决策、谁调整的原则，通过召开县委常委会会议决定。由县委办公室负责对县委常委会议定事项进行督促落实，并及时将督办情况汇总报县委书记。建立县委常委会议定事项落实责任制，将县委常委会议定事项的落实纳入绩效考核重要内容。②

县域治理体系中的这种执行机制，概括起来大体是：对于县委常委会作出的决定，各分管常委负责执行，组织分管联系部门单位进行实施。而县委书记在县委办的协助下负责督促实施，总体上对县委常委会负责。为了推动执行和保证执行效果，各县域普遍采取目标考核管理方式，也就是把县委常委会作出的决定分解成具体的目标任务并落实到具体的部门单位和人头上，制定详细的要求，以此为据进行督促考核。

除此之外，各县域还有一种原本属于专项和临时性质的执行机制，由于越来越常见，事实上也变成了一种常规模式，这就是为开展各种活动而构建的领导小组机制。这样的执行机制有着各种各样的名称，如领导小

---

① 来自相关县政府门户网站公开的文件：《中共Y县委常委会议事决策规则》（2017年）。
② 来自相关县政府门户网站公开的文件：《中共H县委常委会工作规则》（2018年）。

组、协调小组、委员会、指挥部、办公室等,最近几十年层出不穷,几乎成了基本的执行机制。例如,某(县级)市成立"清洁家园、美化乡村"百日行动领导小组,由市委书记和市长任组长,市人大常委会主任、政协主席、纪委书记、组织部长任常务副组长,其他市委常委、人大常委会副主任、政协副主席、政府副市长、市长助理任副组长,各乡镇和政府部门一把手为成员。该领导小组发动机关干部、企事业单位职工、农民群众和学校学生,共同开展全市大清洁活动,一年之内就有11次之多,几乎每个月一次。① G省F县为开展群众路线教育活动,成立了"四直为民"创建工作领导小组,并要求各乡镇、县直部门也成立相应机构。县领导小组由县委书记任组长,常务副组长由县长(兼县委副书记)担任,副组长包括县人大常委会主任、县政协主席、两名县委副书记(一名兼县人民政府党组副书记)、政法委书记(常委)、副县长(常委)、组织部长(常委)、宣传部长(常委)、纪委书记(常委)和四名副县长,成员有县委办主任、县人大办主任、县政府办主任、县政协秘书长、县纪委副书记(兼监察局局长)、县委办副主任(党史办主任)、县政府办副主任、三名县委组织部副部长(一名兼人力资源和社会保障局局长)、三名县委宣传部副部长(一名兼县外宣中心主任,一名兼县文体旅游局局长)、县委政法委副书记、县委群众工作委员会专职副书记、县督察局局长、县小康办主任、县政务中心主任、县发展改革局局长、县财政局局长、县公安局局长、县教育科技局局长、县民政局局长、县水务局局长、县交通运输局局长、县农牧局局长、县住房城乡建设局局长、县卫生食药局局长、县人口计生局局长、县供电局局长、县邮政局局长、县电信公司经理、县移动公司经理、县联通公司经理、县网络公司经理、各乡镇党委书记。领导小组设办公室于县群工办,由县委专职副书记兼任办公室主任,其他兼任办公室副主任六名,一人牵头具体负责办公室日常事务,并抽调专人常驻办公。② 从领导小组这种执行机制来看,不管是上级下派的,还是本县常委会或政府作出的决定,总之目标任务早已定好,成立领导小组只是用来执行这些目标任务和决定的。这种执行机制大体是:成立领导层,全面负

---

① 樊红敏:《转型中的县域治理:结构、行为与变革》,中国社会科学出版社2013年版,第52—58页。

② 调查获赠材料:《中共F县委、F县人民政府关于开展"四直为民"创建工作推进党的群众路线教育实践活动的实施意见(试行)》(2014年)。

责执行事务，并在办公室的协助下负责协调控制，实际上其主要功能就是协调控制；其他领导小组的组成人员和单位则按分工具体负责执行各方面的任务。

总的来看，目前中国县域治理体系主要还是依赖县属党政机关、乡镇党政机关和基层社会组织（特别是群众自治组织、官办型社会组织和公有制企业）来执行。这些执行性质的机关单位组织就是通常所说的"脚"。不过比较而言，乡镇党政机关和基层社会组织更像是"脚"，因为它们更加接近民众及其生活，更经常与民众打交道。事实上，如果县属党政机关在乡镇没有派驻机构的话，是很难完成任务的，而只能仰仗乡镇和村社来执行任务。结果是，现实中除了一些专业性很强的任务，大多数任务都是靠乡镇和村社来完成的。

第五章 中国县域治理的结果评估

本章将通过考察和评估中国县域治理的结果，来回答中国县域治理要不要改进的问题。但是，全中国总共有近3000个县市区，如此庞大的信息恐怕没人能完全掌握，所有的观察和评估都只能是以点带面。因此，我们这里对中国县域治理结果的考察必然是粗略的、局部的和暂时的，只求能够起到揭示状况和说明问题的作用。首先我们将考察县域治理到底产生了什么结果，然后才是进行总体评估，并在此基础上得出结论。我们已经指出根据公共治理的基本目标任务来观察其结果的缘由和合理性，所以本章将从三个方面来考察中国县域治理的结果：县域公共福利的供给与获得、公共危害的消除与预防以及社会公正的实现情况。

第一节 县域公共福利的供给与获得

我们已经知道，虽然从理论上说，公共福利意味着对公众普遍有利，这很容易理解，但在实践中其范围却很不容易界定，基本来说，这是一个情境化的问题。就中国县域治理来说，我们认为从三个方面来考察其提供公共福利、造福于民的情况最为妥宜，即县域经济发展和民众收入的情况、县域公共产品和服务的供给和民众享受的情况以及县域良好制度的供给和民众受益的情况。在这里，我们不但要看县域治理体系供给了什么，还要看县域民众实际获得了什么，如此才能有效考察造福于民的情况。

一 县域经济发展与民众收入状况

经济发展或者说经济增长之所以会成为一种公共福利，在于它能带来民众收入的普遍提高和生活质量的普遍改善。不过由于缺乏具体针对中国县域经济发展和民众收入状况的总体数据，这里我们只能变通采用一些全国性的宏观统计数据,结合一些县域个案,以此来间接地和粗略地反映中国县域的有关情况。

我们知道,"文革"结束时,整个中国经济状况十分糟糕,广大民众生活十分困苦,甚至连温饱问题也没有解决,像安徽凤阳县农民每到冬季便外出逃荒乞讨,因此,发展经济势在必行且任务艰巨。党在十一届三中全会上果断停止阶级斗争纲领,决定以经济建设为中心,顺应时势,十分明智。此后全国各地普遍都以发展经济为中心工作。

就全国而言,外商直接投资、国家固定资产投资和民间投资是三个主要的资本来源,也是经济发展的主要途径。2017年中国实际使用外商直接投资1310亿美元,比1984年增长91.3倍,年均增长14.7%。1979—2017年,中国累计吸引外商直接投资达18966亿美元,是吸引外商直接投资最多的发展中国家。过去制造业一直是中国吸收外商投资的主要领域,近年来服务业逐渐成为新热点,2017年服务业吸收外资占比提高至72.8%。[①] 1978年以来,中国固定资产投资涵盖交通运输、水利、生态、公共设施、信息基础产业等基础设施,教育、医疗卫生等民生领域,旅游、文化等消费升级领域,住房保障工程以及工业生产等领域,是拉动经济增长的重要力量。1981—2017年全社会投资累计完成490万亿元,年均增长20.2%。2017年,全国固定资产投资中施工项目建设规模达132万亿元,而1980年仅为4822亿元;2017年施工项目89万个,投产项目62万个,均为改革开放后历史最高水平。改革开放初期投资所有制结构比较单一,1980年以国有经济和集体经济为代表的公有制经济投资占全部投资的比重高达86.9%,其他所有制经济占比不足15%。目前已形成国有、集体、股份制、私营、外资等多种所有制投资形式。2017年,国有经济和集体经济投资占29.6%,股份制经济投资占28.9%,私营个体经济投资占33.8%,外商及港澳台商投资占比为3.9%。2004年民间投资比重为41.7%,截至2012年该比重已达62.4%,成为拉动投资增长的重要力量。2013—2017年全国民间投资累计完成175万亿元,年均增长13.7%,增速比全社会投资高0.4个百分点,这一期间民间投资占全部投资的平均比重为63.2%。作为拉动经济增长的三驾马车,投资始终是中

---

① 国家统计局综合司:《波澜壮阔四十载、民族复兴展新篇:改革开放40年经济社会发展成就系列报告之一》,见"国家统计局"官网(http://www.stats.gov.cn/ztjc/ztfx/ggkf40n/201808/t20180827_ 1619235.html)。

国经济发展的重要动力之一。投资对经济增长保持了较高的贡献率，2017年，全国资本对经济增长的贡献率为 32.1%，拉动经济增长 2.2 个百分点。①

经过 40 年的经济发展，中国国民经济大踏步前进、经济总量连上新台阶，成功地从低收入国家迈入中等偏上收入国家行列。1978 年中国国内生产总值只有 3679 亿元，之后连续跨越，1986 年上升到 1 万亿元；2000 年突破 10 万亿元大关；2006 年超过 20 万亿元；2017 年首次站上 80 万亿元的历史新台阶，折合 1.2 万亿美元。2017 年，中国国内生产总值按不变价计算比 1978 年增长 33.5 倍，年均增长 9.5%，平均每 8 年翻一番。人均国内生产总值也不断提高，成功由低收入国家跨入中等偏上收入国家行列。2017 年，中国人均国内生产总值 59660 元，扣除价格因素，比 1978 年增长 22.8 倍，年均实际增长 8.5%。人均国民总收入（GNI）由 1978 年的 200 美元提高到 2016 年的 8250 美元，超过中等偏上收入国家平均水平。1978 年全国居民人均可支配收入仅 171 元，2009 年突破万元大关，达到 10977 元，2014 年突破 2 万元大关，达到 20167 元。2017 年全国居民人均可支配收入达到 25974 元，扣除价格因素，比 1978 年实际增长 22.8 倍，年均增长 8.5%。居民财产性收入由无到有、由少变多，2017 年全国居民人均财产净收入占全部可支配收入的比重达到 8.1%。2017 年，全国居民人均消费支出 18322 元，扣除价格因素，比 1978 年实际增长 18.0 倍，年均增长 7.8%，消费层次由温饱型向全面小康型转变。②

就县域而言，改革开放 40 年来，全国各县域经济发展情况参差不齐，不过总体来说，县域经济总量有大幅提升，人均收入普遍有所提高，广大县域民众普遍有所受益，这是事实。但县域民众人均收入普遍提高似乎也不能完全归因于县域本地经济发展，比较稳妥的说法是县域本地经济发展对此发挥了一定的作用，至于其程度，显然是因地而异的。如果说沿海地区县域本地经济发展是县域民众收入水平提高的主因，那么在中西部地区

---

① 国家统计局固定资产投资统计司：《固定资产投资快速增长、经济社会发展基础加强：改革开放 40 年经济社会发展成就系列报告之八》，见"国家统计局"官网（http://www.stats.gov.cn/ztjc/ztfx/ggkf40n/201809/t20180906_1621360.html）。

② 国家统计局综合司：《波澜壮阔四十载、民族复兴展新篇：改革开放 40 年经济社会发展成就系列报告之一》，见"国家统计局"官网（http://www.stats.gov.cn/ztjc/ztfx/ggkf40n/201808/t20180827_1619235.html）。

的广大县域，民众收入提高和生活改善主要是靠劳务输出，县域本地经济发展的作用并不大，只是近十余年来，随着东部地区产业和资金向内地转移以及国家向中西部地区倾斜，内地县域经济发展才有了比较明显的提升。总的来看，全国各县域发展经济的方式既有共同点，如招商引资（内资外资），也有差异，如有的县域更多依赖于政府直接投资（包括财政投入和银行借贷）搞建设、发展产业甚至经营企业，有的县域更多依赖于民营经济的发展，有的依赖于本地人文自然资源的开发，有的则借助交通区位等优势发力。可以讲，各地县域主政者为了发展本地经济费尽了心思，八仙过海，各显神通。在 S 省 H 县，近年来就推出了镀锌输电材料生产、镍铁合金生产、石膏地砖生产、铝镁合金型材生产、钠硫电池、食品磷酸盐、精细磷化工、工业硅、铅合金板生产加工、锰硅钢、纳米氧化锌、磷石膏建材生产、镁合金汽车零部件、新型墙体和屋面材料加工、工业废渣处理、大蒜素系列制品生产、核桃系列食品生产加工、马铃薯淀粉深加工、花椒保鲜生产、油用牡丹种植、林麝养殖突破性创新项目、溶洞旅游开发、大峡谷国家地质公园开发、水上游乐开发、景区旅游开发、古城文化旅游区开发、康体养身旅游开发、生态公园旅游开发、漂流、养老地产开发、花海果乡景区乡村度假酒店、电子商贸园区（物联网应用平台）、光彩福利院公建民营项目等 30 多个招商引资项目。① 但该县经济发展的亮点在于花椒、苹果、梨子、车厘子、李子、核桃等特色农产品的规模化种植，由县政府扶植引导牵线，2011 年以来出台《特色农业产业发展扶持办法》，每年设立农业产业发展基金 5000 万元。特色种植以农户经营为主，以农协、合作社等专业组织为纽带，全县共成立了 200 多个合作组织。专业种植还带动了花季赏花、果季采摘等旅游业以及餐饮、住宿等行业的发展。现在全县已形成多个专业化生产片区，片区农户年均收入在 20 万以上。②

如果把解决县域民众衣食住行等基本生活需要，设定为县域经济发展和民众收入的最低标准，据此来考察县域经济发展任务完成情况的话，那么可以说这项任务在总体上已经完成了，但离更高的收入和生活水平还有相当大的差距。按照国家统计局的说法，1978—1991 年人民生活稳步解决温饱；1992—2000 年人民生活实现总体小康；2001—2017 年人民生活

---

① 调研获赠资料：《H 县招商引资手册》（2016 年）。
② 来自对 X 副县长的访谈材料（2016 年 7 月 27 日），以及实地考察走访的所见所得。

迈向全面小康。① 同时我们也要看到，中国各地县域差别太大，甚至一县之内的差别也很大，经济总量或者平均数的提升，并不意味着所有县域民众同步和同水平地提高了收入、改善了生活。事实是，在许多县域，特别是中西部地区，不论城乡都还存在大量的低收入和贫困人口。国家统计局发布的统计公报显示，2016年末全国共有1479.9万人享受城市居民最低生活保障，4576.5万人享受农村居民最低生活保障，496.9万人享受农村特困人员救助供养，国家抚恤、补助各类优抚对象877.2万人。按照每人每年2300元（2010年不变价）的农村贫困标准计算，2016年农村贫困人口总计达4335万人。② 就具体县域来说，例如，S省H县作为西部山区县，2016年总人口30余万，210个行政村，而贫困人口就有6万多，占比20%，贫困村63个，占比30%。③

二 县域公共产品供给与民众享受状况

这里所说的公共产品（共用品）包括公共生活资源、设施和环境以及教育、医疗、社会保障、社会安全等公共服务。按照公共产品理论，公共产品的本质特征是共用，即非排他性使用，如果排他性使用则不经济，所以必须要由政府而不是市场来提供。由是观之，现在人们常常提及的公共产品，有很多其实并非真正的共用品，而且也不见得必须要由政府来提供。但现实是，许多公共产品及其提供方式已经变成约定俗成的看法，这里也就遵从这些看法来考察中国县域公共产品的供给和享受状况。

就全国来说，改革开放以来，中国在教育、卫生等民生领域投资逐年增加，始终保持较快增长。

（1）教育设施。1982—2017年教育领域投资累计完成7.4万亿元，年均增长18.8%。2017年，已建成普通高等学校2631所，比1978年增加2033所；普通本专科招生人数762万人，比1978年增长17.9倍。目前，全面改善贫困地区义务教育薄弱学校基本办学条件工作正在有序推进，全

---

① 国家统计局住户调查办公室：《居民生活水平不断提高、消费质量明显改善：改革开放40年经济社会发展成就系列报告之四》，见"国家统计局"官网（http://www.stats.gov.cn/ztjc/ztfx/ggkf40n/201808/t20180831_1620079.html）。

② 国家统计局：《中华人民共和国2016年国民经济和社会发展统计公报》，见"国家统计局"官网（http://www.stats.gov.cn/tjsj/zxfb/201702/t20170228_1467424.html）。

③ 调研获赠材料：《H县在"民族团结教育实践基地"调研工作座谈会上的发言材料》（2016年）。

国 832 个贫困县有 10.3 万所义务教育学校办学条件已达到"底线要求"，占行政区域内义务教育学校总数的 94.7%，农村学校教学条件整体改善。①

（2）医疗卫生条件。1982—2017 年医疗卫生领域投资累计完成 3.2 万亿元，年均增长 20.5%。2017 年末，全国医疗卫生机构 98.7 万个，比 1978 年增加 81.7 万个，医疗卫生机构床位 794 万张，比 1978 年增加 590 万张。2017 年末，已建成各类提供住宿的养老服务机构 2.9 万个，提供养老服务床位 714 万张。② 改革开放初期，城乡医疗条件有限，居民医疗保障缺乏，大病小治、小病不治现象较为普遍，居民医疗保健支出较少。改革开放以来，城乡医疗条件得到改善，居民医疗保障水平不断提高。随着新型农村合作医疗制度在全国的推广建立，以及近年来基本医保和大病保险保障水平的提高，居民看病就医较以前更加便利，更多得到政府补助，居民医疗保健支出明显增加。2017 年城镇居民人均医疗保健支出 1777 元，1979—2017 年年均增长 16.7%；人均医疗保健支出占比为 7.3%，比 1978 年提高 5.9 个百分点。2017 年农村居民人均医疗保健支出 1059 元，1986—2017 年年均增长 16.7%，人均医疗保健支出占比为 9.7%，比 1985 年提高 7.3 个百分点。2017 年，城镇地区 85.1%的社区有卫生站，农村地区 88.9%的自然村有卫生站，分别比 2013 年提高 5.4 和 7.3 个百分点。③

（3）就业服务。1980 年国家实施"三结合"的就业方针，以劳动服务公司为代表的就业服务机构开始出现并逐渐向乡镇延伸，到 20 世纪 80 年代末，劳动服务公司已遍布全国。90 年代劳动力市场不断发展，国家建立的就业服务机构的服务内容越来越完善，同时各类社会和个人依法成立的各类职业介绍机构也发展迅速。《就业促进法》标志着公共就业服务制度框架基本设立。2017 年底，全行业共有人力资源服务机构 3.02 万家，2017 年共为 3190 万家次用人单位提供了人力资源服务，帮助 2.03

---

① 国家统计局固定资产投资统计司：《固定资产投资快速增长、经济社会发展基础加强：改革开放 40 年经济社会发展成就系列报告之八》，见"国家统计局"官网（http://www.stats.gov.cn/ztjc/ztfx/ggkf40n/201809/t20180906_ 1621360.html）。

② 同上。

③ 国家统计局住户调查办公室：《居民生活水平不断提高、消费质量明显改善：改革开放 40 年经济社会发展成就系列报告之四》，见"国家统计局"官网（http://www.stats.gov.cn/ztjc/ztfx/ggkf40n/201808/t20180831_ 1620079.html）。

亿劳动者实现了求职择业和流动服务。①

（4）劳动和社会保障。改革开放前期，劳动力市场建设刚刚起步，农村缺少劳动保障制度，城镇职工的养老、医疗等保障均由所在单位负责，各单位保障能力不一，总体保障水平有限。但随着关于劳动者的各项保险制度逐步建立和完善，覆盖人群不断扩大，保障能力不断增强，建立了比较健全的劳动保障制度。2017年，全国参加基本养老保险人数由1989年的5710万人增加到91548万人；参加基本医疗保险人数由1993年的290万人增加到117681万人；参加失业保险人数由1992年的7443万人增加到18784万人；参加工伤保险人数由1993年的1104万人增加到22724万人；参加生育保险人数由1993年的557万人增加到19300万人。② 2007年全国1608.5万户、3566.3万人得到了农村最低生活保障，2012年全国农村低保对象为2814.9万户、5344.5万人。2017年全国农村低保年平均标准为4300.7元/人，比2012年增长1.1倍，年均增长15.8%。截至2017年底，全国农村低保对象有2249.3万户、4045.2万人。③

（5）文化设施。各级政府履行在文化领域的公共服务职能，不断加强现代公共文化服务体系建设，关注文化民生，初步建立了覆盖城乡的公共文化服务体系。改革开放以来，文化事业费逐年增加，2017年全国文化事业费已达855.8亿元，占国家财政总支出的0.4%，与1978年的4.4亿元相比增长192倍，1979—2017年年均增长14.4%。2016年，地方一般公共预算文化体育与传媒支出2915亿元，比2012年增长40.5%。"三馆一站"公共文化服务设施全部免费开放，基本实现"县有公共图书馆、文化馆，乡有综合文化站"的建设目标。制定了"读书看报、收听广播、观看电视、观赏电影、送地方戏、设施开放、文体活动"等七大基本公共文化服务项目指导标准，明确了保障底线，基本公共文化服务标准化、均等化建设得到加强。深入实施广播电视村村通、文化信息资源共享、农家书屋等重大文化惠民工程，公共文化服务能力和普惠水平不断提高，基

---

① 国家统计局人口和就业司：《就业总量持续增长、就业结构调整优化：改革开放40年经济社会发展成就系列报告之十四》，见"国家统计局"官网（http：//www.stats.gov.cn/ztjc/ztfx/ggkf40n/201809/t20180912_1622409.html）。

② 同上。

③ 国家统计局农村司：《农村改革书写辉煌历史、乡村振兴擘画宏伟蓝图：改革开放40年经济社会发展成就系列报告之二十》，见"国家统计局"官网（http：//www.stats.gov.cn/ztjc/ztfx/ggkf40n/201809/t20180918_1623595.html）。

本公共文化设施逐渐完善。2017年，全国共有群众文化机构44521个，比1978年增加37628个，增长5.5倍，1979—2017年年均增长4.9%；博物馆4721个，比1978年增加4372个，增长12.5倍，年均增长6.9%；公共图书馆3166个，比1978年增加1948个，增长1.6倍，年均增长2.5%。截至2017年底，全国广播综合人口覆盖率为98.7%，比1985年提高30.4个百分点；全国电视综合人口覆盖率99.1%，比1985年提高30.7个百分点。①

（6）生活环境。2016年全国林业投资完成额为4510亿元，其中生态建设与保护投资2110亿元，林业支撑与保障投资404亿元，林业产业发展投资1742亿元，其他林业投资254亿元。2016年城市用水普及率98.4%，提高34.5个百分点；城市燃气普及率95.8%，提高50.4个百分点；建成区绿地率为36.4%，提高12.7个百分点；城市人均公园绿地面积13.7平方米，增长2.7倍；城市集中供热面积73.9亿平方米，增长5.7倍。近年来国家推进农村环境综合治理，着力建设农村饮水安全工程，加强农村改水改厕，加大农村环境基础设施建设，农村环境质量明显改善。2016年，全国建制镇用水普及率83.9%，全国乡用水普及率71.9%，全国农村卫生厕所普及率80.3%，比2000年提高35.5个百分点。②

就县域来说，公共产品供给状况跟县域经济发展水平直接相关，所以参差不齐。这里考察三个案例。根据我们对东部Z省14个县市区进行的调查，在2007—2009年间，个别除外，这些县年度财政收入在10亿—60亿元之间，在教科文卫体环保等方面的公共支出在3亿—15亿元之间，占全县财政总支出的30%—50%。对各县民众的问卷调查（见附录B）显示，90.1%的人参加了医疗保险，82.4%的家庭参加了医疗保险，73.5%的人没有参加失业保险，61.5%的人没有参加工伤保险，53.6%的人参加了养老保险；94.5%的人表示自己生活的地区通水泥公路，66%的人表示在使用公共自来水，60%以上的家庭以看电视为主要的娱乐活动，只有

---

① 国家统计局社科文司：《文化事业建设不断加强、文化产业发展成绩显著：改革开放40年经济社会发展成就系列报告之十七》，见"国家统计局"官网（http：//www.stats.gov.cn/ztjc/ztfx/ggkf40n/201809/t20180913_1622703.html）。

② 国家统计局能源司：《环境保护事业全面推进、生态文明建设成效初显：改革开放40年经济社会发展成就系列报告之十八》，见"国家统计局"官网（http：//www.stats.gov.cn/ztjc/ztfx/ggkf40n/201809/t20180917_1623287.html）。

11%的家庭参加集体娱乐活动。

　　西部G省Q区为市辖区，2016年财政收入88亿元左右，在教科文卫体环保等方面的公共支出34亿元左右，占全区财政总支出的40%左右。其下辖的Y镇距离市区50余公里，总人口5万多，辖16个行政村（含1个社区），各村聚居程度较高，村中多为留守老弱妇孺，少数青壮年从事商贸业。我们对Y镇14个村（社区）的走访调研①显示，各村人口在1000—9000人不等，户数在300—2000之间。各村主要以粮食种植为主，一些村也种植蔬菜、油菜、烟草、茶叶、中药材、桃李水果等经济作物，开展牛羊养殖，开设煤厂、石厂、砖厂，发展旅游等，家庭年收入在2000—5000元之间。各村普遍开展了危房改造，但主要针对公路边、极贫穷以及村支书的亲戚和与其关系好的人家。各村村容建设普遍无规划，生活垃圾集中处理率在0—90%之间，普遍无清洁工，个别示范村和社区有清洁工但很少见到清扫，有的村中道路上垃圾和农家大粪随处可见，污水横流。各村道路组组通在50%—100%之间，户户通在70%—90%之间，道路硬化率为50%—100%，路灯安置率为0—100%，普遍未开通乡村公共客运。各村普遍未进行电网改造，电线到处乱拉，具有很大的安全隐患。各村普遍未通自来水，部分农户自建自来水机井。个别村正在启动"大型饮水安全项目"，有的村由国家投资100万元修建饮水基地，但是农民还没有用上水或者经常停水。有一村因一户人家的孩子是水利局领导，得以修建一个饮用水水库。各村普遍没有改厨改厕改圈，个别改建的还未验收和发放补贴。各村合作医疗参保率在90%—95%之间，平均每村有1—3家私人或公立医务室（个别村一家也没有），有2—4名医护人员，全镇唯一一个社区有两家诊所、一家医院和三四家药店。各村普遍没有小学和幼儿园，个别村设有1所小学或1所幼儿园。各村家庭网络开通率在3%—60%之间不等。各村普遍建有农家书屋，但农民极少使用。各村集体文化活动在0—4次之间，唯一一个示范村有一支文艺队，时常进行文艺表演。

　　S省H县地处西部山区，2016年财政收入4亿元左右，上级补助11亿元左右，总收入17亿多元，在教科文卫体社保环保等方面的公共支出

---

　　① 课题组对G省Q区Y镇14个村（社区）的走访调查材料（2018年4月26日至5月2日）。

8亿多元，占全县财政总支出的50%以上。就该县少数民族聚居地区的情况①来看，全县有5个民族乡，共辖24个行政村（社区），此外14个非民族乡中还有31个民族聚居村，主要分布在高山峡谷的边远山区。2009年该县被省政府批准享受少数民族县待遇。2011年以来，全县开展"农村公路大会战"，投入12209万元，优先在民族乡立项实施通乡水泥路建设以及通达和通畅公路建设等项目，实现全县5个民族乡171.5公里通乡公路全部硬化，54个少数民族村（社）335.6公里通村公路全部硬化，建成通组公路（沙石路面）147公里，硬化通组公路20公里、连户路62公里。投资1700余万元建设G村空中索道，解决全村600多名群众行路难问题。投入2510.6万元实施人畜饮水、"小农水"工程项目，维修整治堰道97.8公里，新修堰道33.9公里，安装管道90.5公里，建蓄水池142口8100立方米，缓解了5个民族乡的饮水难问题。投入1000万元实施电力农网改造工程，实现民族地区农网改造全覆盖。投入940余万元在P村开展民族地区综合发展示范工程，对262户房屋进行民族文化元素风貌改造，改厨152户，改厕77户，硬化院坝1.26万平方米，新建花台、民族活动场所等。投入630万元对D社区250户房屋进行民族风情打造。经过灾后重建，民族乡绝大多数农户房屋得到重建或维修巩固，基本消除了茅草屋等危房。全面普及九年义务制教育，实施"两基"攻坚计划（西部地区基本普及九年义务教育、基本扫除青壮年文盲），落实"两免一补"政策（对农村义务教育阶段贫困家庭学生免杂费、免书本费、逐步补助寄宿生生活费）。5个民族乡共有10所小学，学生1181人，入学率99.8%。近三年投入1796.62万元新建五所小学校舍7105平方米，加固维修三所小学2088平方米。2010年以来，每年县财政预算30万元对少数民族学生实行奖补政策，对特困学生进行救助。三年中投入民族乡卫生建设资金721.5万元，新建一所乡卫生院，改建乡卫生院2157平方米，配备了抢救床、接生包、高压灭菌锅、制氧机、显微镜等医疗设备。投入30万元建成民族乡农家书屋10个，投入500万元新建和改造民族文化广场各一个，每年举行各种民族节日活动。目前在全县少数民族居住地区，通组公路等级低，38个组未通公路170公里，辗转运输、人背马驮问题还存在。还存在用水困难和抗旱的严峻问题。此外医疗设施欠缺，技术和

---

① 调研获赠材料：《H县在"民族团结教育实践基地"调研工作座谈会上的发言材料》（2016年）。

服务不足，5个民族乡中还有17个村无卫生室。

以上情况表明：其一，各县域无论经济发展水平如何，的确都提供了比较广泛的公共产品；其二，各县域提供的公共产品跟本县经济发展水平直接相关，贫穷地区县域主要依靠中央和上级投入；其三，公共产品的提供离县域民众的需要还有较大差距，而且国家的宏观投入和各县域的具体投入，跟县域民众的实际获得和使用也有很大差距和出入，通常是获得和使用远小于投入。

三 县域良好制度供给与民众受益情况

虽然人们通常最看重公共产品，但事实上良好的制度也是非常重要的公共福利。因为良好的制度给民众以最大可能的自由空间，为民众生产、生活和发展提供便利或激励，从而让民众普遍受益。

就县域内实施的制度来说，原来废除人民公社、实行家庭联产承包责任制后，广大农村很快就出现了增产增收的效果，一举解决了温饱问题。1978年全国粮食总产量仅有6000多亿斤，家庭联产承包责任制的建立和农产品提价、工农产品价格"剪刀差"缩小，激发了广大农民的积极性，解放了农业生产力，促进粮食产量快速增长。全国粮食总产量1984年达到8000多亿斤，六年间登上两个千亿斤台阶，吃不饱饭的问题彻底成为历史。[1] 同样，改革开放初期允许个体私营经济生存发展壮大的制度（政策），增加了民众的就业机会，扩大了民众的生存空间，促进了经济增长，增加了民众的收入，这也是良好的制度。党的十四大确定的市场经济制度，相比于从前的计划经济制度，更有利于各种资源充分有效的流动配置，发挥更大的效益，所以也是良好的制度。

但是总的来看，现在县域内的制度供给遇到了瓶颈，更加合理有效的良好制度迟迟不能出台。例如城乡二元分割体制还未彻底废除，阻碍着城乡资源流动配置和效益的发挥；土地制度不但没有充分发挥土地资源对于农民的效益作用，似乎反而成为了阻碍农民流动和获益的因素；城管制度对广大县域民众自谋生路、增加收入造成了很大的困扰；等等。具体到县域来说，例如在西部S省的某个地区规定，农村户口的夫妻，如果头胎为

---

[1] 国家统计局农村司：《农村改革书写辉煌历史、乡村振兴擘画宏伟蓝图：改革开放40年经济社会发展成就系列报告之二十》，见"国家统计局"官网（http://www.stats.gov.cn/ztjc/ztfx/ggkf40n/201809/t20180918_1623595.html）。

女孩的可以申请生育二胎,但城市夫妻双方均为非独生子女的,生育二胎就要缴纳高额的社会抚养费,因此许多进城的育龄农民不愿放弃农民身份。农民还担心进城后,在农村的宅基地、责任田、承包林的权益得不到保障,因此即使已经进城购房也不愿意将户口迁入城市。进城农民和原有城市居民也不能享受同等的福利待遇,比如申请经济适用房、廉租房等保障性住房的资格就是跟居住年限挂钩的。[1]

第二节 县域公共危害的消除与预防

公共危害意味着对公众普遍有害。对任何一个社会共同体来说,从成因上看,主要有五种公共危害:(1)天灾,包括干旱、虫灾、雪灾、地震、海啸、台风、山洪、泥石流、山体滑坡等自然灾害,也包括流行性、传染性等重大疾病,都是非人力之所为而产生的灾害;(2)事故,是因人为疏忽或未能预见后果而引起的意外灾祸;(3)环境污染和破坏,是人力所为而产生的负面溢出效应;(4)社会性灾害,即因社会化生活方式而产生的祸害,如"囚徒困境"、权益(生命健康财产等)侵害、社会内乱和政府祸患;(5)外患,即外族侵犯。就中国各县域来说,自然不存在外患问题,即使在边境地区,那也属于中央政府的职责范围。但是除此之外的公共危害,可以说任何县域都难以避免,因而各县域必须承担起消除或预防这些公共危害的职责。同样,由于缺乏专门针对县域这方面情况的统计资料,这里我们只能结合相关的全国性宏观统计资料和一些具体县域的案例来考察各县域消除或预防这些危害的情况。

一 县域天灾和事故的消除与预防

天灾和事故尽管起因不同,但通常都具有事发突然、难以提前预知、只能做好应急准备的特征,因此通常是作为预防性和应急性事务来对待和处理的。

现在全国从上到下都已建立起应急管理体系(中央政府甚至专门成立了应急管理部)和相应的基础设施,普遍制订了应急预案,县域亦不例外。就应急预案的制定来说,Z省N县就针对本县可能发生的各种天灾

---

[1] 周庆智:《在政府与社会之间:基层治理诸问题研究》,中国社会科学出版社2015年版,第106—107页。

和事故，制定了生产安全事故、高速公路突发事件、药品（医疗器械、化妆品）安全事件、森林火灾、城镇住宅房屋安全突发事件、突发通信中断事故、食品安全事件、石油天然气长输管道突发事件、突发燃气事故、突发动物疫情、旅游突发事件、水域船舶污染事故、突发环境事件、突发地质灾害、道路交通事故、大型群众性文体活动事故、火灾事故、自然灾害灾民救助、校园突发事件、处置道路交通（含桥梁、隧道）突发事件、海上突发事件、危险化学品道路运输事故、雨雪冰冻灾害、海洋灾害、大面积停电、地震、大气重污染、防汛防旱、气象灾害、农作物生物灾害、突发公共卫生事件、防御台风、重特大危险化学品事故、非煤矿山重特大事故、重特大生产安全事故、突发辐射环境污染事件等几十个应急预案并及时更新。①

就应急管理体系的建立和运作来说，G省N县成立了县防灾减灾救灾工作委员会，由县长担任主任，分管民政、国土等涉灾部门的副县长和县人武部部长担任副主任，成员包括县直相关部门和各乡镇（街道）政府主要负责人。县减灾委统一领导全县防灾减灾救灾工作，全面统筹全县防灾减灾救灾各项工作，主要负责研究制定全县防灾减灾救灾工作方针、政策和规划，组织协调开展重大防灾减灾救灾活动，规范灾害现场各类应急救援力量的组织指挥，指导协调各乡镇（街道）、县直各有关部门开展防灾减灾救灾工作，推进防灾减灾救灾交流与合作。各乡镇（街道）比照成立减灾组织领导机构，统筹本乡镇（街道）的防灾减灾救灾工作。县减灾委在县民政局设办公室，与县减灾中心整合职能、合署办公，实行"一套人马，两块牌子"，由分管民政的副县长兼任办公室主任，县民政局主要负责人兼任办公室常务副主任，县财政、安监、国土等相关部门主要负责人兼任办公室副主任。县减灾办承担县减灾委的日常事务工作，负责牵头制定全县防灾减灾救灾政策和规划，协同推进全县防灾减灾救灾各项工作。在县减灾委的统一领导下，县地质灾害、防汛抗旱、森林防火、传染病防控、消防、涉矿灾害等主要灾种指挥机构按照职责分工，独立履行防范部署、过程督导、结果运用的行业管理职责，切实把好灾害预防关口。乡镇（街道）按属地管理原则，全面落实好防灾减灾救灾各项工作，建立防灾减灾预警机制。全县建立完善防灾减灾救灾信息共享平台，确保

---

① 材料来自相关县政府门户网站公开的信息。

灾害发生后,迅速通过信息共享平台,发布相关信息,组织人员搜救、伤员救治、卫生防疫、基础设施抢修、房屋安全评估、群众转移安置、核灾报灾等部门和人员迅速前往事发地,按照各自的职能职责和现场指挥部的统一安排,全力开展抢险救援救灾工作,并适时反馈工作信息。①

从投入来看,2006—2013 年中央财政共安排 30.8 亿元用于地震监测预报、震害防御和应急救援三大体系的建设和运行维护,安排 3.4 亿元用于防灾减灾等科普资源的开发与集成。2007—2013 年中央财政已安排 762 亿元专项资金用于小型病险水库除险加固工作,2009—2013 年中央财政已安排 628 亿元专项资金对中小河流重点河段进行集中整治,并设立特大型地质灾害防治专项资金,已安排 127 亿元用于地质灾害重大隐患点的监测预警、勘查、搬迁避让、工程治理和应急处置等工作。"十一五"以来,中央多次提高自然灾害生活补助标准并增设了部分救助项目,包括遇难人员家属抚慰金项目、过渡性生活救助项目。2011 年财政部与民政部联合印发《自然灾害生活救助资金管理办法》,明确中央财政与地方财政共同负担遭受特大自然灾害地区所需生活救助资金。2006—2013 年,中央财政共安排自然灾害生活救助资金 848.4 亿元,近几年地方财政的救灾投入也有明显的增加。中央财政每年安排资金采购救灾物资,2010 年在原有 10 个中央级救灾物资代储单位的基础上,会同民政部新增 7 个省级民政部门作为中央级救灾物资代储单位。2008 年以来,中央财政积极支持重特大自然灾害的灾后恢复重建等工作,安排重特大自然灾害恢复重建资金 4207 亿元。2006—2013 年中央财政共安排专项资金 609.3 亿元用于灾后交通基础设施修复和应急抢通。②

从成效来看,全国在"十二五"期间各类自然灾害多发频发,相继发生了长江中下游严重夏伏旱、京津冀特大洪涝、四川芦山地震、甘肃岷县漳县地震、黑龙江松花江嫩江流域性大洪水、"威马逊"超强台风、云南鲁甸地震等重特大自然灾害。面对复杂严峻的自然灾害形势,在党中央和国务院的坚强领导、科学决策下,各地区和有关部门认真负责、各司其职、密切配合、协调联动,大力加强了防灾减灾能力建设,有力有序有效

---

① 来自相关县政府门户网站公开的材料:《N 县多措并举推进防灾减灾救灾体制机制改革》(2018 年)。

② 财政部社会保障司:《财政部:"资金投入"加快综合防灾减灾能力建设步伐》,载《中国减灾》2014 年第 9 期。

开展抗灾救灾工作，取得了显著成效。与"十五"和"十一五"时期历年平均值相比，"十二五"时期因灾死亡失踪人口大幅度下降，紧急转移安置人口、倒塌房屋数量、农作物受灾面积、直接经济损失占国内生产总值的比重分别减少22.6%、75.6%、38.8%、13.2%。[①] 就具体县域来说，G省S县建立了减灾管理体系，制订了《S县自然灾害救助应急预案》，成立了县减灾委和减灾委办公室，建立了县分管领导亲自抓、民政局具体抓、成员单位配合抓的工作运行机制，县、镇、村灾情信息统计上报和24小时领导带班救灾值班工作责任制，以及灾情信息快报和灾情信息沟通、会商、通报等制度。目前全县6镇1街道、91个行政村（居）委会均成立了相应的自然灾害应急救助工作机构，形成县、镇（街道）、村（社区）三级应急救灾网络，确保灾害发生后24小时内人员、救灾资金、物资和应急措施全部到位。同时建立了农房灾害保险机制，2016年全县投入71.6978万元，为全县78010户缴纳农房灾害保险费，推进政策性农房灾害保险农户自主参保工作，确保农户农房灾害参保覆盖率达100%。建立了1个县级救灾物资储备库、7个镇级救灾物资仓库、91个村居建设救灾物资储备室，并储备救助食品、帐篷、棉衣、棉被等救灾物资。建立了商家协议供货机制，构建稳固的救灾物资供应渠道，确保灾害发生后24小时内救灾物资及时到位。截至2016年7月底，经查灾核灾后已下拨棉被450床、棉衣100件、单衣200套、鞋162双、救助粮6645公斤、食用油31桶、救灾帐篷120顶、折叠床80张到灾民手中。在县城学校等场地设置避难场所和临时安置点。以"防灾减灾日""国际减灾日"为宣传活动载体，以"综合减灾示范社区"创建工作为平台，在社区、学校、机关等重点单位，广泛宣传避险、避灾、自救、互救常识，全面提升群众防灾减灾意识。在5·12国家"防灾减灾日"防灾减灾宣传活动期间，共发放宣传资料4000余份，接受群众咨询300人次。[②]

总的来说，在中央的统一部署下，中国各县域防灾减灾工作是有一定成效的，特别是在经历了2003年SARS疫情和2008年汶川地震之后，这项工作普遍受到各地重视，收效比较明显。但现实中依然存在准备不够充

---

① 《国家综合防灾减灾规划（2016—2020年）》（国办发〔2016〕104号），见"国家发展和改革委员会"官网（http://www.ndrc.gov.cn/fzgggz/fzgh/ghwb/gjjgh/201705/t20170511_847133.html）。

② 来自相关县政府门户网站公开的材料：《县民政局多举措提升防灾减灾救灾能力》（2016年）。

分、抢救不够及时、援助未能完全到位、没有尽最大可能减少伤害和损失等问题。

二 县域环境污染和破坏的消除

环境污染破坏是近几十年中国县域所面临的一个严重公害。过去各县域都以经济发展为中心，对环境污染破坏问题不够重视，导致危害越来越严重。21世纪初，国家开始高度重视环境污染防治工作，大力推行清洁生产，发展循环经济，污染防治和节能减排工作稳步推进。各地执行环境影响评价和"三同时"制度，开展环境保护专项行动，查处环境违法行为，环境污染防治力度逐步加大。

从投入上看，环境污染治理投资总额逐年增加。2016年投资总额为9220亿元，比2001年增长6.9倍。其中城镇环境基础设施建设投资5412亿元，比2001年增长7.3倍；工业污染源治理投资819亿元，增长3.7倍；当年完成环境保护验收项目环境保护投资2989亿元，增长7.9倍。在城镇环境基础设施建设投资中，燃气投资532亿元，比2001年增长5.5倍；集中供热投资663亿元，增长6.3倍；排水投资1486亿元，增长5.1倍；园林绿化投资2171亿元，增长11倍；市容环境卫生投资561亿元，增长8.8倍。在工业污染源治理投资中，治理废水投资108亿元，比2001年增长0.5倍；治理废气投资562亿元，增长7.5倍；治理固体废物投资47亿元，增长1.5倍；治理噪声投资0.6亿元，与2001年基本持平；治理其他污染投资102亿元，增长5.2倍。

从成效上看，大气和水污染防治工作取得积极成果，主要污染物减排目标全部实现，地表水质量持续改善。2010年全国二氧化硫排放总量2185万吨，化学需氧量排放总量1238万吨，比2005年分别下降14.3%和12.5%，扭转了"十五"后期主要污染物排放总量大幅上升的趋势。2015年全国化学需氧量排放量2224万吨，比2012年下降8.3%；氨氮排放量230万吨，下降9.3%；二氧化硫排放量1859万吨，下降12.2%；氮氧化物排放量1851万吨，下降20.8%。四项主要污染物均完成"十二五"排放总量控制目标。2017年338个地级及以上城市，空气质量达标城市占29.3%，未达标城市占70.7%；平均优良天数比例78.0%。城市颗粒物浓度和重污染天数逐步下降。重点区域细颗粒物浓度有所改善。2016年城市污水处理率为93.4%，比2000年提高59.1个百分点；城市生活垃圾无害化处理率为 96.6%，提高 38.4 个百分点。2016 年全国建制镇污水处理率 52.6%，生活垃圾无害化处理率 46.9%。全国乡污水处理率 11.4%，生活垃圾无害化处理率 17.0%。地表水水质总体情况得到改善，Ⅰ类、Ⅱ类水占比大幅提高，Ⅴ类、劣Ⅴ类水占比逐步下降。湖泊水质和近岸海域水质总体向好，一类海水比例逐步增加，四类及劣四类比例不断减少。[1]

尽管环境污染破坏的消除工作取得了一定的成效，但是经过几十年快速而粗放的发展，中国各县域的环境污染破坏问题还是非常严重的，特别是那些工业比较集中的地区和一些资源型县域，环境污染破坏极为严重，地下水污染、土壤污染、有毒有害物残留、地表破坏、水土流失、资源枯竭等问题，并非短时期内可以解决的，任务依然十分艰巨。

三　县域社会性灾害的消除和防范

社会性灾害是社会共同体内生的祸害，是基于人们的社会交往互动而产生的，所以称为社会性灾害，主要包括"囚徒困境"、生命健康财产等权益侵害、社会内乱和政府祸患等几种情况。这些灾害在各县域中也比较常见。

（一）"囚徒困境"的破除

我们知道"囚徒困境"只是博弈论者虚构的一个故事，但它的确反映了现实中存在的一些社会困境[2]，人们一旦进入，尽管普遍受害，甚至互相伤害，但却没有人会改变策略，从而无力摆脱困境。诸如过度挖掘垦伐放牧等引起资源枯竭、水土流失、土地沙化、山体滑坡等灾害，致使有关地区的人们无法继续生存下去；环境污染、有害食品、药品滥用、应试教育、军备竞赛、全球气候变暖等，严重损害着每一个人的生命、健康、安全和发展，所有这些都是现实版的"囚徒困境"。

这些年来，中国各县域比较突出的"囚徒困境"如有毒有害食品、假冒伪劣药品、应试教育、城管悲剧等，普遍没有得到很好的解决。因为"囚徒困境"是一种博弈困境，所以不可能指望局中人主动摆脱困境，而

---

[1]　国家统计局能源司：《环境保护事业全面推进、生态文明建设成效初显：改革开放 40 年经济社会发展成就系列报告之十八》，见"国家统计局"官网（http://www.stats.gov.cn/ztjc/ztfx/ggkf40n/201809/t20180917_1623287.html）。

[2]　张维迎：《博弈与社会》，北京大学出版社 2013 年，第 36—37 页。

只能靠局外人特别是政府，通过改变博弈条件（特别是制度条件）从而改变人们的策略选择，如此方能打破困境。但在这方面，政府明显作为不够，甚至有些困境就是政府构建起来的。事实上在许多县域，"囚徒困境"根本就没有摆上政府工作的案头，也没有多少人从"囚徒困境"的角度去看待和处理相关问题。

比如有毒有害食品。无良厂商为了降低成本，多赚取利润，生产一些有毒有害食品流散到市场。销售商尽管知道这些食品是有毒有害的，但是为了赚取利润，依旧大肆销售。最后看起来是处于末端的消费者受到了伤害，但生产商和销售商也一定是消费者，他们不消费自己生产销售的食品，却不能不消费其他有毒有害的食品，最终结果便是全体受害，而且是相互坑害。但是从生产商、销售商到消费者，所有这些局中人都不可能摆脱这个恶性循环，而只能依靠作为局外人的政府来打破，这就需要政府加强监管。但在这方面，尽管中国政府从上到下都建立了市场监管部门，收效却不够好，有毒有害食品、假冒伪劣药物等依旧层出不穷。

又如应试教育。从结果来看，这种教育模式并不可取，实际上对学生、家长、教师和学校管理者多方都造成了伤害：学生几乎成为了考试机器，身心俱疲，能力和创造性并没有得到有效发展；家长为子女的教育忧心忡忡，投入不菲；教师工作量剧增，工作压力很大；学校管理者也承受着巨大的生源竞争和上级考评压力。但是学生、家长、教师和学校管理者都不可能打破应试教育模式，最终还是要靠作为局外人的政府来打破。可政府恰恰就是应试教育的做局者，就是应试教育的背后推手。因为在中国各地县域，政府对学校教育的管理，主要就是以升学率作为考评依据和标准。例如 S 省 Q 县政府制定教育教学工作奖惩激励办法，设立教育管理奖、教学质量奖和教育工作贡献奖，县财政每年列支 200 万元作为奖励资金，纳入财政年度预算，表彰奖励在教育教学工作中取得突出成绩和重教助学、支持教育发展的单位和个人。其中教学质量奖的重头戏是高考质量奖和中考质量奖。高考质量奖又包括高考质量综合考核奖，每年对高考情况进行综合考评，奖励高考质量突出的高中学校和单位；学科第一名奖，高考学科均分位列全县第一的，每科奖学校 1 万元；高考质量进步奖，全县二本上线率较上年在全市排名，每提升一个位次奖励各高中 1 万元；高考单项奖，每考取 1 名北京大学或清华大学（本县户籍且在本县就读）学生，一次性奖励学校 5 万元，职教单招本科上线 1 名（本县户籍且在本县就读）学生，一次性奖励学校 1000 元；高考优秀教师奖，对高考单科均分位于全县第一的学科任课教师，一次性奖励 3000 元；高考优秀学生奖，对考取北京大学或清华大学的（本县户籍且在本县就读）学生，每人一次性奖励 2 万元，高考成绩进入全市前 10 名的（本县户籍且在本县就读）学生，每人一次性奖励 2 万元，每年高考全县总分前 50 名的（本县户籍且在本县就读）学生，每人一次性奖励 1000 元，职教单招本科总分前 10 名的（本县户籍且在本县就读）学生，每人一次性奖励 1000 元。中考质量奖则包括中考质量综合考核奖，奖励每年中考升学率在全县排名前 6 位的学校，一等奖 3 万元，二等奖 2 万元，三等奖 1 万元；中考质量进步奖，当年中考前 15 名且中考位次较上年上升 3 位以上的学校，每校奖励 2 万元；中考学科奖，中考单科均分位列全县前 5 名的，分别一次性奖励该学科组 3000 元、2500 元、2000 元、1500 元、1000 元；中考优秀学生奖，中考成绩达到市中学正取线且在本县就读高中的学生，每人奖励 2000 元，中考成绩全县总分前 20 名且在本县就读高中的学生，每人奖励 1000 元（不重复奖励）。[①] 在政府这样的奖励措施下，应试教育不但不可能打破，反而会得到强化。

（二）权益侵害与社会内乱的控制

无论什么时候，民众间涉及生命、健康或财产等权益的侵害事件都会存在，只是程度有差别。就各县域来看，近些年民众合法权益遭受不法分子侵害的案件时有发生，但总体上案发率较低，案件侦破率较高。以 2014 年为例，全国法院新收故意杀人罪案件 1.1 万件，比上年下降 7.6%；故意伤害罪案件 12.6 万件，下降 2.4%；强奸罪案件 2.3 万件，同比微升；绑架罪案件 1043 件，下降 12.9%；爆炸罪案件 160 件，下降 10.1%。新收抢劫罪案件 3.2 万件，下降 15.9%；抢夺罪案件 7327 件，下降 17.2%；盗窃罪案件 21.6 万件，上升 3.8%。[②]

相对而言，各县域的社会内乱问题可能更加突出，而且也没有得到比较好的解决。社会内乱就是群体性冲突甚至暴动，是纯粹破坏性的，其破坏性难以预估和控制，所以常常给冲突各方都造成严重的损失和创伤。这些年社会内乱的突出表现就是群体性事件，而且基本上都发生在县域基

---

① 来自相关县政府门户网站公开的文件：《Q 县教育教学工作奖惩激励办法》（2018 年）。
② 袁春湘：《依法惩治刑事犯罪、守护国家法治生态：2014 年全国法院审理刑事案件情况分析》，载《人民法院报》2015 年 5 月 7 日第 5 版。

层。于建嵘将群体性事件分为维权抗争、社会纠纷、有组织犯罪和社会泄愤事件四类，但是认为80%以上是维权抗争事件，其中又包括农民、工人和市民维权抗争几种情况，而且很不幸的是，抗争对象多为县乡基层政府。① 群体性事件的数量很难确切统计，有一个参考数据是，1997年以前均在1万起及以下，但自1999年发生3万多起开始，此后便从未低于这个数字，而是快速飙升，到2011年则达到了18万起。②

在群体性事件频发的形势下，各县域普遍把维稳当成一项中心工作来抓，建立起庞大的维稳体系并投入了海量的人财物力。如S省P县2016年公共安全支出10822万元，占一般公共预算总支出的2.5%。③ J省L县2016年公共安全支出7212万元，占一般公共预算总支出的3.5%。④ H省X县2017年公共安全支出9838万元，占本级支出的4.5%。⑤ 不过从结果来看，这个问题似乎并没有得到很好的解决。实际上，对于群体性事件的解决，基层大多采用应急处理方式，通常以"摆平""搞定"为目标，也就是息事宁人，冲突和不稳定因素并没有得到真正化解。对此，《人民论坛》杂志社通过网络调查了8756人，通过采访和书面调查了地方党政干部478人，结果发现，70%的受访者认为维稳的目的是只管自己的官帽而不管百姓的疾苦，18%的人认为维稳重视事后处理而不重视源头，10%的人认为维稳采取了压制或推脱敷衍的处理方法。⑥ 正因为群体性事件并没有从根本和源头上解决，民疾民苦、民怨民气依然存在，所以最近二十余年来出现了基层政府公信力普遍流失的严重问题。

（三）政府祸患的预防和消除

县域最后一个突出的社会性灾害是政府祸患，也就是政府的一些变异行为举措对广大县域民众造成了伤害和损失。这里所说的政府涵盖县乡党

---

① 于建嵘：《抗争性政治：中国政治社会学基本问题》，人民出版社2010年版，第45页。
② 陈剑主编：《第三轮改革：中国改革报告2014》，法律出版社2014年版，第300—305页。
③ 来自相关县政府门户网站公开的材料：《关于P县2016年财政预算执行情况和2017年财政预算草案的报告：2017年2月15日在P县第十八届人民代表大会第二次会议上》。
④ 来自相关县政府门户网站公开的材料：《关于2016年度县财政预算执行和其他财政收支情况的审计报告：2017年9月15日在县十七届人大常委会第六次会议上》。
⑤ 来自相关县政府门户网站公开的材料：《关于X县2017年财政预算执行情况的报告：2017年12月26日在X县第十八届人民代表大会第二次会议上》。
⑥ 人民论坛问卷调查中心：《79%的受调查者认为借"维稳"名义不作为乱作为"较严重"：'维稳'怪圈、谁的烦恼"问卷调查分析报告》，载《人民论坛》2010年第27期。

政国家机关和村社群众自治组织。

我们知道,政府本来应当是专门从事公共事务管理的专职化公共治理组织,这也是其存在的唯一价值和合理性。所以从规范的角度说,政府只能是公共型政府,而不能成为自利型政府(统治型、掠夺型政府都是自利型政府)。但在现实中,一些政府常常采取一些违背宗旨的举措。就基层来说,赵树凯注意到一个突出的目标替代问题,也就是基层政府的自利目标取代了公共目标,为公众服务变成了为自己工作。比如基层公安部门依靠罚没收入来补充办案经费甚至发工资,在"扫黄打非"过程中采取又打又保的策略,以保证非法活动能够为其持续提供罚没收入,其他如计生、土地管理等部门也有类似举动,结果基层组织成为乡村冲突的直接制造者和乡村社会的掠夺者。[1] 我们对 S 省 P 县普通民众的调查结果(见附录 A)或许多少可以印证这种观察。在总计 1077 名受访者中,认为本县党委政府做事是为老百姓好的占 24.6%,认为是为他们自己升官发财的占 15.1%,认为两方面都有的占 35.5%,说不清的占 24.7%;认为本县党委政府做的事情完全符合老百姓需要的占 5.1%,认为完全不符合的占 4.5%,认为有些符合但有些不符合的占 75%。

政府一切违背宗旨的举措都属于变异行为,本质上就是自利行为。概括起来看,政府的变异行为包括乱作为和不作为两种情况。所谓乱作为,就是政府工作人员的作为不符合公共治理的规范性要求,从而给民众造成了损失或伤害。乱作为有多种表现形式,诸如贪污腐败、公物私用、滥用权力、徇私舞弊、坑蒙民众、敲诈勒索等都在此列,其中最受关注的可能就是贪污腐败。在县域内,一直以来比较突出的贪腐问题涉及县级主官特别是作为一把手的县委书记。例如安徽省萧县原县委书记毋保良,在 2003—2013 年任职副县长、县长、县委书记期间,在工程项目、征地拆迁、干部调整等方面总共收受贿赂 109 起,非法收受他人财物共计人民币 1869.2 万元、美元 4.2 万元、购物卡 6.4 万元以及价值 3.5 万元的手表一块。对其行贿的有开发商、建筑商、矿老板等商人以及下级官员和公务人员,行贿人单位几乎覆盖了萧县所有的乡镇和县直机关。[2] 河北省大名县原县委书记边飞,在 2005—2013 年先后担任魏县、永年县、大名县县委

---

[1] 赵树凯:《乡镇治理与政府制度化》,商务印书馆 2010 年版,第 163 页。
[2] 周瑞平、胡明艳:《一个县委书记的贪腐"奇招"》,见"中国法院网"(https://www.chinacourt.org/article/detail/2014/06/id/1326932.shtml)。

书记期间，利用职务便利为他人在职务晋升调整、项目协调审批、工程承揽建设等方面谋取利益，多次收受、索取他人贿赂，包括人民币、外币、黄金、房产等款物共计折合人民币 5920 余万元，另有价值人民币 4190 余万元巨额财产不能说明来源。①

除了这些县域主官的贪腐问题，农村税费改革后又出现了大量的"小官贪腐"现象，通常是从集体财产或者上级的各种项目（新农村建设、农业直补、扶贫、教育、医疗、养老、基础设施建设）拨款中做手脚。2014 年的前 11 个月之内，全国检察机关共查办发生在"三农"、专项资金管理使用、社会保障、扶贫救灾、教育科研等领域的贪污贿赂犯罪案件 17601 件 23443 人，涉案总金额 58.9 亿元，查办征地拆迁和保障性住房、新农村建设和惠农资金管理、医疗卫生、教育等重点领域案件 13632 件，其中乡镇村干部发案较多，共查办乡镇站所和农村基层组织工作人员 10593 人。在这些案件中，涉案金额在 5 万元以上的有 14425 件，占 82%，50 万元以上的 2784 件。此外，有关政府部门工作人员、乡镇站所工作人员、农村基层组织工作人员等上下串通、内外勾结的共同犯罪、窝串案件较为普遍，往往是查处一案，挖出一窝，带出一串。② 这方面的具体案例可以说举不胜举。③ 例如，Q 村因古镇修建获得一座寺庙拆迁款 100 万元，但是寺庙修建负责人实际只收到 58 万元。村民知晓此事后集资上访，拖延几个月后村委领导才退出 40 万元，仍有 2 万元不知去向。该村有一个属于集体财产的水塘，村领导以每年 1000 元的价格承包给私人养鱼，但村中账目却显示是零收入。政府拨款修建 2400 米的村道边沟，实际施工仅 1000 米左右，其余款项不知去向。村民 L 反映村干部在测量拆迁用地和房屋上做手脚，通过与农户串通，多报土地和房屋面积，从农户拆迁赔偿款中抽取提成。

基层政府公物私用的现象也是存在的。Y 镇政府所在地为 Y 社区，是一个乡村集市。为清扫集市，政府公费购置了一辆洒水车，还配有专门司机，交付社区使用。但在洒水车闲置的时候，人们只要给社区支书一点好处便可挪为私用。

---

① 朱峰：《县委书记何以沦为亿元巨贪？》，载《人民日报》2015 年 8 月 3 日第 11 版。
② 《反贪总局局长：基层小官贪腐往往查处一案挖出一窝》，见"人民网"（http://sn.people.com.cn/n/2015/0204/c190198-23783473.html）。
③ 以下各处所用的案例，来自课题组对 G 省 Q 区 Y 镇 14 个村（社区）的走访调查（2018 年 4 月 26 日至 5 月 2 日）。

基层政府滥用权力的问题比较突出。G村村民L有三个孩子，两个上大学一个上高中，丈夫在城里工地干活，自己留守务农。L反映，她家从未享受过国家的任何优惠政策待遇，家庭负担很重，听自家孩子说符合精准扶贫户条件，就去村委会说明自家的情况。但村里领导每次都推三阻四，L颇为气愤，与村领导争执起来，不料被录音，还被村委会叫来的记者拍照报道，说她妨碍公务，扰乱公共秩序，最后被拘留了两天。Y村有两名外出打工的村民回来修房，不料被政府占用了土地，政府因此一直不批准他们修房，两人从此经常上访。Z村村民T今年84岁，一年前老伴去世，有一个儿子，精神有点问题，常年在外打工。T反映老伴在世的时候还有低保，但老伴去世后就取消了。她托人去问村里领导，村支书说除非她和儿子断绝关系成为五保户，否则就不给低保。

基层政府徇私舞弊现象比较多见。Y村有一部分低保户和精准扶贫户是村支书内定的关系户，每次国家有惠农政策时，资金物资的分配也都是村支书说了算，这引起一些村民不满。村支书为遮人耳目，便在晚上召集关系户在村委会分发国家发放的油米等物资。D村位于高速公路旁边，村村通、危房改造这些面子工程做得很好，但是那些分散的边远的危房却未被政府列入改造名单。对此村民们说："穷在深山无人问，富在路旁要扶贫。"Z村村口立了一块"Z村就业扶贫劳务合作社"的招牌，但村民们从未听说过有培训技能或就业推荐之类的活动。Y村2017年选举村两委班子，其中一名候选人是村民联合提名的。但是投票的时候，票箱只到过三分之一的人家，其余票全是一个人投的。由村民提名的候选人发现了问题，找到内定候选人讨说法，结果被镇派出所带去问话。最后这名由村民提名的候选人还是落选。

基层政府有时候甚至会坑蒙民众。Y镇政府响应国家退耕还林政策，鼓励百姓退耕还林，树苗由政府统一发放，却把退耕还林工程承包给外地人，不允许本地人参与栽种。目前农民只得到两年的补助款，其余的钱政府一直未发放，退耕土地也基本没有种上树，一片荒芜。Q区政府征用城镇建设用地，提前向各乡镇发布了听证会公告，由村委会代为通知。Z村属于征地范围，因为涉及土地、树苗等赔款，所以村民们十分关心这个听证会。但是直到听证会已经过了异议期，村委会才公布听证公告，原因是Y镇政府得知听证会上将公布赔款具体数目，想瞒天过海，从中捞一笔，故意不让村委会提前发布公告。后来Y镇政府公布的征地赔款，是在听证会确定的数目的基础上，经内部开会重新确定的。有村民打听到了其他村的赔款，发现有近 2 万元之多的差距，于是群起阻止政府拆房征地，迄今未果。Y 村和 X 村根据 Y 镇政府的号召进行危房、厕所和猪圈改造。政府向村民承诺，改圈补贴 1000 元，改厕补贴 3000 元，改房按户头人口算，一人 10000 元。但在一些人家按要求改完了之后，政府或者说政策变了，没有钱了，或者说改造面积超过了国家规定，或者说报上去的名额太多没有通过审核，总之就是不兑现补贴，结果导致村民们欠了一大笔债。Y 镇政府在 Q 村搞新农村建设，新建房屋只负责外观而不管内里装修，而且建材和施工质量差，建成仅一两年就出现了房顶漏水、门窗损坏等问题。Y 镇政府在 Y 村出资一部分修建大棚，带领村民种植冻菌。但是大棚修建一年多了，政府既没发来菌种，也没带来技术。直到今年，由于听说上面领导要来检查各村的产业发展情况，村支书才带人把大棚的土翻一遍，并胡乱撒上一些菜种。

还有比较恶劣的情况是基层政府的敲诈勒索。Z 村村民 W 有一个儿子，但三十几岁就过世了，儿媳也跑了，留下三个孙子。W 年迈且身有残疾，没有能力抚养三个孙子，希望村支书帮助弄个精准扶贫或低保指标，始终未果。W 走投无路之下，四处托人联系到省领导。次日镇长就送来了一桶油、一袋米和 300 元钱。晚上村主任派人去 W 家，说村干部在这件事上也出钱出力了，要把所得的东西分走一半，W 只得服从。

除了乱作为，基层政府有时也会不作为。所谓不作为，指的是政府工作人员不履行本应承担的公共治理职责，结果不但直接给民众造成了损失，还间接地浪费了公共资源。F 村村民 Z 已经 83 岁，家中只有 80 岁的老伴，住着一间漏雨的旧平房。Z 有一个女儿，但在两年前生病死亡。两名老人一年前就向村委会申请低保和危房改造，但是村委会每次都找借口推脱。Z 说自己现在是过一天算一天。村民 H 由于父母身体不好，家中还有三个孩子读书，便留在家里照顾老人和孩子，妻子在外打工。H 知道国家有精准扶贫政策，自家条件也符合。但是村里公布的第一期名单有他的名字，后来就没有了，去村委会问过多次也没有得到明确解释。H 说他已经不抱希望了。以 Q 村为代表的几个村，村主任和其他村干部在城里有房，户口已经迁入城市，平时都住在城里，被百姓称为"跑走干部"和"科技干部"。他们一般只是在上面有检查或安排时才到村里转转，致使村民到村部办事非常不便，每次都说是村领导出差了，其实就是回城了。

Y 社区是 Y 镇政府驻地，也是一个乡村集市。政府每个月都会向街道门面收取高额的卫生费，但却见不到工人打扫卫生，街上垃圾随处可见。由于街道排水系统不完善，雨天时垃圾会直接冲进低处住户和门面，各住户只能自助处理垃圾和污水问题，苦不堪言。

基层政府的不作为或乱作为，本质上都属于变异的自利行为，堪称公害，必须认真对待和加以解决。对于这些政府祸患，中央历来要求严厉打击，试图彻底扭转和根除，各级各地党政部门也予以响应，不断开展反腐倡廉运动、改进工作作风运动、思想改造和教育学习运动等。但从收效来看，情况仍不容乐观，官员们"前腐后继"甚至"抱团作业"的现象依然存在，消除和防范政府祸患任重道远。

第三节　县域社会公正的实现情况

社会公正就是人人得其应得，其基本原则是每个人的作为（付出）与待遇（回报）在性质和程度上相匹配。但我们知道这并不容易判断和衡量，也存在巨大的争议，所以这里对中国县域社会公正实现情况的考察必然只是探讨性的。

我们知道中国长期以来都是以农民为主的社会，新中国建立之后也没有改变这个基本格局，农民在相当长时间内都占据总人口的 80% 以上。这也就导致，在新中国几十年的建设发展过程中，农民群体作出了巨大贡献，包括最初的缴粮纳税、积累工业建设资金、在各项建设中出工出力，改革开放以后贡献廉价农产品、为沿海开放地区和各城市建设发展提供充足的廉价劳动力。但是农民整体得到的回报却与其付出极不相称：全社会收入水平最低的群体基本上都是农民，农民在沿海地区和城市中长期务工，却得不到同等的居民待遇，从子女入学教育到各种社会保障都是如此。20 世纪 90 年代以来，农村外出务工人员数量快速增加，2006 年就达到了 13212 万人，其中举家外出务工的 2644 万人。农村外出务工总体上呈现出由中西部向东部流动的格局，其中东部、中部、西部农村分别流出 3484 万人、4251 万人、2833 万人，在东部、中部、西部就业的人数分别为 7404 万人、1569 万人、1572 万人，也就是说有 70.1% 的农民工在东部地区就业。虽然农民工为流入地的经济发展和财政收入的快速提高作出了巨大贡献，但却面临着工资、安全、子女上学和就医困难、社会保障缺乏、居住条件差等一系列问题。①

除了农民，知识、教育和科技界群体所受到的待遇也与其付出极不相称，长期实行低工资制度，特别是乡村地区的教师，甚至一度拿不到工资或足额工资。反过来，文艺界群体的超高收入、国有企业群体的高工资高福利待遇、国家机关工作群体的优厚保障，贪污腐化者及其国外生活的子女家眷的锦衣玉食生活，以及不良非法厂商的暴利，这些可能也与其付出和作为极不相称。

总的来说，经过几十年发展，中国的社会公正问题是很严重的，这并不是仅限于县域层面的问题。当然国家也在致力于解决这方面的问题。总体来看，改革开放以来，全国城乡居民收入水平有所提高，加上政府发挥再分配调节功能，加大民生投入，城乡居民收入差距持续缩小。2017 年，城乡居民人均可支配收入之比为 2.71，比 2007 年下降 0.43；比 2012 年下降 0.17。地区差距也在不断缩小。2017 年，东部、中部、西部、东北地区居民人均可支配收入分别为 33414 元、21834 元、20130 元和 23900元。如果以西部地区居民收入为 1，则东部地区与西部地区居民人均收入之比为 1.66，中部地区与西部地区居民人均收入之比为 1.08，东北地区与西部地区居民人均收入之比为 1.19。东部、中部、东北地区与西部收入相对差距分别比 2012 年缩小 0.06、0.02、0.11。②

一些地方和县域也在推进基本公共服务均等化进程。例如，广东惠州地区开展基本公共服务均等化建设，试图彻底打破城乡分治，实现缴费标准、待遇水平、服务保障、财政补助四个均等化，实现人人享有基本生活保障、基本医疗卫生服务、公共文化和终身教育服务，"学有所教、劳有所得、病有所医、老有所养、住有所居"，使城里人、乡下人、本地人、外地人都能享受均等的基本公共服务。该地区提出的目标是"户户有就业、村村通公交、收入年年增一成、中小学读书全免费、医保巩固百分百、养老保险全覆盖、三甲医院县县有、保障性住房六万套"。其主要做法是调整财政支出结构，提高基本公共服务支出比重。"十一五"期间，县级新增财力的 50% 以上均投入民生，坚持每年将市级财力的 1/4 用于补

---

① 罗丹、陈洁：《中国县域财政的现状、困境与改革取向》，载《改革》2009 年第 3 期。
② 国家统计局住户调查办公室：《居民生活水平不断提高、消费质量明显改善：改革开放40 年经济社会发展成就系列报告之四》，见"国家统计局"官网（http://www.stats.gov.cn/ztjc/ztfx/ggkf40n/201808/t20180831_ 1620079.html）。

助县（区），用于公共服务的财政比例已达到60%—70%。具体来说，教育作为第一大支出项目，实现了县（区）内城乡教师收入、教师与公务员收入"两持平""普高"、义务教育规范化学校覆盖率达100%；养老保险市级统筹，农村养老保险实现城乡低保、五保供养、应保尽保，城乡低保标准自然增长，低保人员生活补贴和物价指数联动，逐年扩大养老、工伤、失业、生育等各项参保范围和提高待遇水平；实现城镇职工医保、居民医保和农村合作医疗三网合一，打破医疗保险城乡二元化管理模式，形成以住院、门诊特定病种项目、普通门诊和医保救助为主要内容的基本医疗保险无缝保障模式，实现基层医疗卫生服务全覆盖，行政村全部实现"一村一站一医生一万元补贴"，免费婚检和新生儿疾病免费筛查；建成70多个县级文化场馆、73个镇级综合文化站，还有1000多个在建和建成的农家书屋、社区文化室。①

表 5-1　　　　　近年来全国居民收入分布情况　　　　　（单位：户）

组　别	2013年	2014年	2015年	2016年
低收入户（20%）	4402.4	4747.3	5221.2	5528.7
中等偏下户（20%）	9653.7	10887.4	11894.0	12898.9
中等收入户（20%）	15698.0	17631.0	19320.1	20924.4
中等偏上户（20%）	24361.2	26937.4	29437.6	31990.4
高收入户（20%）	47456.6	50968.0	54543.5	59259.5

虽然各层次都采取了一些举措，但是总的来说，中国县域的社会公正问题还没有得到有效解决。就收入差距来说，2013年国家统计局首次公布中国的基尼系数，2003—2012年分别是0.479、0.473、0.485、0.487、0.484、0.491、0.490、0.481、0.477、0.474。② 再根据国家统计局近年公布的全国居民人均可支配收入五等份分组数据（如表5-1所示）③ 计算，2013—2016年各年的基尼系数分别是0.473、0.469、0.462、0.465。

---

① 南方日报社编著：《治理创新：广东的实践与探索》，南方日报出版社2012年版，第63—66页。
② "国新办举行2012年国民经济运行情况新闻发布会"，见"国务院新闻办"官网（http://www.scio.gov.cn/ztk/xwfb/2013/02/5/Document/1272710/1272710.htm）。
③ 《中国统计年鉴（2017）》，见"国家统计局"官网（http://www.stats.gov.cn/tjsj/ndsj/2017/indexch.htm）。

国际上一般认为，基尼系数0.4—0.59表示指数等级高，各社会群体的收入差距很大，社会不公正问题很严重。此外，城乡和地区差距依旧较大，外来人口较多的县市仍未完全建立健全覆盖外来人口的公共财政框架，解决平等待遇问题依旧任重道远。

第四节　总体评估与结论

对中国县域治理的上述结果进行评估，就是将其与公共治理目标进行比对，看看哪些目标实现了或者实现到什么程度，哪些没有实现，以及哪些是符合和不符合目标的，由此将县域治理结果区分为正面成果和负面后果。

一　中国县域治理的成果

从中国各县域民众的关心和期待来看，公共福利（包括经济发展、公共产品和良好制度）、公共危害（包括天灾事故、环境污染破坏、社会性灾害）和社会公正就是各县域应当处理的公共事务，造福于民、为民除害和主持公道就是各县域应当承担的基本任务。一项针对中部H省三个县的县乡干部所进行的调查显示，37.4%的受访者表示当前地方最大的问题是社会公平，28.5%的认为是权力腐败，21.8%的认为是经济发展，认为是社会稳定的占12.3%；39.1%的受访者认为县委书记应该把工作重心放在民生方面，35.8%的认为应放在发展经济方面，14.5%的认为应该是带好队伍方面，10.6%的认为应该是维护稳定。[①] 一项针对东部Z省14个县市区民众所进行的问卷调查（见附录B）显示，19%的受访者认为政府财政应当投入在教育上，20.5%的倾向于医疗，6.5%的倾向于科技，17.8%的倾向于社会保障，9%的倾向于环保，11.6%的倾向于公共交通，4.1%的倾向于行政开支，10.7%的倾向于社会治安。我们针对西部S省P县1000余名民众所进行的问卷调查（见附录A）显示，19.1%的受访者认为本县应当办的大事是发展经济，33.9%的认为是社会保障，19.1%的认为是保护环境，24.2%的认为是维护公平，1.4%的认为是其他事项，如老人和小孩的安全和基本生活保障、扶贫、开发旅游、外来人口的医疗

[①] 樊红敏：《县官看"县改"，哪些切入点可行？》，载《廉政瞭望》2013年第5期。

保险、学生医保、提高教学水平、加强教育投入、保护小产权、车辆停放问题、农民创业、加强治安等。

根据对中国县域治理结果的考察情况，首先我们可以确认的是，各县域治理大体上符合造福于民、为民除害和主持公道的范围，但却不能说各县域在这三个方面毫无遗漏和偏重地付出了努力。大体言之，各县域始终最关心的和付出最多的还是发展经济和维稳，只是因为这是中央和上级下达的硬指标。当然，在中央治国导向有所转变（科学发展观和服务型政府的提出）、特别是中央加大了有关投入的情况下，各县域对公共产品和服务、天灾事故以及环境保护的关心和投入程度也提高了。党的十八大以来，中央着力反腐和开展扶贫，各县域清除贪腐的行动也有所增加，扶贫更是如火如荼。但是除此之外的其他任务，如良好制度的供给、"囚徒困境"的破除以及实现社会公正，就不那么受到重视了，甚至没有采取什么有效行动。即使是那些被关心和实施的任务，其中也有轻重差别，比如消除政府祸患的重点是反腐，其他政府祸患则少有提及。总而言之，从中国县域治理体系的种种作为来看，似乎存在一个规律，那就是各县域做什么和不做什么，重视什么和不重视什么，是跟中央和上级的导向与要求直接相关的，而跟县域民众的期待和要求未必相关——如果相关，那可能也是因为中央和上级的要求恰恰符合县域民众的期待。

仅就各县域实施的那些治理任务来看，应当说取得了一定的成果，收到了一定的成效，如经济增长、基础设施的改善、一些民生工程项目和服务的供给、天灾事故的处理、环境污染和破坏的防治、社会治安的维护以及"打老虎拍苍蝇"等，所有这些已如上所述。但是一方面，全国县域太多，各县域所取得的成果必然不尽一致；另一方面，即使就具体县域来说，各方面任务的完成情况也不可能是一样的，不可能取得同等的成果，民众不可能表示同等的满意。一项针对全国六省区进行的调研显示，县乡公务员对辖区内的贫富差距和环境保护满意度较低，对人口与计划生育工作和机关工作效率的满意度较高；而普通民众对机关工作效率、政策执行的公平程度、辖区内的官民关系、辖区内的贫富差距、环境保护的满意度都比较低，对人口计划生育政策、基础设施建设、经济发展速度和效益的满意度较高。[①] 一项针对 Z 省 14 个县市民众的问卷调查（见附录 B）显

[①] 唐皇凤：《现代治理视域中的县域治理与县政发展：基于县乡公务员问卷调查的分析》，载《社会主义研究》2014 年第 1 期。

示,对于所参加的各种社会保险,26%的人表示满意,47.9%的人表示一般,26.2%的人表示不满意;对于政府为孩子提供的教育条件,37.3%的人表示满意,48.9%的人表示一般,13.9%的人表示不满意;20%的人表示所住小区垃圾处理状况良好,49.3%的人表示一般,30.7%的人表示不好;27.1%的人表示自己生活地区的空气质量好,54%的人表示一般,18.9%的人表示不好;35.9%的人表示自己生活地区的饮水质量好,49.2%的人表示一般,14.9%的人表示不好。

根据这些情况来看,要对中国县域治理的成果作出一个简单明了的结论,是很困难的。我们所能确认的,首先是各县域的治理任务存在遗漏和畸偏的情况。有一些公共事务没有得到处理,对于已处理的公共事务也明显存在重视与轻视的分别。其次,对于那些得到处理的公共事务来说,没有任何一项可以说完全实现了目标,实现的程度各异,由此导致有些方面的成果突出一些,而有些方面的成果不够突出。最后,中国各县域的差别比较大,其成果不能一概而论。

二 中国县域治理的后果

我们已经知道公共治理不可能只产生成果而不产生负面的后果。就中国各县域来说,我们发现有以下一些比较突出的后果。

一是用以支持县域治理体系运作的成本,没有完全有效地发挥应有作用,造成了较大的浪费和损失。中国各县域治理体系都包括党组织、县域国家机关和县域社会组织三个基本组成部分,所有这些部分的运作成本之总和就是整个县域治理体系的运作成本。当然,各种社会组织参与县域治理的程度有别,其中最突出的还是官办社团、事业单位和村社群众组织,所以这里仅考察这三类社会组织的运作成本。基本上,各县域都将县域治理体系的运作成本以"行政运行"的名目列入财政预算,所以尽管现实中的运作成本与之不尽相符,但这种预算也可作为重要的参考。

由于缺乏全国范围内针对所有县域治理体系运作成本的统计数据,这里只好分别从东中西部选择若干县市区来进行考察。Z 省 C 县 2017 年安排一般公共预算支出 701500 万元[①],其中一般公共预算本级(不包含乡镇街村社)基本支出 271894.1976 万元,又包括人员经费 237733.068 万

[①] 来自相关县政府门户网站公开的资料:《关于 C 县 2016 年全县和县级预算执行情况及 2017 年全县和县级预算草案的报告》(2017 年 2 月 16 日 C 县第十届人民代表大会第一次会议)。

元、公用经费17695.552万元、业务经费6830.8万元、临时用工3963.9万元、公车补助2974.0656万元、离退休补差2043.7872万元、小单位补助257万元、办案经费228万元和其他项目168.0248万元①。据此测算，C县全县的运作成本不低于财政总支出的40%。Z省J县2017年按照"保工资、保运转、保民生"的原则，安排一般公共预算支出500897万元，其中县本级基本支出164611万元。② 据此估算，J县的运作成本至少占财政总支出的35%以上。S省R县2017年一般公共预算支出467273万元，包括一般公共服务、公共安全、教育、科学技术、文体传媒、社会保障和就业、医疗卫生计划生育、节能环保、城乡社区、农林水、交通运输、资源勘探信息等、商业服务业等、金融、国土海洋气象等、住房保障、粮油物资储备、预备费、债务付息等各项支出，其中一般公共服务预算支出55291万元（各支出项目见附录F），其他各项支出中大多包括行政运行和一般行政管理事务支出项目，总计大约56435万元。③ 由此估算，R县的运行成本占全县财政支出的25%以上。H省M县2018年一般公共预算支出214694万元，其中一般公共服务支出24987万元，其他各项支出中也大多包含行政运行和一般行政管理事务支出项目（但数据不全），总计约28685万元。④ 据此估算，M县的运作成本至少占财政总支出的25%以上。

从上述情况来看，保守估计，维持各县域治理体系运作的经费占财政总支出的30%—40%应当是比较常见的。不过有研究指出，最主要的县乡财政支出是人员经费支出，占40%—70%。⑤ 综合来看，各县域运作成本占全县财政总支出的一半或以上应该是比较符合实际的。这说明各县域基本上还是"吃饭财政"的财政供养体制，大多县域都以"保工资、保运转"为基本的财政目标，县域治理体系的运作成本过高。不过我们说运转成本过高，并不是简单通过数字或比例来判断的，最根本的还是依据县

---

① 来自相关县政府门户网站公开的资料：《2017年度C县一般公共预算本级基本支出表》。
② 来自相关县政府门户网站公开的资料：《关于J县2016年财政预算执行情况和2017年财政预算草案的报告》（2017年2月14日J县第十六届人民代表大会第一次会议）。
③ 来自相关县政府门户网站公开的资料：《R县2016年财政预算执行情况和2017年财政预算草案的报告》（2017年3月30日R县第十八届人民代表大会第二次会议）。
④ 来自相关县政府门户网站公开的材料：《关于我县2017年财政预算执行情况和2018年财政预算（草案）的报告》（2017年12月20日M苗族自治县第七届人民代表大会第二次会议）。
⑤ 罗丹、陈洁：《中国县域财政的现状、困境与改革取向》，载《改革》2009年第3期。

域治理的实际需要。这就是说，县域治理体系是用来开展县域治理的，所以应当基于管理县域公共事务的实际需要来构建体系（机构人员等），此外至多再加上少量负责驱动和维护体系的机构人员。但在现实中，恐怕没有哪个县完全做到了这一点，机构臃肿、官员膨胀、人浮于事、效率低下的情况是广泛存在的，这已经成了一个老大难问题，并且尽管历经多次机构改革，但总是形成"精简—膨胀"的怪圈，更严重者甚至存在"吃空饷"的问题。正是考虑到这些情况的存在，我们才说县域治理体系的运作成本过高。一句话，尽管支持县域治理体系运作的成本投入是绝对必要的，但只有建立在必要且合理的县域治理体系基础上的运作成本投入才是合理而有效的，否则就是浪费和损失。

二是各县域以开展各项治理名义进行的投入，其正确性、效率和效益没有保证，产生了大量的浪费、损失和债务。各县域为开展各项治理任务而进行投入也是必要的，但只有针对真正的治理项目和真正转化为最终成果的投入才是合理有效的，不合理的和无效的投入所形成的只是浪费、损失和债务。

现在每个县都会在财政报告上列出提供各种公共产品和服务的支出，一般被称作项目支出（但是许多县的财政预算将运作成本跟项目支出混杂在一起，不易区分）。Z 省 J 县 2017 年县本级安排一般公共预算支出500897 万元，其中项目支出 159189 万元，包括一般公共服务项目支出15099 万元、公共安全项目支出 13109 万元、教育项目支出 15248 万元、科学技术项目支出 8888 万元、文化体育与传媒项目支出 2336 万元、社会保障和就业项目支出 18901 万元、医疗卫生与计划生育项目支出 19316 万元、节能环保项目支出 1706 万元、城乡社区项目支出 21403 万元、农林水项目支出 15886 万元、交通运输项目支出 1203 万元、资源勘探信息等项目支出 5308 万元、商业服务业等项目支出 2629 万元、国土海洋气象等项目支出 608 万元、其他项目支出 2324 万元。[①] 据此测算，项目支出占财政总支出的 32% 左右。S 省 P 县 2018 年一般公共预算支出 266401 万元，其中工资福利支出安排 109479 万元，主要用于在职人员工资、津贴、绩效工资、社会保障缴费和住房公积金等方面；商品和服务支出安排 46951万元，主要用于机关事业单位机构运转和社会事业发展方面；对个人和家

[①] 来自相关县政府门户网站公开的材料：《关于 J 县 2016 年财政预算执行情况和 2017 年财政预算草案的报告》（2017 年 2 月 14 日 J 县第十六届人民代表大会第一次会议）。

庭的补助支出安排 63526 万元，主要用于村社（社区）干部报酬、遗属补助、抚恤、五保供养、最低生活保障、城乡居民养老保险等方面；对企事业单位的补贴支出安排 4813 万元，主要用于支持产业（企业）发展方面；债务利息支出安排 5149 万元，主要用于偿还债务利息方面；其他资本性支出 16682 万元，主要用于购买公共服务、设备购置、维修维护和基础设施建设等；其他支出安排 19801 万元，主要用于养老保险基金差口、农村路网建设等。① 剔除其中的无关项目，P 县的项目支出大概占全县财政支出的 50% 左右。

从这些情况来看，各县为开展各项治理而提供的项目支出可能一般占财政总支出的 30%—50%。但这些投入并不一定都是实际治理所需要的，如形象工程、面子工程、政绩工程，而且也不一定都用到了应有的项目上。在这里通常不是以民众的实际需要为指南，而取决于主管领导的意志。不仅如此，各县域通常更关心各项投入的数量，而少有关心投入的有效性。所谓投入的有效性，就是投入所形成的公共产品或服务，真正为民众所使用或消费，真正发挥了作用，否则就造成了闲置浪费。比如近些年来，在中央的拉动下，县乡固定资产投入越来越多，特别是交通基础设施建设投入巨大，从乡乡通、村村通、组组通直到户户通，全面实现道路硬化。但在乡村人口向城市或发达地区大量转移的形势下，实际上许多县乡村公路的使用率是很低的。此外，以强迫命令和搞运动的方式提供公共产品和服务，也非常欠缺有效性，由此产生了大量债务和浪费。如 20 世纪 90 年代中后期国家掀起强制性的"普九"运动，但国家投入有限，结果乡村被迫举债建校。一些地方学校建立起来，但由于生育率下降，适龄学童减少，不得不并校，造成许多新建校舍被闲置浪费，有的甚至变成了养猪养鸡场。② 至于县乡政府出面购买的一些消费性公共服务，如文化下乡、科技下乡之类，到底在多大程度上为民众所享受到，其有效性也是没有保证的。

除了公共产品和服务的投入，20 世纪 90 年代甚至直到 2000 年以后，许多地方的县乡政府以发展经济的名义，直接投资兴办企业、发展产业，结果普遍失败，造成了大量的浪费、损失和债务。例如，在 H 省 Z 县，

---

① 来自相关县政府门户网站公开的材料：《关于 P 县 2017 年财政预算执行情况和 2018 年财政预算草案的报告》（2018 年 1 月 17 日 P 县第十八届人民代表大会第三次会议）。
② 赵树凯：《乡镇治理与政府制度化》，商务印书馆 2010 年版，第 202—203 页。

20世纪90年代初，县委书记提出经济发展方式转型，工业经济和农业开发两条腿走路。其中农业开发的重点是养猪和养羊，要求全县每个行政村都必须有村办养猪场和养羊场。乡镇和村集体是靠银行贷款、干部集资和自身积累来投资的，结果由于价格大跌和疾病流行，损失惨重。某乡总共25个行政村，村均至少损失10万元。继之而来的县委书记提出工业立县发展战略，要求县直单位大办经济实体，乡镇大办乡镇企业，村村冒烟，遍地开花。当时所有县直单位都分配了任务，甚至县委幼儿园都分配了任务。各单位部门的资金来源主要是单位集资和银行贷款，最终各单位所办的经济实体基本上在三年之内全部破产倒闭，平均损失在百万以上。对于乡镇村，当时要求每个乡镇至少建成一个100万元以上的工业项目和1—2个工业小区、工贸小区，各行政村至少要建成一个10万元以上的企业。有两个乡镇的造纸厂在运行半年后因为环保问题被迫全部关闭，其他乡镇村的工业项目大多是造假，应付检查了事。当时乡镇村基本上是用银行贷款、农业税和农业提留、干部和群众集资以及国家下拨项目资金直接投资办企业，企业破产亏损后，留下了巨额债务，转嫁到农民头上，增加了农民负担。再后来的县委书记提出"扩菜、兴牧、优棉、压粮"的农业立市发展方针，制定"持续高效农业行动计划"，发展蔬菜、畜牧和棉花三大支柱产业，在全县14个乡镇强力推进，主要发展公路两侧和沿线地区。由于气候不宜、市场信息不准等原因，反季节蔬菜没有销路，大多被扔掉或烂在地里，每个乡镇至少损失一千万，当时修建的温室也基本废弃。[①]

　　基于从前的教训，近年来县乡政府直接投资的现象减少了，但是通过融资平台进行投资的情况比比皆是，造成了沉重的政府债务。Z省J县2017年一般债务付息预算支出就达10100万元，比上年增长29.40%。[②] J省L县2016年度全县债务还本支出8100万元，债券支出26559.39万元。[③] 就全国来看，2010年审计署首次披露政府性债务审计结果，截至2009年底，18个省、16个市和36个县本级政府性债务余额合计2.79万亿元。其中2009年以前形成的债务余额为1.75万亿元，占62.72%，当

---

① 这里的案例材料来自冯军旗：《中县干部》，北京大学博士研究生论文2010年6月，第139—147页。
② 来自相关县政府门户网站公开的材料：《关于J县2016年财政预算执行情况和2017年财政预算草案的报告》（2017年2月14日J县第十六届人民代表大会第一次会议）。
③ 来自相关县政府门户网站公开的材料：《关于2016年度县财政预算执行和其他财政收支情况的审计报告》（2017年9月15日县十七届人大常委会第六次会议）。

年新增 1.04 万亿元，占 37.28%。这些地区共有各级融资平台公司 307 家，其政府性债务余额分别占省、市、县本级政府性债务总额的 44.07%、71.36% 和 78.05%，余额共计 1.45 万亿元。政府负有直接偿债责任、担保责任和兜底责任的债务分别为 1.8 万亿元、0.33 万亿元和 0.66 万亿元，分别占债务总额的 64.52%、11.83% 和 23.65%。从债务余额与当年可用财力的比率看，有 7 个省、10 个市和 14 个县本级超过 100%，最高的达 364.77%。从偿债资金来源看，2009 年这些地区通过举借新债偿还债务本息 2745.46 亿元，占其全部还本付息额的 47.97%，财政资金偿债能力不足。① 2013 年审计署又对中央、31 个省市区、5 个计划单列市、391 个市（地、州、盟、区）、2778 个县（市、区、旗）以及 3309 个乡（镇、苏木）的政府性债务情况进行了全面审计，结果显示，截至 2013 年 6 月底，县级、乡级政府负有偿还责任的债务分别为 39573.60 亿元和 3070.12 亿元。②

三是因为县域治理体系的变异行为或者县域治理的溢出效应而造成的一些突出后果。如一些县乡政府为了所谓经济增长，甚至一度放任环境污染破坏，直到今天这种现象依然存在；放松市场监管的行为，致使有毒有害假冒伪劣产品流入市场，对民众生命、健康和精神造成了极大损害；以强迫命令、大运动方式大搞征地拆迁，制造了诸多社会矛盾和冲突，给群众造成伤害和损失；由于疏忽或消极作为，加重了天灾、事故等的破坏性和损失程度；制定了一些不合理的政策，致使民众陷入"囚徒困境"而不能自拔；贪腐、滥权等政府祸患比较严重，造成了公共财产的大量损失和浪费，并对广大民众造成了各种伤害。

所有这些后果通常都是事后才显现出来的，许多都无法计算，特别是不能用货币来结算，比如基层政府公信力的流失、民众受到的精神创伤、环境污染破坏带来的长期后果。有些后果即使可以计算，甚至可以用货币计算，但由于缺少数据资料的保存、搜集和整理，也很难进行统计。事实上几乎没有哪个县会在财政报告上体现县域治理的后果，甚至也很少会在其官方文件或报告中提及后果问题，县域主政者通常热衷于提及县域治理

---

① 刘家义：《国务院关于 2009 年度中央预算执行和其他财政收支的审计工作报告》（2010 年 6 月 25 日第十一届全国人民代表大会常务委员会第十五次会议），见"中国人大网"（http://www.npc.gov.cn/huiyi/cwh/1115/2010-06/25/content_1579505.htm）。

② "2013 年第 32 号公告：全国政府性债务审计结果"，见"审计署"官网（http://www.audit.gov.cn/n5/n25/c63642/content.html）。

的成就。但县域治理的后果是客观存在的，广大生于斯长于斯的县域民众是看在眼里、记在心里的，因为他们就是这些后果的承受者。当然，对于中国县域治理的后果，要作出一个全面而准确的结论也是很困难的。我们只能笼统地说，这些后果是多方面的，有些甚至从数字上看也是相当惊人的。

三 结论

我们已经知道，对县域治理结果进行评估，就是明确区分县域治理的成果和后果，这样做的意义在于明确县域治理是不是还存在不足，从而为要不要改进县域治理提供明确的指示。很显然，假如在一个县，治理结果中积极正面的成果特别突出，所产生的负面后果虽然存在但并不明显，民众意见并不强烈，那么我们基本上可以说县域治理是成功的，是卓有成效的，即使仍有可改进之处，那也属于完善提高的问题。但是反过来，如果一个县的负面后果特别严重，民众怨声载道，那么即使该县取得了一定的治理成果，那也意味着县域治理存在很严重的问题，必须大幅度改进。

以上对中国县域治理结果的考察和相关的评估，是从学术研究的角度来进行的，表达的是学术见解。但是县域治理结果的最佳观察者和评判者，无疑应该是与之有切身利害关系的县域民众，因为他们既是县域治理成果的享受者，又是县域治理后果的承受者，县域治理结果如何，他们最有发言权。但遗憾的是，长期以来，民众评价都是缺席的，至少在公开的场合是缺席的，更常见的是县域主政者的自我评价和来自上级的评价。

有鉴于此，为了综合考察和评估县域治理状况，我们设计了一个针对县域民众的"用脚投票"意向调查法。也就是说，如果一个县各方面都治理得很好，治理成果丰硕，负面后果不彰，那么无疑绝大多数县域民众不会有迁徙的意向，反而应该是对民众迁入该县域产生强大的吸引力；反之如果一县治理很差，负面后果比比皆是，民怨很重，那么绝大多数县域民众自然会产生迁徙的意向甚至举动。

据此，我们对S省P县域内的普通民众进行了问卷调查（见附录A）。在总计1077名受调查者中（个别受调查者未回答个别的问题），本县城镇居民361人，本县农村居民283人，外来流动人员433人；世居于此的287人，居住10年以上的351人，居住不到5年的262人，临时暂住的 176 人。这项调查数据规模大，各方面的受访者分布正常，能够代表在当地生活的民众。调查结果显示，在 1669 人次中，28.3% 的受访者表示愿意在本地居住的原因是本县经济发达、生活富裕，44.6% 的是因为区位有优势、交通方便，16.8% 的是因为环境好，16.8% 的是其他原因（如房价便宜、安置房在此、本地人、工作原因、上学、孩子在此上学、工作机会多、找工作、流动人口、带孙子、做生意赚钱、地域因素、治安好、恋家、习惯本地生活方式、找对象、家人朋友在此、父母在此居住、工作地点方便、传统、安静、不愿意走、想在此安家、养老、生活便利、离高中学校近、为生活所迫没选择、迁不走、离家近、教育资源便利、人文条件好、没想过迁移等）。反过来，在 1520 人次中，11.1% 的受访者表示不想在本县居住的原因是贪官太多，13% 的是因为环境太差，23.1% 的是因为治安太乱，33.6% 的是因为社会不公，10.9% 的是其他原因（如官员作为不够、消费过高、乡土情怀想回家乡、非本地人、农村环境好愿回农村、工作机会少、红白事酒席不规范、没有公厕、经济发展缓慢、外地户口办社保不方便、户口问题无法解决、独生子女政策、买不起房、孩子不在此地、公共设施不健全、吵闹、车辆不按顺序停放、不好停车、高楼太多、工作不好调动、交通不便等）。扣除各种无关因素，我们可以发现，P 县没有迁徙意向的民众看重的是该县治理得好的方面，比如经济、交通，而有迁徙意向的民众则重视该县治理得差的地方，比如社会不公、治安、环境、贪腐，而且有这两种意向的民众规模是大致相当的。这就说明 P 县虽然取得了一些比较突出的治理成果，但同时也存在一些明显的不足，并未对广大民众产生压倒性的吸引力，所以这样的县域治理必须改进。

　　因为条件有限，我们没能用这种方式，对全国所有的县市区进行考察和评估，所以放眼全国，不敢断言是不是所有县域治理都需要改进或者同等程度的改进。但是至少就目前所考察过的县域来看，即便是东部沿海发达地区的县域，都有必要改进县域治理，只不过各自改进的程度、方向和重点等各有不同。

　　就此而言，这项研究的主要意义，并不在于为全国的县域治理提出一个总体判断和建议，对此我们表示力有未逮。本项研究的一个主要意义在于为具体的县域提供一个自查的办法，有则改之，无则加勉；同时对于学术同行来说，提供了一个可供参考的研究途径。

第六章　中国县域治理的能力检查

通过前面的研究，我们不敢断言全国所有的县域治理都需要改进，但却可以断定确有一些需要改进。那么究竟应当如何改进呢？这就需要首先查找原因：一县治理状况（特别是从结果的角度来看）究竟是如何造成的？对于这个问题，国内外学界早就提出了能力说，把结果归因于公共治理能力的有无和强弱。这种说法现在也已为中国官方所接受，国家治理能力的提法就是明证。在我们看来，公共治理能力其实是公共治理体系的能力，也就是公共治理体系发挥自身治理功能的表现。从这个角度，说县域治理状况是县域治理能力的结果，当然不算错，但显然不够深刻。归根结底，原因在于县域治理体系各项治理功能的发挥状况，在于县域治理体系的运作状况，在于县域治理体系的构造状况，这是系统论（结构—功能主义）的基本思想。有鉴于此，我们认为对公共治理能力进行评价，除了得出一个鉴定结论外，本身并无什么意义。但是换个角度，对公共治理体系各项治理功能（能力）的发挥状况进行检查，却更有意义。因为由此我们将可以发现公共治理体系本身存在的问题，不仅可以解释公共治理状况，还可以因此找到改进公共治理的方向和路径。基于此，本章的任务就是通过检查中国县域治理体系各项治理功能的发挥状况，来解释县域治理的状况（结果），同时揭示县域治理体系本身存在的问题，指明县域治理的改进方向。

第一节　县域治理能力的界分

在对中国县域治理能力进行检查之前，有必要首先强调一下公共治理能力与公共治理体系的组织能力之间的区分，否则就有可能找错检查对象，误入歧途，得出错误的结论。

我们认为关于公共治理的能力说其实是从政治系统论的功能主义演变而来的，所谓的能力就是政治系统的各项功能。阿尔蒙德（Gabriel Almond）等人提出了政治系统的结构—功能主义分析框架，认为政治系统发挥着体系、过程和政策三种基本功能，其中体系功能是政治体系的维持和适应功能，包括政治吸纳、政治社会化和政治沟通功能；过程功能就是把输入政治系统的支持或要求转化为权威性政策并将其输出的功能，包括利益表达、利益综合、政策制定和政策实施功能；政策功能则是指政治体系输出政策的实际作为及其结果以及反馈作用，其中政策本身的实际作为被称作政策输出，包括资源提取、产品服务分配、行为管制、象征信息交流等，政策输出所产生的结果包括福利、安全以及对国际的影响作用等。[①] 正是基于这种功能主义分析框架，王绍光等人提出了国家能力说，认为国家能力是国家将自己的意志和目标转化为现实的能力，包括动员社会经济资源的汲取能力特别是汲取财政的能力，指导社会经济发展的调控能力，运用政治符号在属民中制造共识、巩固统治地位的合法化能力，以及运用暴力、威胁等方式维护统治地位的强制能力。[②] 福山（Francis Fukuyama）则把国家能力看成是国家制定和执行政策以及执法的能力，体现的是国家权力的强度。[③] 所有这些能力都是指政治体系的功能及其发挥状况，只不过具体所指有所不同。

如果说能力说的分析框架来自于功能主义，那么其对国家能力重要性的强调，则是受到亨廷顿（Samuel P. Huntington）影响的结果。早在20世纪60年代亨廷顿就指出当时许多第三世界国家无力维持基本社会秩序、不能有效实施统治从而导致混乱动荡的政治衰朽问题，他认为原因在于这些国家的政治机构（政体）是脆弱甚至无组织的，所以出路在于建立强大的政府。[④] 他说："没有强有力的政治制度，社会便缺乏去确定和实现自己共同利益的手段。创建政治制度的能力就是创建公共利益的能力。"[⑤]

---

① [美] 加布里埃尔·A. 阿尔蒙德、小 G. 宾厄姆·鲍威尔：《比较政治学：体系、过程和政策》，曹沛霖等译，上海译文出版社1987年版，第16—19页。
② 王绍光、胡鞍钢：《中国国家能力报告》，辽宁人民出版社1993年版，第6页。
③ [美] 弗朗西斯·福山：《国家构建：21世纪的国家治理与世界秩序》，黄胜强、许铭原译，中国社会科学出版社2007年版，第7页。
④ [美] 塞缪尔·P. 亨廷顿：《变化社会中的政治秩序》，王冠华等译，生活·读书·新知三联书店1989年版，第11—12页。
⑤ 同上书，第23页。

与此类似,近年来福山也强调国家能力,他把那种缺乏解决实际问题能力的国家称作软弱无能的或失败的国家,认为国家能力欠缺、国家软弱是当今世界的一个突出问题。从对最终绩效的作用来看,福山认为国家能力比国家职能更重要。[①]

后来的研究者大多沿袭这一能力说,并且制定各种指标体系,试图对一个国家或地方的公共治理能力进行测量。但是我们发现,人们常说的公共治理能力其实是含混的。须知,阿尔蒙德等人明确区分了政治体系的三种功能并进一步区分各种功能。福山也没有把所有这些功能视作国家治理能力,他所说的国家治理能力其实仅限于阿尔蒙德等人所说的过程功能。但是王绍光等人却把政治体系的几类功能混杂在一起,同时不知道依据什么标准挑选出一部分当作国家治理能力。这就造成了公共治理能力概念和标准的模糊性,由此作出的能力测评恐怕不能真正反映实际的情况,难具说服力。

在我们看来,能力说的最大混乱,就是没有明确区分公共治理体系的组织能力与公共治理本身的能力。在这里,组织能力是构建、驱动和维系体系的能力,其衡量标准是能否构建起体系、驱动其运行下去和维系自身的存在(不只是维持既定体系的存在,还包括适应环境进行自我调整)。也就是说,组织能力相当于阿尔蒙德等人所说的体系功能。但是公共治理体系的组织能力根本就不是公共治理能力本身。公共治理能力是管理公共事务、完成治理任务的能力,包括动议、决策和执行(实施)的能力,相当于阿尔蒙德等人所说的过程功能。虽然组织能力是公共治理能力的前提基础,前者有助于后者的发挥,但二者是不能画等号的,也不一定具有正相关关系。也就是说,组织能力弱必然意味着公共治理能力差,但组织能力强却不一定意味着公共治理能力强。毕竟组织能力仅仅意味着公共治理体系能够构建起来、运作起来和维持下去,这跟管理公共事务、解决实际问题、实现治理目标并非一个意思。比如在中国,长期以来流行的"集中力量办大事"说法让我们产生了错觉,以为运动式治理能力是很强的。运动式治理表现为党政部门自我设定目标任务,通过强力组织部署,采取大张旗鼓的宣传和人海战术来完成任务,最后进行自我检查验收评比

[①] [美]弗朗西斯·福山:《国家构建:21世纪的国家治理与世界秩序》,黄胜强、许铭原译,中国社会科学出版社2007年版,第19页。

总结，于是几乎没有达不成的目标。[①] 但是仔细辨别后我们可以发现，运动式治理所体现出来的主要不是公共治理能力，而是组织能力。换言之，我们的确看到了一种强大的号召动员能力，但却不一定能够看到解决实际问题的强大能力，否则就不会产生流于表面、形式主义、作弊造假、无效投入、浪费、损失、负债等结果了，然而哪个地方、哪一次运动式治理又不会产生这些结果呢？

应当说公共治理体系的组织能力和公共治理能力之间的区别是非常明显的，但许多研究者却犯了错误，将二者混为一谈或者看成是必然具有正相关关系。在这里，亨廷顿最先就犯了错。他强调通过制度化来构建强大政府，这样的政府可能的确具有强大的组织能力，但却不等于自然拥有了强大的公共治理能力。他列举的那些关于强大政府的例子，的确展现出了强大的组织和统治能力，但那不是公共治理能力。亨廷顿应该知道，那些自利型政府（如统治型、掠夺型、腐败型政府），从组织能力上看也可能是很强大的，但这跟公共治理没有关系，甚至根本就是反公共治理的。所以亨廷顿说的"各国之间最重要的政治分野，不在于它们政府的形式，而在于它们政府的有效程度"[②] 这句话，怕是过于轻率了。

在明确区分公共治理体系的组织能力和公共治理能力本身的基础上，或许我们可以说，中国县域治理体系的组织能力是比较强的。这种组织能力在运动式治理中体现得淋漓尽致，在干部任免中也有充分的体现。据报道，G省L县从2007—2010年三年内就任免干部超过1700人次，其中四大班子下发了154份干部任免文件，任免干部1705人次，县委下发任免文件100份，任免干部1025人次。[③] 但是这种组织能力似乎也不能夸大，有时候或者在某些方面又表现出比较软弱的特征，比如在裁汰冗员和臃肿机构方面。此外这种比较强势的组织能力似乎也主要是针对体制内的人员、机构、单位和组织而言的，特别表现为命令强制的能力；但是对于非体制群体或组织的组织能力，以及在沟通、协商、谈判、合作等方面的组织能力，则表现得比较差。

[①] 赵树凯：《乡镇治理与政府制度化》，商务印书馆2010年版，第272—273页。
[②] ［美］塞缪尔·P.亨廷顿：《变化社会中的政治秩序》，王冠华等译，生活·读书·新知三联书店1989年版，第1页。
[③] 郭建光：《一个县的"超高频"干部任免》，载《政府法制》2010年第15期。

第二节　县域治理能力检查

我们已经明确，公共治理能力就是管理公共事务、解决公共问题、完成公共治理任务、实现公共治理目标的能力。具体讲就是动议、决策和执行的能力：(1) 在动议方面，公共议题能否充分反映各方面的公共事务，能否被全面及时地提出来，能否得到及时有效的回应，能否被纳入决策议程；(2) 在决策方面，能否作出正确而明智的决策；(3) 在执行方面，能否成功且有效率地执行决策。下面我们将从这三个方面来逐一检查中国县域治理能力，或者说县域治理体系各项治理功能的发挥情况。有人认为县级政府的治理能力主要表现为服务能力，而服务能力以财政能力为基础，财政能力由其财政结构决定，因此可以通过对县级政府财政来源、支出结构、财政能力、服务能力及其管理和应急反应能力来分析县级政府的治理能力。[①] 我们认为这种考察方式没有理论凭据，没有完全明确何为公共治理，也没有充分考虑公共治理的整个过程，因而参考借鉴价值不大。

一　动议能力检查

我们知道，公共事务并不会自动进入公共治理过程，实际上都是通过各种各样的议题而被提出来的。既然如此，那么要使公共事务得到有效处理，就必须广开言路，疏通动议渠道，提升对议题的反应能力，尽量将各种反映公共事务的议题纳入议程。为有效履行这种功能，公共治理体系就必须构建起密切联系广大民众、保证民众充分参与和及时回应民众诉求的动议机制。因为公共事务跟广大民众有切身利害关系，必然是他们最关心也最敏感的，也只有他们最有动力提出来，这是其他任何人都不具有的特点。

以此来检查中国的县域治理体系，可以说这方面的功能发挥存在比较严重的问题。在中国各县域，理论上一直宣扬人民当家作主，强调密切联系群众，强调民众有广泛的参与权；而且按理说，县域治理体系本身最接近民众，几乎是面对面跟民众打交道，所以县域民众更容易也更方便提出各种议题。但现实情况并非如此，普遍的情况是广大县域民众特别是弱势

[①] 王敬尧：《县级治理能力的制度基础：一个分析框架的尝试》，载《政治学研究》2009年第3期。

群体、农民群体缺乏有效的动议渠道。信访原本是一种制度化的渠道,却在维稳的形势下越来越变味了,不再是民众提出诉求的渠道,反而是堵塞民众诉求的渠道。[①] 媒体本来是县域民众为数不多的渠道,但主要媒体形式都是官办的,难以为民众代言。人民群众发挥智慧和创造力产生的自媒体形式,又处于"舆情监控"状态,不总是能有效发挥作用。如果说广大县域民众由于各方面的原因不便于或者不能提出各种议题,那么那些本身就该是人民群众代言人和诉求表达者的党代表、人大代表、政协委员以及各种群众组织,竟然大多也表现出集体不作为的休眠状态。这些途径基本上处于闲置荒废状态,那就说明县域治理体系本身有缺陷。比如在乡镇,有调查显示,人大主席团除了组织一年一次的为时半天或一天的人大会议之外,基本上没有其他活动。平时乡镇人大主席团的工作基本上都跟本职无关,全由党委具体分配安排。[②] 甚至在最接近民众的村社层面,民众动议居然也普遍受阻。我们的调查显示,许多村的村民表示不关心村务状况,但原因却是多样的,有的表示不是很懂村中讨论的大事;有的是因为村公所离家太远,所以去得少;有的表示从来没有收到过有关的信息;有的表示即使提出意见也不会被采纳,利益诉求没有得到解决,所以不再过问;有的则是长期不召开村民大会和村民代表大会。[③] 这就是县域民众参与动议的基本状况,总体特征就是严重缺乏。虽然不排除有些民众缺乏公民意识,缺乏参与动力,但主要原因不在于此。至少我们的调查显示,有近半数的民众甚至有在全县层面参与动议的意愿,而在乡村层面,大多数民众没有参与却不等于没有意愿,而是缺乏途径,因为两代会、两委会、各种群众组织等大多成为了摆设。广大县域民众的日常诉求和动议得不到有效表达,最后往往酝酿成集体总爆发,这就是群体性事件。

在比较缺乏民众参与的情况下,各县域的公共议题几乎全部出自体制内渠道。比如在县级层面,诸多案例表明,议题主要来源于县委书记、县委常委会各常委及其分管的机关部门单位、各党组、县政府长官和各政府部门等。这就导致最后提出来的议题不外乎两种:一是来自于上级下达的指示或任务;二是本县官员们自主提出的议题。对于这些议题当然也存在

---

① 唐奕主编:《基层治理之路:来自基层实践着的中国梦》,中央编译出版社 2016 年版,第 51 页。
② 赵树凯:《乡镇治理与政府制度化》,商务印书馆 2010 年版,第 74 页。
③ 对 G 省 Q 区 Y 镇 14 个村社的走访调查(2018 年 4 月 26 日至 5 月 2 日)。

筛选机制，并不是所有的议题都能进入议程，纳入决策。我们看到县委书记和县长就是把关者，他们分别决定着什么议题进入县委常委会或政府的议程。这就往往导致，来自下级汇报所形成的议题最有可能被剔除，但上级下达的指示或任务以及县域主政者特别是一把手提出的议题，必然会被列入议程，而且往往是作为重点的中心议程。于是县域治理基本上就是围绕上级的各种指令和县域主政者的意思转，而难以围绕县域民众所关心的公共事务转。

县域治理体系的这种动议功能发挥状况存在三个突出的问题。

第一，它难以做到完全真实地反映县域公共事务，反而有可能扭曲县域公共事务，从而作出不正确的事情。我们强调过，县域公共事务的最佳认定者是县域民众，因为这些事务跟他们有切身利害关系，他们感触最深，敏感性最强，这是其他任何人都代替不了的。所以县域公共事务的最佳提出者应该是县域民众，至少是其专门的代表。但在现实中，县域公共事务主要是上级指派的和本县主政者提出来的，相当于代替县域民众作出认定。当然，如果上级和县域主政官员的确做到了密切联系群众，广泛听取了民心民意，相当于切实地成为了县域民众的专门代表，那么这种认定也有可能真实地反映县域公共事务。但这是没有保证的。关键在于，直到现在，县域乃至其上级的主政官员并非经县域民众同意而产生的，也不受县域民众罢免，他们都是由上级任免的，他们负责的对象是上级，他们工作的动力也来自于上级的赏罚。我们在对S省P县某副县长及其分管部门的领导进行访谈时就注意到，受访人多次表示他们的工作动力主要来自于党性支撑和获得上级领导的肯定。[①] 既然如此，那么相对于密切联系上级领导来说，他们更为缺乏密切联系群众的动力。所以，在严重缺乏县域民众动议的情况下，很难保证这些由上级和本级主政官员提出的议题，能够完全真实地反映县域公共事务。反而是在政绩冲动的驱使下，他们更有可能提出一些扭曲县域公共事务的议题，那些早已饱受诟病的政绩工程、形象工程、面子工程就是这样提出来的。但这些没有真实反映甚至扭曲了县域公共事务的议题，往往能无所阻拦地进入议程、形成决策并被贯彻执行下去，最终造成浪费、损失，平添民众负担，所以是不正确的。

第二，它对县域公共事务具有强烈的选择性，难以做到全面反映县域

---

① 来自在S省P县的访谈资料（2016年7月25日）。

公共事务，往往造成对公共事务的遗漏或者轻视，致使诸多公共事务得不到应有的处理。在严重缺乏民众动议的情况下，事实上广大县域民众关心的公共事务基本上没有提出来的机会，即便县域主政官员知道这些事务，也极有可能将其看成是不足挂齿的"小事"，不会当作议题提上议程，除非民众已经把事情闹大。即便是那些通过体制内渠道提出来的议题，也还面临着选择。比如在县级层面，县委书记和县长具有议题是否列入议程的决定权，这就导致只有县委书记或县长认为重要的"大事"，才有可能进入议程，纳入决策。如果县委书记和县长对民情民意的确有全面准确的了解，那么这种选择就可能是正确的。但从其工作动力机制来看，这是没有保证的，所以造成公共事务的遗漏或轻视在所难免。许多县域民众所关心的"小事"得不到应有的处理，就是这样造成的，结果长期积累，形成强烈的民怨。

第三，它可能跟不上环境形势条件的变化，难以及时反映县域公共事务的变化，贻误公共事务的处理。我们已经知道，尽管从理论上说，公共事务就是公共福利、公共危害和社会公正三类，但其具体内涵却要根据具体的环境形势条件来确定，并且会随着环境形势条件的变化而变化。比如在农业时代基本谈不上环境污染问题，也就不存在这项公共事务；但在工业时代，环境污染破坏特别严重，早已成为头等重要的公共事务。就此而言，公共治理必须及时跟进环境形势条件的变化，及时地把最新产生或变化的公共事务纳入议程，否则就会贻误这些公共事务的处理，造成不必要的后果。在这方面，广大民众同样具有先天优势，他们最能及时地感知这些变化，他们的诉求也最能及时地反映这些变化，所以应当保证广大民众有通畅的动议渠道，构建起及时的回应机制，这样才有利于公共事务得到及时解决。

但在中国各县域恰恰非常缺乏民众的动议，因而，县域公共事务的变化不总是能够得到及时反映并将其纳入议程，就是必然的，结果有许多公共事务就这样被贻误了，产生了诸多不必要的后果。比如改革开放后，通过家庭联产承包责任制等改革，农民一度增加了收入，改善了生活。但到了20世纪90年代，在GDP主义的驱动下，县乡村大肆借债投资，加上1993年启动的分税制改革，结果地方财政特别吃紧，进一步造成农民负担特别严重。农民当然是最先也最能感知负担重的群体，但是除了抗粮抗税，他们没有别的什么渠道，即使提出也得不到回应。这个问题就这样一直拖着，愈加严重化，直到 2000 年前后一些乡镇干部、知识分子和媒体发声（如著名的李昌平上书总理事件），引起了中央的重视，才在中央的统一部署下，通过废除农业税费而得到解决。同样，在 GDP 主义驱使下的粗放型发展，引起了非常严重的环境污染破坏问题，对此各地民众早有呼吁甚至抗争，但是迟迟得不到回应和解决，问题越来越严重。仅仅是最近十来年，在中央的统一要求之下，各地才开始把环保列为重要事务而纳入议程（主要是因为"一票否决制"）。除此之外还有不少新形势下的新问题，如暴力征地拆迁引发的矛盾冲突，社会分化加剧引起的社会公正问题，教育、医疗和住房这"新三座大山"，等等。但是对于这些事情，广大民众要么很难发声，甚至遭到打压，要么就是得不到有效回应，进不了议程，拖延至今基本上还是没有得到解决。

对于各县域来说，当前最重要的环境形势条件变化，莫过于人口大幅度流动所引起的乡村和城镇变动。据国家统计局的统计，2000 年全国流动人口超过 1 亿人，2010 年全国流动人口达到 2.21 亿人，2014 年流动人口总量达到 2.53 亿人，占总人口的 18.5%，约每 5 个人中有 1 个流动人口，2017 年流动人口总量超过 2 亿，接近总人口的 18%。[1] 这种大幅度的人口流动其实是从 20 世纪 90 年代的"民工潮"开始的，持续至今已经有近 30 年了。这些流动人口主要来源于从农村和土地上解放出来的大批劳动力，这是毫无疑问的。而从去向来看，准确地说应该是由乡村向城镇、由欠发达地区向发达地区流动，而不仅限于东部沿海发达地区。虽然开放战略从一开始就决定以东部沿海地区为突破口，所以经过几十年之后，东部沿海地区的确是最主要的人口流入地。但是中西部地区的城镇，特别是以省会城市为代表的和受其辐射影响的城市，也是重要的人口流入地。在中西部地区，可能是发展战略所致，出现了一个非常突出的"省城的繁荣"现象。省城因为是一省的权力中心，所以也往往是经济、教育、医疗、科技、文化等各种中心，集中了最多的公共福利资源，诱使全省各方面的财富向省城集中，形成了一派极为繁荣的景象。受省城辐射影响，周边一些城市也得以发展起来。如在湖南省，长沙县之所以能位列全国百强县前二十名和中部地区强县之首，关键就在于它是紧邻省城长沙的

---

[1] 国家统计局人口司：《统筹人口发展战略、实现人口均衡发展：改革开放 40 年经济社会发展成就系列报告之二十一》，见"国家统计局"官网（http://www.stats.gov.cn/ztjc/ztfx/ggkf40n/201809/t20180918_1623598.html）。

近郊县，受益于省城居民居住郊区化和省城工业或物流业的迁出扩散。①除此之外，中西部地区的其他城镇也吸引了大量人口，导致近年来地改市、县改市、乡改镇越来越多，城镇数量大量增加。据国家统计局统计，2017年末全国城市达661个，其中地级以上城市298个，比1978年末增加197个，增长2.0倍；县级市363个，增加271个，增长3.0倍；建制镇21116个，增加18940个，增长8.7倍。2017年末，东部地区城市有212个，比1978年末增加160个，增长3.1倍；中部地区城市有170个，增加114个，增长2.0倍；西部地区城市有190个，增加135个，增长2.5倍；东北地区城市有89个，增加59个，增长2.0倍。②不过各个地区的城镇化都存在一个突出的问题，就是流入人口的入籍程度较差（人口大量流入城镇跟入籍成为城镇居民完全不是一回事），致使一些地方（特别是中西部地区）的地改市、县改市和乡改镇名不副实。如在西部S省H市（地级市），2012年全市总体城镇化率为41.53%，但这是把居住在城镇半年以上的本地农村人口和外来农民工统计在内的结果。③在内地H省S县，截至2012年，全县城镇人口3.76万人，城镇化率24.63%。该县下辖七镇七乡，其中的七个镇按户籍人口统计，人口不到1000人就有3个，达到1000人的1个，达到2000人的仅有3个——只有县城所在镇人口超过2.9万人。④尽管存在这些问题，但农村流出人口的主要去向是各地的城镇，这也是毫无疑问的。

人口大幅度流动带来了两方面的重大变化。一是作为人口流出地的许多农村地区趋于凋敝，特别是中西部人口净流出地区，出现了大量的"空心村"，农业人口越来越少，青壮年一般进城务工，留在农村的大多是老弱妇孺，加上农村税费改革的作用，农村出现了"弱治理"的问题⑤。也就是说，原来基于集体土地和农业经济而构建的乡村治理体系已经失去了根基，基本解决不了新形势下的乡村新问题。二是在作为人口流

---

① 金城：《非一般县域治理》，载《21世纪经济报道》2011年10月3日第17版。
② 国家统计局城市司：《城镇化水平显著提高、城市面貌焕然一新：改革开放40年经济社会发展成就系列报告之十一》，见"国家统计局"官网（http://www.stats.gov.cn/ztjc/ztfx/ggkf40n/201809/t20180910_1621837.html）。
③ 周庆智：《在政府与社会之间：基层治理诸问题研究》，中国社会科学出版社2015年版，第104—107页。
④ 王铁智：《县域城镇的"候鸟现象"》，载《中国发展观察》2014年第3期。
⑤ 任宝玉、杨震林：《流动中的乡村"弱治理"：对河南省林州市Y镇的调查》，载《社会主义研究》2004年第5期。

入地的城镇，新产生的城镇治理问题非常突出，如城镇基础设施配套、交通、住房、社保、教育、就业、治安、社区、外来人口平等化待遇，等等。可见中国各县域所涵盖的城乡公共事务早已发生了重大变化。但是那些留守乡村的妇女、儿童和老人，以及那些流入城镇的流动人口、外地人口，很难有机会发声和有途径提出议题（除了被个别媒体代言），结果许多县域并没有及时地把握和回应这些诉求并将其纳入议程，还是一如既往地、千篇一律地把发展经济和维护社会稳定当成头等大事来抓——只是因为这是上级考核的硬指标。如此下去，当前县域所面临的那些紧迫的城乡公共事务就将被贻误，将来势必会产生严重的后果。

总之，由于目前中国县域治理体系缺乏动议机制的有效构建，严重缺乏县域民众动议和有效回应的机制，因此其动议能力（动议功能的发挥）存在严重的问题，不能完全保证正确、全面、及时地反映各方面的县域公共事务并将其纳入治理过程，由此造成县域公共事务不能保证得到正确、全面、及时的处理。

二 决策能力检查

决策就是对列入议程的议题作出要不要处理和怎样处理的决定。而公共事务要能够得到妥善处理，那么决策就必须满足正确和明智两个要求。所谓正确，就是所作出的决定要符合公共治理的目标要求，是为了使公众互惠互利、共同受益和实现幸福。而明智则意味着作决定的时候，要充分预判和衡量可能产生的结果（包括成果和后果），只有预期成果大后果小，决策才是可行的。所以总结起来，决策所要解决的就是值不值得和可不可行两个问题。

在中国各县域，县乡村各个层面的决策权都掌握在主要官员手中。如在县级层面，两大决策机构就是县委常委会（有时候甚至是县委书记拍板）和县长办公会（或政府常务会议）。在其决策过程中，尽管也可能会安排列席会议人员，但仅限于跟决策事务密切相关的体制内人员，而且主要是接受咨询的作用。至于其他如县委全体会议、政府全体会议等参会人员和列席旁听人员多、规模大的会议，主要是履行程序性功能，并不真正掌握决策权。在中国县域有一个规律，就是会议规模与决策权力成反比，正所谓"大事开小会，小事开大会"。所以总的来说，中国县域治理体系实行的是官员小圈子决策体制，这就导致决策可能会很迅速（这甚至就是其所追求的目标并被看成是中国特色的优势），但却不能保证其正确性和明智性。

其实由于动议功能的残缺不足，中国县域治理体系的决策首先就存在一个先天不足，那就是县域决策事务主要来自于上级下达的指示任务或者县域主政者特别是一把手提交的事情，而不是基于民众的诉求。这就隐藏着决策错误的可能性，因为纳入决策的事务本身就有可能不是真正与县域民众有切身利害关系的公共事务。对这样的事情作出决策，跟公共治理其实没有什么关系，反倒是对公共事务造成扭曲，最后产生一些很坏的结果。

但是县域决策的正确性和明智性不能得到保证的最大原因，在于这种官员小圈子决策体制的缺陷。现在对县域主政者的选拔任用权掌握在上级手中，选拔任用的标准是上级制定的，按照"动议—（民意测验）—民主推荐—考察—讨论决定"的官员内部选举程序[1]来进行选拔任用，民意如果有所体现，也只是作为一种不公开的因而不确定的参考意见。这样选拔出来的官员掌握着决策权，是没有办法保证其才德以及决策的动机和责任心的，也就不能保证决策的正确性和明智性。

因为县域官员是由上级选拔任用的，所以他们的才德也就主要不是来自于民众的评价和认可，从根本上说是来自于他们向上级所展现的和上级所认可的"成绩""能力"和"德操"，但这些才德未必真正经受过检验，"带病提拔"现象就是一个证明。通常来说，对于那些贴近民众生活、几乎是跟民众面对面打交道的县域官员来说，没有谁比县域民众更了解和更能识别他们的才德状况。县域官员的一切所作所为，都将在县域治理结果中得到体现，而县域民众是县域治理结果的承受者，他们有切身体会和感受，他们也是实效主义者，只会通过结果来评判和认定官员的才德。在这里，官员的一切欺骗行为都将失效，但他们却可以欺瞒糊弄上级。

不仅如此，由于县域官员的升迁奖惩完全取决于上级，因而必然是对上负责。他们作决策的动机主要就是追求政绩最大化和应对上级压力[2]，至于决策会对县域民众造成什么影响，即便有所考虑，也必然服从于政绩

---

[1] 人民论坛编：《大国治理：国家治理体系和治理能力现代化》，中国经济出版社2014年版，第227—228页。

[2] 同上书，第207—208页。

冲动和对上负责这个最大的考量。这些决策对于县域主政者来说或许是正确而明智的，因为借此他们可以在自己短暂的任期内创造或提升政绩，获得升迁的机会，但从县域民众的角度来看，则可能是短期行为或者乱作为，是错误的或不明智的决策。

此外，这种官员小圈子决策体制在决策过程中具有排他性、封闭性和私密性的特点，缺乏民众参与和监督，广大县域民众甚至缺乏知情权，因而也很难保证决策的正确性和明智性。我们在 S 省 P 县对普通民众的问卷调查（见附录 A）显示，在 1077 名受访者中，仅有 3.9%的人表示知道本县党委政府是怎样做事情的，44.9%的人表示知道一点但不多，51.1%的人表示毫无所知。虽然近年来有个别县域试图通过公示、听证、酝酿、征求意见等途径，将普通民众的意见吸收到提交决策的议题中去。但是一方面，这只是将民意吸收进议题中，而非民众参与决策，决策主体仍然是封闭的官员小圈子；另一方面，即使是征求意见，也主要是面向党政机关、政协、民主党派、人民团体、基层单位等体制内对象，广大体制外民众鲜有参与。

总之，既然县域决策事务可能存在偏差，县域决策者的才德得不到保证，其动力和约束机制也与县域民众无关，而决策过程又具有排斥民众参与甚至知情的特点，那么县域决策的正确性和明智性也就难以保证。

三 执行能力检查

执行就是将决策付诸实施以实现目标的过程。检查执行能力最重要的标准自然是能否解决实际问题，实现决策目标，但又不限于此，还包括实现目标的效率，也就是成果与后果的比较。毕竟执行的结果不能背离公共治理的初衷，不能因为执行反而给民众制造更大的伤害或损失。

就此来看，中国县域治理体系的执行能力有一个突出的特征，就是具有很强的选择性。那些上级下达的指示任务（又特别是那些"一票否决"的任务）和县域主政者拍板的决定，无论是务虚的还是务实的，往往都能获得执行，甚至可以一直执行到最基层的村社、单位和组织层面。换言之，只要是上级和领导重视或亲自督促的事情，一般都能执行，而且力度很大。但是对于除此之外的决定，能否执行或者执行力度如何就很难说了。一般而言，县域各部门、单位和组织最愿意执行的是那些有关调拨、分配和使用资源的任务，而对其他事务不够积极。比如在乡村层面，乡村干部最积极做的是那些与农民生产生活密切联系、对村干部或本村群众有益的事情,如修路、通电、盖学校、给物资、给补助,因为这些事情最容易做,同时也能为他们自己提供好处。反过来,诸如计划生育这类群众不喜欢、有困难的事情,或者纯粹务虚的、形式化的、没有什么收益的事情,做起来就不够积极。①

县域执行能力的另一个突出特征就是结果没有保证,往往难以控制后果的大量产生。通常领导重视和亲自督促的任务,以及那些执行者本身有积极性的事情,一般能够实现或者接近目标,但也不排除作弊造假。除此之外的任务能否实现或接近目标,则通常取决于领导的督促力度。就执行的效率来看,贪污、截留等"偷油""漏油"现象,拖延推诿、浪费、损失、负债,以及强征强拆、城管暴力执法等对民众造成的伤害,诸此种种普遍发生的情况表明县域执行往往产生比较多的后果。比如在乡镇,有调查显示,对于上级指派的任务,如果有利可图且民众接受,那么无须对其施压便可执行;但如果不是如此,那么乡镇领导便会造假糊弄上级,或者采取强迫命令、借钱办事等办法来完成任务,结果往往造成劳民伤财,最终由农民来承担代价。②

县域执行能力存在的这些问题,首先可能跟执行的任务有一定关系。如上所述,县域本身就难以保证决策的正确性和明智性,特别是对于那些缺乏可行性的决策任务来说,实在不能苛求执行能力。另外,执行任务过于繁重,特别是上级施加的任务太多太重,可能也是影响县域执行能力的一个重要原因。我们知道在中国的国家治理体系中,县域治理体系在其定位上就是中央和上级的执行者角色,而且是最底层的执行者。由于"上面千条线、下面一根针",所以县域的执行任务特别繁重,但在各种考核压力下,这些任务又必须执行,于是很难保证执行的结果。比如为了完成任务,特别是那些一票否决的任务,县域主政者经常游走于合法与非法的边缘,"行无定则",采取一些非常措施,即使会对民众造成损害也在所不惜。③我们在S省P县对部分县域领导进行访谈时则注意到,受访人明确表示中国政府是一种保姆型政府,包揽的事务其实过多了。在这种情况下,各种考核指标太多,有的部门考核指标居然多达百项,而且这些考核

---

① 赵树凯:《乡镇治理与政府制度化》,商务印书馆2010年版,第186页。
② 同上书,第131页。
③ 李克军:《县委书记们的主政谋略》,广东人民出版社2014年版,第4—6、8页。

也不尽合理，比如末位淘汰制，所以工作上总是提心吊胆，战战兢兢，生怕出事。为了完成这些繁重的任务，他们普遍感叹工作压力大，经常是"白加黑""五加二"的工作状态，实际上没有休息日，身心俱疲。① 在这样一种繁重的压力下，执行效果自然难以得到保证。

不过县域执行能力的问题可能更多还是源于县域治理体系的执行体制。我们已知，中国县域治理体系是从整个国家治理体系复制而来的，其基本框架就是党领导国家和社会的"一体两翼"模式，这是有党规国法为依据的，县域对此没有选择权。但是作为县域治理体系组织者（同时也是决策者）的县委常委会（特别是县委书记），却可以自主制定本县域的目标任务，通过重新分工，调整各个组成部分的功能，从而对县域治理体系进行再造。其中越来越常见的分工方式就是成立各种领导小组，这是中国县域基本的执行体制。按照这种执行体制，除去县委常委会是最高决策机构外，县域治理体系的其他所有组成部分都是执行者。比如在县委常委会把发展经济、维稳或者扶贫作为中心工作的情况下，中心工作就是所谓的大局，那么按照服从大局的要求，县域治理体系的各个组成部分，无论什么机关、单位、部门、组织，就都要承担起发展经济、维稳和扶贫的任务。如西部 C 市 W 县法院就积极发挥人民法院在社会经济发展中"保增长、保民生、保稳定"的作用，始终坚持着眼预防和解决热点、焦点问题，彰显服务大局理念，着眼全县总体发展思路和重点工作，助推县域经济健康持续发展。该院坚持把审判工作融入经济社会发展大局，为全面推进"十三五"规划提供有力司法保障，包括加强对工业园区企业的诉讼指导，通过上门走访企业，为园区涉诉企业建立绿色通道；主动参与社会治安综合治理和平安创建工作，推进社区矫正；千方百计筹集帮扶资金，真心实意开展精准扶贫活动。② 这种重新分工造成了两个结果。一方面，县域治理体系各组成部分原本的自身功能（包括法定功能）遭到削弱。例如，法院作为专门的司法机关，本身的功能是审判，依法裁决争端，从而维护法制。但当法院的工作要服从大局（中心工作）的时候，那么法院是不是还能做到依法裁决，这就难以保证了。而且法院作为专门的司法机关，出于服从大局的需要，承担附加的其他功能，如维稳、扶

---

① 对 S 省 P 县某副县长及其分管部门领导的访谈资料（2016 年 7 月 25 日）。
② 来自相关县法院门户网站公开的资料：《W 法院切实履行审判职能为辖区经济发展保驾护航》（2017 年 3 月 17 日）。

贫，那么自然就会减少从事本职工作的时间和精力，自身功能的发挥会受到很大影响。同样，城市社区作为居民自治组织，却承接着上级政府各部门下达的各种任务多达上百项，如计生、安全生产、维稳、城市管理、环境绿化等，有的社区甚至挂有几十个"牌子"以对应上级的各个"婆婆"，每年疲于应付上级的检查、考核、评比，不堪重负，从而减少了为居民服务的时间和精力。① 另一方面，县域治理体系各组成部分按照新的分工承担新的功能后，由于新功能并非其专长，所以作用发挥并不理想。比如在扶贫成为中心工作之后，整个县域治理体系的各个组成部分都承担着扶贫的任务，各部门单位承包一定数量的贫困户，机关工作人员下乡对接贫困户甚至同吃同住，中小学教师也进村入户承担着扶贫任务。但是这些部门单位人员除了送去一些资源外，其实什么也干不了，所提出的一些脱贫方案和项目根本没有切实的依据。说到底，这是一种群众运动式扶贫，是试图用帮扶人员来代替贫困人口脱贫，其成效难以保证。总之，这种适应群众运动需要而进行随意分工所构建起来的执行体制，造成县域治理体系各组成部分既有功能发挥不好，新增功能也发挥不好，两头都不利，由此自然影响到县域执行能力的发挥。

　　除了执行体制，县域执行能力还跟县域治理体系的协调控制机制有着紧密的关系。我们知道，集体行动是由多个部分组成的，如果缺乏有效的协调控制，那么势必会造成集体行动缺乏动力、不负责任或者行动散乱冲突，无法形成强大的合力来实现目标。就县域治理来说，先就协调而言，县域治理体系的协调由党组织（特别是各级党委书记和党办）负责，所谓"总揽全局、协调各方"，其主要方式就是各种会议和领导小组的形式。但是这些协调机制并不都是有效的，现实中县域治理体系内部扯皮冲突现象比比皆是。例如，条块分割和冲突问题就很突出。通常工商、公安、税务、土地、环保、司法、计生等这些所谓有钱又有权的部门，在人事、经费、工作各方面对于乡镇政府来说都是独立的，致使乡镇政府在运作上面临内部单位和垂直单位两盘棋的局面，趋于瘫痪。② 在社区层面，各种组织繁杂，人员多样，党组织、工作站、居委会、社会组织、辖区单位等保持垂直科层结构，相互之间条块分离，功能含混，交叉不清。居委

---

① 唐奕主编：《基层治理之路：来自基层实践着的中国梦》，中央编译出版社2016年版，第124—125页。

② 赵树凯：《乡镇治理与政府制度化》，商务印书馆2010年版，第144—147页。

会承担着部分政府功能，社区工作站本身是基层政府的派出机构，结果逐渐演变成集行政管理、社区管理和服务于一身的综合性机构，此外社区服务中心、业主委员会、社区社会组织之间的功能也是交叉重复的，社区内的企业（包括物业公司）、驻区单位等游离于社区之外，缺少互动沟通和资源整合。① 甚至本身具有协调功能的领导小组也产生了协调的问题。近年来县域成立领导小组已经常态化，形成了凡有任务便要成立领导小组来解决的思维和习惯，结果导致领导小组多如牛毛，相互之间以及各领导小组的组成部门之间存在着严重的协调问题。在 G 省 S 区，由某一个党政部门牵头的领导小组多则十余个少则 3 个以上，而一个部门作为组成单位参加的领导小组，多则 40 余个，少则 20 余个。② 很难想象这些部门应当怎样协调所承担的繁多任务，以及如何协调与其他部门之间的关系。还有一种情况是协调减少甚至是走形式。有调查发现，乡镇政府与村社群众组织之间的会议越来越少，总体上不及乡镇领导赴县城开会的 1/3。③ 从形式上看，基本上都是集中村干部在乡镇开会，而不是乡镇领导干部下乡开会；从内容上看，会议基本上都是传达上级精神和布置任务，会而不议，缺乏有效的衔接和协调。协调不力或不足，就会产生严重的内部损耗，这是影响县域执行能力发挥的一个重要原因。

再就控制而言，这方面问题更大，对县域执行能力有重大的影响。我们已知，控制包括激励和约束两个方面，目的在于维持集体行动的目标导向。在中国县域，控制属于党组织的功能，主要由党委书记在党办、组织和纪检部门的协助下来行使。过去县域治理体系的控制主要采取直接的权力手段（命令—服从），改革开放以后受西方管理主义影响，引进了目标考核手段，现在普遍运用，不仅上级对县级采取目标考核方式，县级对所属部门单位和乡镇甚至乡镇对村社也是如此（参见附录 C、D 所示案例）。比如县级考核乡镇，首先是制定各种指标，在经济发展方面有财税完成情况、农业增收情况、农民收入、个体私营经济、招商引资等，在精神文化方面有法制建设、社会稳定（特别是上访）、统战、思想建设、文明创建、环保、报刊征订等；在党建方面有组织建设、党风廉政建设、民主选

---

① 唐奕主编：《基层治理之路：来自基层实践着的中国梦》，中央编译出版社 2016 年版，第 172—174 页。

② 原超：《地方治理中的"小组机制"研究》，中央编译出版社 2017 年版，第 163—171 页。

③ 赵树凯：《乡镇治理与政府制度化》，商务印书馆 2010 年版，第 168—169 页。

举、思想政治工作等。然后到了年终，县里通常派出由组织部门牵头、相关部门参加的检查队伍，到乡镇逐个进行检查考核。通常是县里有关部门提出初步考核结果，然后报县委常委会讨论，最后作出立功、表彰、批评或者黄牌警告等决定。如果是一票否决制的指标，那么一旦遭到否决，则其余指标的完成情况对于最终评价都没有用处，有关乡镇将受到不能评先进、主要负责人和相关责任人不得晋升、工资奖金受到影响等处罚。[1] 除了目标考核，还有其他一些控制手段，如"乡财县管""村财乡管"，乡镇对村社给予物质奖励或者在人情、信息、资源等方面给予照顾等。[2] 可以讲，县域治理体系的执行能力，除了分工所造成的执行体制，主要就是依靠目标考核的控制机制来保证的。但我们可以肯定地说，这种控制机制切实保证了上级和县域领导者对各执行部门和单位的控制，却没有切实保证或提升县域的执行能力。关键在于，这种完全依赖于上级的控制机制脱离了县域民众的评价和问责。在整个控制过程中，全都是官僚体系内部上上下下的自说自话，没有民众的参与，没有民意的体现，作为基层政府服务对象的民众成为了旁观者甚至想旁观而不可得。[3] 由于缺乏县域民众的评价和问责，所以这样的考核是不容易看到实际收效的，那么就只能以各单位部门的数字报表等形式化的东西为凭据，止于"文头"和"墙头"，诱导被考核单位部门进行造假作弊或者搞形式主义而不管执行的实际收效。比如针对一些务虚的事务，如政治学习、精神文明、廉政建设，那么就用文件落实文件，检查的时候提交有关文件和文字材料报表之类即可，甚至有时候现编现写或者将往年的记录本换个封皮。针对那些所谓的制度建设事务，如村委会工作制度、村务公开制度等，则只需要将有关文字或口号张贴上墙即可。对于突击检查的事务，则往往县乡村互通信息，集体行动，共同应对。[4] 如果造假作弊不成，那么为完成指标，各执行单位部门就可能采取强迫命令蛮干的做法，结果制造官民冲突事件，损害民众的利益。所以总的来看，现在的县域治理体系控制机制看似强大，给各执行单位部门制造了很大的压力，但对于保证执行能力，特别是收到实效、提升效率的能力，并没有什么明显的效果。问题的关键就在于这个控制机制

---

[1] 赵树凯：《乡镇治理与政府制度化》，商务印书馆2010年版，第161页。
[2] 同上书，第178—183页。
[3] 同上书，第161页。
[4] 同上书，第175—177页。

缺乏县域民众的评价和问责,所以这些执行者很难做到真正对民众负责,注重执行的实效和效率,而是采取一种对上负责、应付上级的基本态度和做法。

综上所述,中国县域治理体系的执行功能发挥状况实际上很不理想,执行的实效和效率都很难得到保证。究其原因,就在于整个县域治理体系在构造上存在缺陷,特别是通过随意分工而形成的执行体制和缺乏县域民众评价和问责的控制机制,本身的合理性就不足。

第三节 总体评价与结论

通过分别检查中国县域治理体系的动议、决策和执行能力,我们可以发现在任何一个方面都不能简单地作出有无或强弱的结论,而只能说每个方面都具备一定的能力,但又明显存在能力不足的情况。这就不便于我们对县域治理体系的整体治理能力作出评判了。鉴于此,我们不妨采取一个综合性的衡量办法。无论如何,县域治理体系的能力总是体现在结果上的,因此可以依据县域治理结果的情况去倒推能力。如此一来,我们认为不妨用数量和成效两个标准来衡量县域治理体系的整体能力。所谓数量,就是县域治理体系接受和完成的治理任务数量,前提是治理任务符合公共事务性质。以此标准来看,无疑接受的治理任务越多,能力更强;任务完成的程度越高(越接近目标),能力越强;完成的任务越多,能力越强。所谓成效,则是指任务完成后的实际收效,也就是比较治理成果和后果的情况。以此标准来看,无疑成果越大后果越小,能力越强。如果用一个公式来表达,那么可以说治理能力等于数量乘以成效。

根据这样的考察和测评标准,中国县域治理体系的整体治理能力究竟如何?要对此问题作出一个结论,最好的办法就是逐个县市区进行测评,最后观察总的情况。但我们的确没有作过这样的测评,也没有看到过其他类似的测评,因此不敢妄下断言。就我们所考察过的县域情况来看,赵树凯的一个总体判断比较贴切:基层政府既强大又脆弱。[①] 这个评判并不是故弄玄虚,模棱两可,恰恰是符合实际的。有学者就注意到,从"中心工作"的角度,我们可以看到县域政府的"强治理",而从那些基层民众

[①] 赵树凯:《乡镇治理与政府制度化》,商务印书馆2010年版,第227页。

所需要的"小事"来看，县域政府则呈现出"弱治理"的状态。所谓中心工作，主要包括发展经济、社会稳定和上级交付三种类型，如招商引资、工业园区建设、城区建设、社会治安综合治理、计划生育、征地拆迁、创建文明城市、新农村建设，等等。因为中心工作就是县域主政者重视的工作，所以可以充分发挥县域治理体系的强大组织能力，调动一切可用资源，"集中精力办大事"。在此情况下，县域治理能力多少会有一些体现。但是反过来，那些不在中心工作范围内的所谓小事，如停水断电、路灯不亮、水电价过高、生活垃圾、噪音污染、交通安全和秩序、药品食品安全、未成年人上网、电视虚假广告、地下赌博等问题，除非事情闹大，否则一般不受领导重视，提不上议程，也就体现不出治理能力来。即便这些非中心工作的"小事"进入议程，通常也是敷衍塞责、息事宁人，体现不出什么强大的治理能力。[①] 现实中这样的案例可谓举不胜举。我们在 G 省 J 县考察时就注意到一个情况，一条县道通过一座跨河大桥将两个县区连接起来，这也是河两岸方圆几十里内唯一的通道。该大桥始建于 20 世纪 60 年代初，早已不堪重负，成为重度危桥，原址重建或选址另建势在必行。但是牵涉其中的两个县区互相推脱责任，从该桥被列为危桥之日起过去了十多年，迄今无果。在此情况下，该桥年年进行加固维修，设置路障，缩小通车路面，采取单边放行、限重、限速等措施，甚至派出交警和派出所民警 24 小时管控，导致交通十分拥堵，民众生活极为不便。[②]

总的来说，中国县域治理能力这个问题很难笼统而论，不仅因时因地不同，而且因公共事务的类别也不同。但是不论如何，正如对中国县域治理结果的评估一样，我们可以确证的是，中国县域治理体系既具有一定的治理能力，同时也存在治理能力不足的地方，差不多可以说二者是旗鼓相当的。或许正因如此，我们才能解释，为什么中国县域治理既能够产生一些显著的成果，同时也会产生一些突出的后果。

通过这样的检查和评估，我们深切地感到，中国各县域的治理能力状况是一个随机性事件，没有比较稳定和可靠的保证。如果遇到开明的、有良知的、有才干的县域主政者，那么从动议、决策到执行，县域各方面的治理能力可能会得到比较好的发挥，从而取得较好的治理结果。但并不是每个县域或者在任何时候都能有这样的好运气。有人可能会从这里得出结

[①] 欧阳静：《中心工作与县域政府的强治理》，载《云南行政学院学报》2017 年第 6 期。
[②] 对 G 省 J 县的实地考察调研（2018 年 4 月 23 日）。

论，认为这说明县域领导干部的选拔任用对于县域治理是至关重要的，决定着县域治理能力的发挥和最后的治理结果，正如唐太宗所说的"为政之要，惟在得人，用非其才，必难致理"[1]。然而我们却认为，县域治理能力得不到稳定和可靠保障的情况，恰恰说明中国县域治理直到今天还没有摆脱人治模式及其困境。例如，G省S区是省委书记挂点的地方，因为省委书记特别关心食品安全监管问题，所以在区长的直接领导下成立了区食品安全监管领导小组。正是借助于从省委书记到区长的权威，该领导小组具有很强的整合能力，运作比较顺畅，收效尚可。不过后来省委书记换了人，新任书记的关注点变成了社会创新和社会矛盾化解问题，于是S区食品安全监管领导小组的整合、动员和执行等各项能力便统统地急剧下降了。[2] 所以说到底，今天中国的县域治理体系还是一种人治体系，实际上就是县域主政者用以实现个人（或者还包括常委会少数人）意志的工具，对它的唯一限制约束来自于上级。我们认为这才是真正值得深刻反思的地方，而不是选人用人的问题。尽管我们承认，县域主政官员对于县域治理能力的发挥很重要，实际上任何情况下人才对于县域治理来说都很重要。但问题是，在县域治理体系存在种种缺陷的情况下，再好的人才也难以将其才德转化为治理能力。比如在县域主政官员和其他各级官员为上级所任免的情况下，在缺乏县域民众参与动议和及时回应机制的情况下，在县域民众评估问责缺失而主要依靠上级激励约束的情况下，没有任何办法可以保证这些官员能够做到心怀县域民众、对县域民众负责而不是只对上级和对自己负责，也不能保证他们主动自觉地体察民情民意、关心关怀并全面及时地处理县域公共事务以及真正关心执行的效率和目标的达成。

所以，中国县域治理能力得不到稳定而可靠的保证，这个情况折射出的不是选人用人的问题，而是表明中国县域治理体系本身存在比较严重的问题，从而影响到了其治理功能的发挥。因此，当我们思考如何改善提升县域治理能力的时候，就不应当是从这些官员个人才德的角度出发，而应当是从整个县域治理体系的角度出发。这就是我们不避繁琐，逐一检查县域各项治理能力的重要意义所在。正是在这个检查过程中，我们发现中国县域治理体系各项治理能力的发挥状况，都是与县域治理体系的相关构造

---

[1] 《贞观政要》，骈宇骞、骈骅译，中华书局2009年版，第190页。
[2] 原超：《地方治理中的"小组机制"研究》，中央编译出版社2017年版，第153—155页。

密不可分的。

但可能仍旧会有一些研究，还是从人员素质、思想观念、工作能力、工作作风、方式方法甚至财政资源等诸多方面去寻找原因。这些探究方式固然有一定合理性，但却是不深刻的。我们知道，在集体行动中，成员个人能力之总和并不等于集体行动能力，即使大多数成员个人能力强，也不等于集体行动的整体能力强。同样，集体行动中资源的高投入也不等于结果的高产出。所以中国县域治理所表现出的能力状况及其所产生的结果，是不能从这些个人的或微观的角度获得解释的，也是不能从这些角度找到出路的。赵树凯也指出，正是由于缺乏作为公共服务顾客的农民进行评价、监督和问责，结果基层政府的基本动力就是应付上级压力和为了自身而工作，所以在招商引资这些能够直接带来政绩的事情上很有动力，但在提供公共服务方面却欠缺动力，导致公共服务的提供也很欠缺。这就不能归结为缺乏资金资源的投入，说到底是基层治理体系出了问题，而不能简单地说是基层干部的意识、方法和能力问题导致了"治理危机"。[①]

其实回到起点，从一开始我们就已明确，县域治理能力本来就是县域治理体系的能力，是该体系发挥自身治理功能状况的表现。所以要解释其能力状况及其所产生的治理结果，自然就要从县域治理体系本身着手。也因此，要改进中国县域治理，改善或提升县域治理能力，最终的出路也只可能是改进中国的县域治理体系——这正是中国县域治理系体现代化的内涵所在。

[①] 赵树凯：《乡镇治理与政府制度化》，商务印书馆2010年版，第219—221页。

第七章　中国县域治理体系的现代化

在掌握中国县域治理体系状况的基础上，从考察评估中国县域治理的结果开始，经过对县域治理能力的逐项检查，我们得出的结论是，中国县域治理需要改进，但改进的路径不是改善或提升县域治理能力，根本出路在于改进县域治理体系，这就是中国县域治理体系现代化的内涵所在。但这种改进并不是全盘推倒重来。党的十八届三中全会《关于全面深化改革若干重大问题的决定》的完整提法是"完善和发展中国特色社会主义制度，推进国家治理体系和治理能力现代化"。也就是说，国家治理体系现代化是对中国特色社会主义制度的完善和发展，而中国特色社会主义的本质特征是党的领导，这就意味着，已然形成的党领导国家和社会的"一体两翼"国家治理体系模式是不容改变的。这对于中国县域治理体系现代化来说也成立，这是中国县域治理体系现代化的大前提，其本质就是完善和发展"一体两翼"的县域治理体系模式。

第一节　近年来的基层治理体系改革探索

实际上从 2000 年前后开始，中国已经有一些县域开展了对基层治理体系的改革探索，一直持续至今。这些改革探索或者来自于中央和上级的统一部署，或者是县域甚至乡镇村社的自主探索。鉴于此，在具体探讨如何开展县域治理体系现代化问题之前，有必要首先考察一下这些改革探索，看看有些什么成就和不足是未来中国县域治理体系现代化可以吸收借鉴的。

一　县级层面

在县级层面的改革探索基本上都是由中央或上级地方主导的，概括起来可以分为两个方面：一是调整县域与上级地方的关系；一是针对县级治理体系本身的改革探索。

（一）针对县域与上级地方关系

在这方面最先开展的并且现在已经普遍推开的是强县扩权、省直管县改革。我们知道改革开放后不久就形成了市管县体制，特别是 1994 年实行分税制之后，市县之间争夺资源、关系紧张的问题特别突出，财政转移支付层层过滤导致县乡财政困难，不利于县域经济和城乡统筹发展。于是浙江等省份率先探索强县扩权、省直管县的改革，后来得到中央的认可和支持，并向全国推广试点。所谓强县扩权、省直管县改革，其实就是调整省市县之间的财政关系（这项改革本身也是因财政问题而起的），具体来说就是省直接把转移支付、财政结算、收入报解、资金调度、债务管理等财政权限下放到县，但是大多数省份的县级人事权仍掌握在地市。不过浙江等沿海发达省份在此基础上，还把基建、技术改造项目、对外经贸、金融、土地、交通等多项经济管理审批权限也下放给了县。[①] 后面这些省份的改革举措明显超越了一般的财政关系改革，已经引发了关于地市的存废之争，目前的主流意见是废除市管县体制而实行市县分治体制。但现实是绝大部分地区还没有做到县级脱离市级的组织人事控制，更谈不上废除市管县体制了。

强县扩权、省直管县改革的深层动因，是从中央到各级地方之间的职权责关系没有理顺，所以近年来改革进入深水区，中央统一谋划，启动了央地事权财权划分改革，其中就包括省以下各级地方的事权财权划分。这项改革已经到了刻不容缓的地步。1994 年实行分税制后，在财力分配上改变了过去"先地方后中央"的做法，而实行"先中央后地方"的原则。但是分税制带来了新的问题。由于财权上移，而事权不变甚至有所上升，地方财政开始捉襟见肘，越到基层，财权和事权不对称的问题越是突出。因为在中央将各省的部分财力上收时，各省也上行下效，将地市的财力上收，地市则将县乡财力上收，这就叫作"省刮市、市刮县、县刮乡"。结果处于最底层的县乡一级财力遭到严重削弱，基层财政严重吃紧。据统计，地方财权从 1993 年的 78% 下降到当前的 55% 左右，但事权却从 1993

---

① 樊红敏：《转型中的县域治理：结构、行为与变革》，中国社会科学出版社 2013 年版，第 203—206 页。

年的72%升至现在的85%左右，财事权力不匹配带来30%左右的支出缺额，地方财政赤字严重，财政自给能力由1993年的102%下降至2006年的61%，年均下降3.2%，2005年全国赤字县市达556个，赤字面27.5%，赤字额127.4亿元。在此形势下，地方只有依赖中央财政转移支付才能满足需要。但中央转移支付不一定划拨到位，地方也有可能认为划拨额度不能满足当地需求，于是就另寻他途来获取财源，除了著名的"土地财政"，还有所谓的"过头税"，就是提前征收未来年份的税、提高税率、随意罚款、对国家的减免税费政策打折扣、巧立名目增设新的收费项目等，从而加重了当地的实际税负，或者加大了地方政府的债务风险。①

面对这一严峻形势，党的十八大以来启动了新一轮财税体制改革。2014年中央政治局会议审议通过的《深化财税体制改革总体方案》提出，调整中央和地方政府间财政关系，在保持中央和地方收入格局大体稳定的前提下，进一步理顺中央和地方收入划分，合理划分政府间事权和支出责任，促进权力和责任、办事和花钱相统一，建立事权和支出责任相适应的制度。具体来说就是将国防、外交、国家安全、关系全国统一市场规则和管理的事项集中到中央，减少委托事务，通过统一管理，提高全国公共服务水平和效率；将区域性公共服务明确为地方事权；明确中央与地方共同事权。在明晰事权的基础上，进一步明确中央和地方的支出责任，中央可运用转移支付机制将部分事权的支出责任委托地方承担。按照要求，新一轮财税体制改革到2016年基本完成重点工作和任务，2020年基本建立现代财政制度。②

据此，2016年出台的《国务院关于推进中央与地方财政事权和支出责任划分改革的指导意见》提出，中央在财政事权的确认和划分上具有决定权，适度加强中央政府承担基本公共服务的职责和能力，切实落实地方政府在中央授权范围内履行财政事权的责任，最大限度减少中央对微观事务的直接管理，从而对中央与地方的财政事权和支出责任作了框架性的划分。其中就各级地方而言的改革举措是：（1）将直接面向基层、量大面

---

① 赵一苇等：《财税体制改革：中央和地方的进一步磨合》，载《中国新闻周刊》2018年总第858期。
② "中共中央政治局召开会议审议《深化财税体制改革总体方案》等"，见"中国政府网"（http://www.gov.cn/xinwen/2014-06/30/content_ 2710105.htm）。

广、与当地居民密切相关、由地方提供更方便有效的基本公共服务确定为地方的财政事权,赋予地方政府充分自主权,依法保障地方的财政事权履行,更好地满足地方基本公共服务需求。地方的财政事权由地方承担支出责任,原则上由地方通过自有财力安排。对地方政府履行财政事权、落实支出责任存在的收支缺口,除部分资本性支出通过依法发行政府性债券等方式安排外,主要通过上级政府给予的一般性转移支付弥补。地方的财政事权如委托中央机构行使,地方政府应负担相应经费。(2)省级政府要参照中央做法,结合当地实际,按照财政事权划分原则合理确定省以下政府间财政事权,明确省级政府在保持区域内经济社会稳定、促进经济协调发展、推进区域内基本公共服务均等化等方面的职责,将有关居民生活、社会治安、城乡建设、公共设施管理等适宜由基层政府发挥信息、管理优势的基本公共服务职能下移,强化基层政府贯彻执行国家政策和上级政府政策的责任。省级政府要根据省以下财政事权划分、财政体制及基层政府财力状况,合理确定省以下各级政府的支出责任,避免将过多支出责任交给基层政府承担。(3)中央与地方财政事权划分争议由中央裁定,已明确属于省以下的财政事权划分争议由省级政府裁定。①

(二) 针对县级治理体系

在这方面,有关的改革探索基本上是围绕县级党组织、县级政府和县级人大来展开的,因为这三部分也确实是县级治理体系的主要组成部分。至于司法检察机关,通过司法体制改革,其人财物终将收归省级统管,此处不论。县级监察机关的设立虽然属于最新改革,但由于它与纪委合署办公,故应当归到党组织系列来看待。在群团和社会组织方面,没有看到明显的改革举措。

近年来围绕县级党组织的改革探索,力度较大的主要是县委权力公开透明运行试点。2010年中纪委和中组部联合发布《关于开展县委权力公开透明运行试点工作的意见》,要求明确划分县党代会、委员会、常委会及其成员、县委各职能部门的职责权限,编制职权目录,加强对县委书记职权的规范;编制并公布决策、执行、监督的权力运行流程,明确权力行使主体、条件、运行步骤、完成时限、监督措施;公开决策事项,包括经

---

① 《国务院关于推进中央与地方财政事权和支出责任划分改革的指导意见》,见"中国政府网"(http://www.gov.cn/zhengce/content/2016-08/24/content_5101963.htm)。

济社会发展的重大决策、决定、决议和执行情况,涉及人民群众切身利益的重要事项,重要的人事任免,重要的党务工作情况,县委管理干部评优表彰情况和对严重违法违纪的处理情况;坚持党内监督和党外监督、专门机关监督和群众监督相结合,形成对县委权力特别是县委书记权力的制约监督机制和反映问题的处理工作机制,保证权力正确行使。[①] 当时全国共有11个市(县级)、15个区、40个县、3个旗成为试点单位。从部分试点县市区反馈的情况来看,据称效果很好,解决了长期困扰县域治理的一些难点问题。[②]

围绕县级政府的主要是"行政三分制"和大部制改革。"行政三分制"改革源于深圳也终于深圳。2002年党的十六大报告提出"按照精简、统一、效能的原则和决策、执行、监督相协调的要求,继续推进政府机构改革",次年深圳市开始进行"行政三分制"改革试点。按照方案设计,新的政府部门分为决策、执行、监督三大板块。其中决策部门按照大行业、大系统设立若干,有决策权而没有执行权。每个决策部门都设有两类咨询机构:一是设在内部服务于决策局长的咨询机构,一是制约局长权力的咨询机构,由非政府官员组成,可以劝告、修改甚至否决决策局的决定。每个决策部门对应设立几个执行部门,并和执行部门之间订立绩效合同。执行部门只有执行权没有决策权。监督部门包括行政监察和审计机构,由市长直辖,负责法纪监督、政策评价、会计检查和绩效监督。但这项改革遇到了机构难以撤并、人事安排困难等巨大阻力,无疾而终。2009年深圳市提出综合配套改革总体方案,意图继续推进"行政三分制"改革,并成立坪山新区作为改革试验田。[③] 现在坪山新区已正式成为深圳市下辖的一个区,但从其政府网站公开的机构设置来看,看不出什么改革的痕迹,与其他县市区无异,因此,估计此次改革也是无疾而终了。

大部制改革跟"行政三分制"改革是紧密相关的,在某种意义上可能是后者唯一留存的硕果。现在从中央到地方各级都在推行大部制改革,不过收效各异。在县域层面,相对来说,广东顺德区的改革比较突出。

---

① "中纪委中组部:县委权力公开透明运行开展试点",见"人民网"(http://politics.people.com.cn/GB/1026/13256606.html)。

② "县委权力公开透明运行试点扫描",见"人民网"(http://theory.people.com.cn/GB/16334482.html)。

③ "深圳'行政三分制'将如何操作?",见"新浪网"(http://news.sina.com.cn/o/2009-07-24/153016008180s.shtml)。

2009年以来，顺德区的大部制改革举措主要包括压缩机构，党政机构由41个压缩为16个；简政强镇，把3197项事项划由镇（街）行使，全区10个特大镇（街）获得了县级管理权限；区、各部门和主要镇（街）政府设立决策咨询委员会，作为政府与民众之间的信息沟通平台，扩大民众对政府重大决策的知情权、参与权、质询权和监督权；培育社会组织，通过购买公共服务，将政府部分职能转移给社会组织。通过改革，顺德区最终形成了这样的一套治理体系：区委、区政府负责重大决策和制定综合性政策，区属部门负责专业性政策的制定和监督实施，区法定机构、事业单位、镇（街）负责执行并鼓励社会各界参与服务。①

围绕县级人大的改革探索相对少见，且普遍命运不佳。2010年四川罗江县首开先河，试点实行县级人大代表专职化和设立人大代表工作室。虽然这项举措谈不上是对县域治理体系的改革，但对于已经习惯了县域常规运作模式的人们来说，仍具有很强的冲击力。这项举措是在该县县委书记的主导下开展起来的，希望能够把人大代表为民办事常态化，为此设计和制定了专职人大代表工作职责、接待选民、联系选民信箱、廉洁自律、重大情况报告等一系列制度，还制定了办理选民意见的流程图。专职人大代表是从现任县级人大代表中，以代表小组为单位推选出来的，并在各自选区分别成立专职人大代表工作室。专职人大代表享受正科级待遇，生活补助和调研经费均纳入县人大财政预算，工作室不占用政府用房。专职人大代表每年年底要向所在选区的选民述职，由选民进行评价和决定去留。专职人大代表主要负责收集民意、提议和建议，开展重大事项专题调研，督促政府工作，定期汇报履职情况等。上班时间是周一至周五，上午在工作室里接待来访群众，下午走村入户开展调研。专职人大代表收集群众意见后要向县人大常委会人事工委报告，对于群众反映的普遍和重大的问题，则以代表批评建议等形式向"一府两院"反馈，信访类事件则转交信访部门。据试点镇县人大专职代表工作室反映，试点半月之内就收到群众诉求50多件。②

罗江县的试验仅推行了一个月便被叫停，但在全国其他地方还存在一

---

① 南方日报社编著：《治理创新：广东的实践与探索》，南方日报出版社2012年版，第40—41页。
② "四川罗江县率先设专职人大代表"，见"央视网"（http：//news.cntv.cn/special/oneyear/20110219/104170.shtml）。

些变相的做法。如在浙江温岭市（县级市），该市人大常委会专门出台了《关于市人大代表工作站建设的意见》，规定以所在选区的市人大代表为主体建立人大代表工作站，也可吸收所在区域的镇人大代表或邀请所在地的上级人大代表共同参与。这种人大代表工作站不以代表个人命名，而是采取集体活动的形式，包括接访选民、开展调研等。所有代表都是兼职的，类似于义工。① 2005年深圳南山区成立了人大代表社区联络工作站，由若干业主受人大代表委托，义务担当联络工作，接收居民反映的意见和问题，进行分类归档，定期向人大代表汇报，最终形成代表建议、批评、意见或议案，提交人大会议或者人大常委会。②

二 县以下层面

在县以下层面，近20年来也出现了诸多改革举措，其中在农村地区被称作乡村治理改革，在城市地区则被称作社区治理改革。这些改革举措几乎全是县域自主探索的，大多是县级党委政府主导下的结果。如浙江温岭是在贯彻落实省委开展全省农业农村现代化教育决定的过程中，将部分乡镇试点的做法推而广之，形成了民主恳谈模式；河北青县为了解决该县时楼村的上访和村务管理问题而成立专门工作组，正是工作组创造了村民代表会议形式，而后由县委向全县推广；广东蕉岭针对村务监督不力问题，派出县纪委在芳心村开展村务监事会试点，而后向全县推广；河南邓州为贯彻中央新农村建设战略，总结出所谓"四议两公开"的乡村工作模式。③ 所有这些改革举措，其实并不完全涉及基层治理体系，有些只是工作方式方法的改变。这里仅关注那些跟基层治理体系有关的改革举措，概括起来可以归结为针对县乡关系和县乡与乡村关系两个方面。因为中国的县域是包括乡（镇、街）和村（社区）在内的一个整体概念，其中县乡之间和县乡与村社之间是两个基本的关系，一直都没有怎么理顺，对县域治理状况的影响很大。

---

① "我国首个专职人大代表工作室被叫停"，见"腾讯网"（https：//news.qq.com/a/20100831/000159.htm）。

② 唐奕主编：《基层治理之路：来自基层实践着的中国梦》，中央编译出版社2016年版，第52—53页。

③ 樊红敏：《转型中的县域治理：结构、行为与变革》，中国社会科学出版社2013年版，第212页。

（一）针对县乡关系

在全国城乡进入大转型的时代，特别是在分税制改革和农村税费改革之后，县乡关系问题非常突出。对此我们可以看到两种几乎是反向而行的应对举措。

在不发达地区，原本乡镇功能就不齐全，现在功能更加萎缩，所以各县域普遍通过"乡财县管"、将众多具有行政执法权的部门收归县级垂直管理以及控制乡镇的组织人事安排等举措，实实在在地把乡镇变成为县级政府的派出机构甚至是看守机构。

但在经济发达地区，却广泛采取相反的举措，这就是"强镇扩权"，大有将镇（街）做实为一级（最底层）地方政府的态势。2005年中共佛山市高明区委出台《关于加强农村基层组织建设的若干意见》《关于进一步完善属地管理体制的若干意见》等多个政策文件，将区一级的部分权力下放到镇街一级。同年，浙江省在绍兴县也进行强镇扩权试点，赋予中心镇部分县级经济社会管理的权限。具体来说，关于建设、规划、内外资投资等事务的立项和审批权，环保、安监、劳动、城建、林业检疫等事务的检查权和部分行政处罚权，以及涉及建设项目的各项事务类权力，统统划归乡镇。过去由县有关部门审批的事项不用再请示报告，乡镇可自行决断。对于需要上报省、市有关部门的审批事项，县主管部门收到试点镇的报告后仅仅履行上报手续。同时绍兴县规定，以2006年各镇地方财政收入为基数，超过基数部分，各镇享受增值税和企业所得税地方留成部分的全额分成。从2006年下半年起，县财政对5个新型城镇内的土地出让净收益实行全额返还。此外还实行镇党委书记兼任镇长的制度，以提高行政效率。2007年，浙江省政府印发《关于加快推进中心镇培育工程的若干意见》，赋予省级中心镇部分县级经济管理权限和执法管理权，涉及财政、规费、土地、户籍等十个方面，强化中心镇在农村科技、社会保障、就业等方面的公共服务职能；垂直部门在中心镇的派驻机构，其主要干部任免须事先征求所在镇党委意见，同时纳入中心镇的考核体系；探索中心镇执法监管改革等。[①]

现在除了这些经济发达地区，在内地一些县域也针对部分经济实力比

---

① 赵树凯：《新世纪的国家与农民：2002—2012乡村治理述评》，见"国务院发展研究中心"官网（http://www.drc.gov.cn/xscg/20130523/182-473-2889348.htm）。

较强的镇进行"强镇扩权"改革。个别县域甚至对一般乡镇也大量下放权限。例如，2009 年以来，广西田阳县面对乡镇撤并和农村税费改革后，针对群众办事难、干部服务方式落后等问题，将服务平台前移，为群众提供生产、文化、卫生、法律、政务等各类服务，实现"农事村办"。为此，县政府统一发文，授权、委托和引导县级职能部门与乡镇政府签订委托或授权管理责任书，对派驻乡镇的垂直管理站所人员，采取条块结合、以乡镇为主的考核方式。[①] 与此类似，内地 G 省 F 县自 2014 年以来，在推进群众路线教育实践活动过程中，向乡镇大量下放权限（见附录 E），试图解决县直部门和乡镇在服务发展、服务群众工作上权责不统一的"两张皮"问题。其主要做法是按照程序精简、能放则放的原则，由有审批权的县直部门认真梳理，对与基层关系最直接、由乡镇或村（社区）实施较为科学的基础设施建设项目、民生资金兑现、个人证照办理、产业扶持项目等审批事项列出清单，将审批权彻底下放到乡镇或村社，尽量减少群众跑远路和往返跑路；按照简便易行、效率优先的原则，综合考虑政策、技术、资源等因素，围绕小康水、小康路、小康房、小康寨、小康电、小康讯等建设，把招投标、组织实施、质量监管、验收付款等事项下放到乡镇，县直主管部门主要负责信息、技术等服务指导。围绕农村政策、项目、监管等事项的下放，以帮助镇村解决工作难题为主要任务，采取"人随事走"的方式，建立县直部门分片（分北部、中部、南部乡镇）联系乡镇的长效机制，包括选派县直部门班子成员到包片的乡镇挂任党委第一副书记，促进县直部门班子成员定期到联系点开展工作；建立由县领导召集、县直部门与乡镇密切合作的联席会议机制，重点研究解决跨行业、跨部门的难题。[②]

当然不管是发达地区还是不发达地区，不管是虚化还是做实乡镇，它们都有一个共同点，那就是乡镇的组织人事权必定掌握在县一级，所以乡镇必然不是自治的。但在 20 世纪 90 年代末，四川步云乡开展的乡镇长直选改革尝试，却试图实行乡镇自治，完全刷新县乡关系，这对既有的县域治理体系造成了强烈的冲击。不过这项改革举措很快就被叫停了，此后也

---

① 瞿磊、王国红：《广西县域治理创新实践及其发展方向》，载《学术论坛》2013 年第 1 期。

② 调研获赠材料：《中共 F 县委、F 县人民政府关于开展"四直为民"创建工作推进党的群众路线教育实践活动的实施意见（试行）》（2014 年）。

未见其他任何地方有过类似的尝试。

(二) 针对县乡与村社关系

除了县乡关系，县域内还存在另一层关系，即县乡与村社的关系。按照村民、居民委员会组织法，中国城乡的底层早已建立起基层群众自治制度。但现实中却是普遍出现了村社行政化的趋势，基层群众自治大多沦为空谈。面对这一局面，近些年来各县域也在谋求变革，结果出现了几乎也是相反的两种举措：一个是在原有基础上继续加强对村社的控制，村社几乎完全行政化，彻底变成乡镇街政府的"手脚"；另一个则是试图重新激活村社自治体系，并以此为基本原则来疏通或调整县乡（特别是乡镇街）与村社之间的关系。

1. 加强控制村社的举措。河南西峡县2012年以来推行的"一专三员"改革[1]，可谓县乡加强控制村社的典范。所谓"一专"就是对村社党支部书记实行专职化、职业化、年薪制、坐班制（其他村干部轮流值班）等制度。村社党支部书记的年薪纳入县财政预算，实行基本报酬加绩效奖励的结构工资，并办理农村养老保险。工作绩效则根据"优秀村社党支部书记"和"红旗村社党支部书记"评选活动来评定，其中"红旗"享受副科级待遇，"优秀"由县财政发放年度特殊奖励，连续三年被评为"优秀"的择优升为"红旗"。村社党支部书记的职责是推动科学发展、带领农民致富、密切联系村民、维护农村稳定、加强村党支部建设。支部书记要提出任期目标、年度规划，向党员和群众作出公开承诺，年底分别在村全体党员大会、村民代表大会和乡镇党政联席会上述职并接受评议。

所谓的"三员"包括：(1)向非公有制企业派驻的企业发展环境监督员，兼任企业党组织书记，负责随时了解、掌握并报告县直部门服务企业的情况，并做好企业党建、党务和职工思想政治工作，防范不稳定问题的发生，每半个月向县"一专三员"工作办公室报送一次信息。(2)派驻乡镇街的观察员，由县直单位从主要领导岗位上退下来的、具有丰富乡镇工作经验的同志担任，负责全面掌握乡镇街治理和稳定工作的第一手资料，及时向乡镇街通报稳定、信访和其他社会管理动态，每周至少向分包乡镇的县领导报送一次信息。(3)派驻村社的信息员，由大学生村干部或县直

---

[1] 杨振保：《县域治理现代化的新探索：对西峡县"一专三员"治理模式的调查与思考》，载《学习论坛》2015年第4期。

部门下派支农扶贫的年轻干部担任，每村一名，负责收集、分析和反映信息，为基层党委政府掌控情况、推动工作提供全面真实的依据，每天向所驻地村社党支部、乡镇街道党（工）委和县"一专三员"工作办公室报送一次信息。"三员"不得越级上报信息，也没有自行处置权。其中信息员如果发现问题，首先报告村社区党支部，村社党支部解决不了则报告乡镇街，乡镇街解决不了再报告县"一专三员"办公室。

西峡县"一专三员"工作纳入县乡村各级目标管理，对工作推进有力、绩效突出的单位和个人进行奖励。其中对担任信息员的大学生村干部，适时组织考录，择优补充到乡镇事业单位，特别优秀的则作为后备干部优先提拔使用。反之，村社支书年度考核未完成目标任务的给予黄牌警告，连续两年未完成的一票否决，取消绩效待遇，正职降为副职主持工作，连续三年则免去职务。对表现差的"三员"，由组织部门诫勉谈话，给予批评教育，不称职的及时调整，如果信息上报不及时导致重大影响的，则严厉追究责任。

该县"一专三员"工作由一名实职副县级领导干部挂帅主管和组织协调，下设办公室，负责"三员"上报信息的登记、梳理、分解与处置工作，并提出初步意见上报县主要领导批示，递交相关乡镇街和职能部门落实，并负责跟踪落实情况。对于各单位部门落实不到位、反馈不及时的情况以及重大问题和复杂矛盾事项，由县委督查室和县政府督查室督办落实。"一专三员"工作办公室还负责定期对"三员"报送的信息进行归纳总结，研究分析其中的普遍性和倾向性问题，着重从建章立制、完善机制的角度提出建议，报送县主要领导决策。

在城市，对社区强化控制的主要举措就是各城市普遍实行的网格化管理。网格化管理大概是2005年前后作为一种系统工程技术概念出现的，它借用计算机网格管理的思想，按一定的标准将管理对象划分成若干网格单元，通过利用现代信息技术和各网格单元之间的协调机制，使各网格单元之间能够有效地进行信息交流和透明地共享资源，达到提高管理效率的目的。[①] 网格化管理应用于多个领域，其中就包括社区管理。上海、北京等大城市最先采取社区网格化管理模式，现在几乎遍布全国各大中小城市的社区，并且已得到中央的认可。

---

① 郑士源等：《网格及网格化管理综述》，载《系统工程》2005年第3期。

各城市的社区网格化管理模式不尽一致①，总体来说有两个共同特征。一是从组织结构上看，都以网格划分和人员配置为前提基础。网格划分的大体模式是以居民住户为最小单元，若干户（如同一楼栋）为一个网格单元，若干网格单元（如同一小区）为一个小组或网格，若干网格为一个社区，一个街道管辖若干社区。每个层次都配备一定的负责和工作人员，大体上一个街道设总网格长，由街道党委书记担任，其他街道党委、政府和社区领导成员则分别担任网格长。每个网格都设网格员（或称网格管理员）为专职工作人员，由社区统筹安排。除此之外，在每个网格中工作的人员通常还包括社区民警、司法调解员、消防员、城管、环卫管理员等，相互分工协作。二是从运行机制上看，都是采取逐级解决和上报的模式。也就是说，对于居民主动反映的或者网格管理员发现的问题，一般由网格管理员在网格单元内自主解决，如果不能解决，就逐级上报网格长、总网格长予以解决。例如在广州，原来社区层面有多达25支各类聘用人员队伍，其中以村（居）治安联防队员、辅警、流动人员出租屋管理人员、社区专职工作人员、城管协管员、计生协管员、安监协管员、劳监协管员等八支队伍人数最多，占比93.75%。2015年，广州市将各类人员全面整编成专职化的网格员队伍，按照每200户一网格员的标准配备。按照《广州市城市社区网格化服务管理入格事项梳理的实施方案》，网格员的工作职责包括公共服务基础设施、城市管理、环境保护、园林绿化、平安建设、消防安全、来穗人员服务管理、卫生和计生服务、重点保障对象服务管理、安全生产等事项，所有这些信息都共享到管理系统。所有网格员统一管理，收入待遇统一标准，外加绩效工资，由网格内居民、居委会和街道按照4∶4∶2的权重共同考评。②

社区网格化管理得以广泛实行，这是各城市在维持社会稳定的基本目标指引下，应对城市单位制解体、人口规模扩大、流动人口增加、社会问题丛生等新形势新问题的结果。城市社区网格化管理出现后，在维稳目标和管控思维的引导下，行政力量迅速渗入基层群众自治领域，不可避免地

---

① 主要参考王名、杨丽《北京市网格化服务管理模式研究》，载《中国行政管理》2011年第2期；毛万磊、吕志奎《厦门综改区"社区网格化"管理的优化：以鼓浪屿社区为例》，载《东南学术》2013年第4期；黄晓星、杨杰《社区治理体系重构与社区工作的行动策略：以广州C街道社区建设为研究对象》，载《学术研究》2014年第7期。

② 唐奕主编：《基层治理之路：来自基层实践着的中国梦》，中央编译出版社2016年版，第125—127页。

出现了重管理轻服务、社区自治受到压制的问题。社区网格化管理已成为对社区加强控制以保持基层稳定的手段，出现了"无限社区"和"全能网格"趋势。① 这种"纵向到底、横向到边"的城市社区网格化管理，可以说是区街加强控制社区的极端表现，极易让人联想到历史上的保甲制，只不过现在采用了先进的网络信息和大数据技术。

2. 激活或增强村社自治的举措。尽管县乡加强对村社的控制可谓是主流，但也有一些地方在尝试激活、恢复或者改进村社自治体系，并据此来调整县乡与村社的关系。这方面的做法非常多样，程度深浅不一，难以完全概括，此处只能举一些比较典型的案例来予以说明。

2009年江苏太仓市（县级市）出台了《关于建立政府行政管理与基层群众自治互动衔接机制的意见》，到2012年在全市所有镇、街道、开发区、新区的村（居）推行"政社互动"改革举措。主要做法就是转变政府职能和规范政府行为，列出权力清单，将基层群众自治组织协助政府工作的事项合并为27项，涉及18个政府部门，将属于基层群众自治的事项归纳为10大项和21小项；增强基层群众自治能力，推动民间组织发展；促进政社分开，建立以项目为导向的契约化管理模式，实行政府购买服务的项目化管理方式，废除政府部门与基层群众自治组织签订的行政责任书，代之以协助管理责任书，由市政府各部门与镇级政府协商，确定工作要求、目标任务和项目经费等一揽子协议，再由镇级政府与基层群众自治组织签订协助管理协议；建立政府事项准入机制、政府行政指导机制、自治组织能动机制、双向监督机制、群众代表公决机制、双向履约评估机制、社会稳定风险评估机制等，强化制度保障。②

从2007年开始，广东蕉岭县除了按照《村委会组织法（试行）》在村一级建立村民委员会外，还从村民代表中选举村民会议召集组，负责协助村委会召集村民代表会议。又由村民代表会议推荐产生村务监事会，其成员是农村"三老"：老干部、老模范（如县乡人大代表）、老党员，监事会会长兼任本村党风廉政建设监督员，接受上级纪委指导。监事会向村民代表大会负责，同时向上级纪委汇报工作。村委会成员不得担任召集组

---

① 杨宗辉、田野：《网格化管理的再思考》，载《暨南学报》（哲学社会科学版）2017年第12期。

② 周庆智：《在政府与社会之间：基层治理诸问题研究》，中国社会科学出版社2015年版，第211—214页。

和村务监事会的成员。①

广东云安县分别在乡、村、组三级设立乡民理事会、社区理事会、村民理事会，三种理事会均制定章程，报民政局审批备案。其中村民理事会经民主选举产生，由本村有威望有能力的老党员、老教师、老模范、老村干等村中长老，以及村民代表、复退军人、经济能人、外出乡贤等组成。村民理事会是最基层的自治组织，通过村民理事会提议、联户代表商议、户代表开会决议的程序，协助村民小组处理关乎群众切身利益的"五小"事务：调解邻里小纠纷，兴办农村小公益，纠正群众小陋习，提出工作小建议，履行自治小职能。社区理事会和乡民理事会经推荐产生，分别由本乡和本县"两代表一委员"中的本辖区非公职人员、复退军人、杰出乡贤、退休村干部组成。社区理事会是农村社区服务合作社的内设组织，协助村委会引导群众、了解民意、商议村事、调处民事、服务村民。乡民理事会与乡镇的"两代表一委员"工作站互动互补，负责引导群众、参与议事、监督政务、调处矛盾、兴办公益。社区理事会和乡民理事会通过列席本级会议、商议和监督本级事务、召开理事会议、讨论内部事务和监督内部财务等途径来反映群众的诉求。总的来说，三种理事会的功能就是议事、协商、监督、服务。云安县规定，乡镇党委关于涉及群众切身利益的重大事项和决策，必须纳入三级理事会的议事范畴，问政于民、问需于民、问计于民，贯穿于决策参谋、决策实施、决策监督全过程，以此体现党委意图和目标，同时提高群众参与意识和能力，提高党委决策的执行力、创造力和公信力，试图解决农村社会管理和服务的"补位"和"落地"问题，以及政府与基层自治的脱节和对接问题。②

浙江温岭市（县级市）最先在村一级开展"民主恳谈"活动，由村民代表和自愿参加的本村村民每半年举行一次民主恳谈会，村委会、1/10以上的村民或1/5以上的村民代表联名提出议题，通过协商讨论最后形成共识；如果议题需要表决，则交付村民代表表决，重大事项还需提交村民大会表决。2005年后，恳谈会增加了乡镇（以及后来的县级）财政预算议题，所有预算案在人大审议之前都公之于众，村（居）民可以提出询问、意见、建议和要求，在人大讨论阶段可以旁听并向人大代表提出意见

---

① 南方日报社编著：《治理创新：广东的实践与探索》，南方日报出版社2012年版，第75—80页。

② 同上书，第87—89页。

和要求。[1]

2014年以来，G省F县在开展群众路线教育实践活动的过程中，将组作为乡村最小的自治单位，主要依靠组级党支部和民主议事会这两个组织来发挥提议、议事、决定和执行等自治功能。[2] 所涉及的都是农村最底层的事务，包括水、电、路等基础设施建设，扶贫开发、村庄整治、土地流转、产业结构调整、资源利用等关系发展的事情，农村低保、养老救助、危房改造、公益事业、环境保护、防灾应急等民生事务，上访、聚众闹事、乱采滥伐、家庭暴力、虐待老人、遗弃小孩、封建迷信、攀比浪费、滥办酒席、赌博偷盗等有关法律或道德风化的事情，以及邻里关系、家族纠纷、占地拆迁、青苗补偿、筹资投劳、治安防控等社会矛盾纠纷事务。

三 小结

近20年来，中国围绕县域治理体系开展了多层次和多方面的改革，概括起来，我们认为有几个比较突出的特点或者趋势，从中足以发掘各种重要的经验教训和启示。

第一，县域治理体系改革的目标导向非常突出。有学者认为目前所开展的一些县域改革探索属于盲人摸象，目标、方向和路径不清，基本框架尚未形成，改革成果和前景不确定，模糊性、形式化和随意性是其突出的特征。[3] 对此观点我们不能苟同。事实上，从中央到各级地方，各种关于县域治理体系的改革举措都是有明确目标导向的。就中央和上级地方来说，其加强控制县域的意图明显而强烈，希望以此来实现中央和上级地方制定的目标任务。而这些目标任务说到底还是发展和维稳，以及科学发展观和服务型政府概念提出以后的服务。而这三者就是现实中县域治理体系改革的目标导向，不仅中央和上级地方是按此目标导向来设计和推动县域治理体系改革的，县域自主开展的改革也是如此（最多夹带一点小目标）。反过来，凡是与这个总体导向不符的改革举措，要么无法出台，要

---

[1] 郎友兴：《中国式的公民会议与地方治理：浙江省温岭市民主恳谈会的经验》，载《21世纪的公共管理：机遇与挑战（第三届国际学术研讨会文集）》，2018年10月14日。

[2] 调研获赠材料：《中共F县委办公室、F县人民政府办公室关于印发〈F县"四直为民"创建工作推进方案〉的通知》（2014年）。

[3] 樊红敏：《转型中的县域治理：结构、行为与变革》，中国社会科学出版社2013年版，第231页。

么即使投入试验，也必被叫停。这就是说，从中央到地方，改革县域治理体系，其实就是要建立起能够实现和完成这些目标任务的县域治理体系，对县域治理体系的一切改革都是朝着这个方向迈进的。

而地方和县域主政者之所以只能以中央确定的总体目标任务（发展、稳定和服务）为改革指引，那是因为他们就是受这些目标任务的考核，他们的升迁任免全系于此。因此地方各级主政者不大可能追求和采取与此目标不相符的改革。他们之所以主动改革县域治理体系，只是因为原有的体系不能有效地完成这些考核目标任务，所以改革是出于这种极其现实的考虑，而不是基于某些理念或理想目标。事实上绝大多数地方主政者可能也没有什么独特的理念或理想目标，他们开展改革的动机甚至他们的一切执政行为，都是为考核目标任务所指引和支配的。即使有个别的理想主义者具有一些比较独特的理念，由其发起和主导的改革也都以夭折告终。所以说现实中的县域治理体系改革都是具有明确目标导向的，即以中央确定的总体目标任务为导向，改革县域治理体系就是为了更好地实现和完成这些目标任务。由此我们才能理解和解释一些改革现象，比如社区网格化管理为什么最终会演变成维稳工具，因为或许从一开始这就包含在目标之内。

第二，中国的县域治理体系改革绕不开县域与上级地方的关系，没有一个合理的关系环境，县域不能获得一定的自主性，那么在一个长期实行中央集权体制的国家，县域治理体系改革是不大可能获得成功的。在这方面，从中央与地方和各级地方之间事权财权划分以及"扩权强县"等改革举措来看，总体趋势是县域与上级地方关系朝着更加合理化的方向改进，县域有望获得更大的自主性。但市县分治是不是能够实现，短期内还看不清趋势，这也就意味着未来的县域治理体系改革还将遇到比较大的障碍。至于县域是不是能够实现自治，目前可以肯定地说看不到这个苗头。所有这些就预示了县域治理体系改革能有多大力度和能走多远。毕竟县域与上级地方关系的改革属于中央和省级的宏观决策事务，中央和省级意志起着决定性作用。

第三，县域内的整体性改革越来越多见，应急补锅式改革越来越少见，特别是由地方或县域自主开展的改革，越来越具有通盘考虑和设计的特征（当然是在上述的目标任务导向之下）。这种整体性改革主要表现在对县乡村各级（特别是乡村）进行通盘考虑和设计，不管是加强对乡镇村社的控制，还是试图激活或加强村社自治，都是如此。但对县级治理体系的一体化考虑、设计和改革却非常缺乏。我们能看到对县级政府和县级党组织的一些改革，但是其他部分基本不涉及，个别对县级人大进行的改革很快就被叫停了。为什么县级层面的整体性改革比较缺乏，其中原因值得玩味。不过我们知道，只在村社层面而不在县级层面开展的县域治理体系改革，绝难获得成功。

第四，现实中县域治理体系改革的重点还是乡镇和村社层面的改革。对此我们可以理解成，在城乡大转变的时代，特别是经过税费改革、城镇化、人口流动和流失等重大变化，乡镇和村社所面临的治理问题特别突出，亟待解决，所以必须要重点从乡镇和村社着手进行改革。我们也可以把这种改革策略理解为"挑软柿子捏"。或许是乡镇和村社更容易推动改革，毕竟它们位于最底层，无力阻挡来自中央、上级地方甚至县级的改革举措。但反过来这似乎也说明，自此以上层面的改革存在比较强大的阻力。

第五，现实中通过县级统一谋划和强力推进是最基本的改革方式。即使有些改革举措是乡镇或村社首创的，但如果得不到县级的肯定也无济于事。事实上好些改革举措就是通过县级推广而得以普及的。各地采取做加法的改革方式也很多见，不断增加机构、层次或人手，结果大大增加了县域治理体系的繁琐程度。也有一些是通过合并或者重新分工调整原有功能来进行改革的，但我们几乎没有看到做减法的。对此我们的理解是，一方面这可能意味着改革遇到了比较强大的阻力；另一方面则可能是因为县级改革权力有限，特别是对于那些法定的机构组织（如村居委会）无可奈何，只能通过增加机构组织的办法变通绕行。此外，各地改革虽然也建章立制，出台了系列文件规定，但总的来看，这跟制度化还有很大的差距，结果就是难免出现"人走政息"的结局。于建嵘指出，目前的基层改革普遍与地方领导人的个人政治觉悟和意愿有关，特别是主要领导人的意志对这些地方性改革影响很大。结果主要领导人变了，或者领导人的看法和注意力变了，基层改革就会转向或调头，形成"人走政息"的铁律。①

关于如何评判这些改革探索，各方面的意见分歧很大。有学者乐观地认为这些改革举措总体上是成功的，因为基层国家权力和社会力量协同发

---

① 于建嵘：《当前中国基层政治改革的困境和出路》，载《当代世界社会主义问题》2010年第2期。

展的关系正在形成。一方面国家权力在向基层社会延伸,并在地方治理中产生了较好的效果;另一方面基层社会自主性逐步加强,基层社会力量对国家权力的制约和监督逐步加强并规范。① 但是质疑也不少。有学者就对县委权力公开运行的做法能否取得成功表示怀疑,认为这是一种封闭的内部改革,属于一把手自我限权、主动还权,其效果令人生疑。② 在我们看来,除去那些"人走政息"的或者还在进行当中的改革举措,就那些坚持下来的改革而言,如果以中央确定的发展、稳定和服务三个目标任务来看,可以肯定这些举措对维稳发挥了重要作用,比如城市社区网格化管理,而那些将管理权限下放到乡镇的举措,也可能提升了为民众提供服务的便利性,但是县域经济发展是不是因此得到了促进,这就很难说了。总的来说,对于这些改革举措采取这样的评判方式还是非常片面的,不足以说明问题。要完整地进行评价,那就要如前所述,看看改革后的县域治理体系是不是全方位地改善了它的治理功能发挥状况,从而有没有改善县域治理的结果,然后才能得出结论。无论如何,这些改革举措有其值得肯定的地方,也不乏诸多缺陷和不足,为推进中国县域治理体系现代化提供了丰富的经验教训和启示。

第二节 匡正县域治理的目标任务

根据前面对中国县域治理体系状况、县域治理结果、县域治理能力以及有关改革举措的考察,中国县域治理体系究竟应当从何着手进行改进(现代化)?有学者提出基层政府治理现代化最紧要和最根本的任务是扩大政治参与、治理法治化、构建现代国家与社会关系和公共财政建设。③ 这种直接开处方的做法,肯定也针对着一定的病症,但是不是找准了病根却不好说,这些处方也就只能算是零散的对策思考。根据我们构建的公共治理理论分析框架,县域治理体系是一种集体行动组织体系,或者说可以这样来理解和考察。而集体行动组织体系是根据目标任务导向逻辑构建起

---

① 马宝成:《国家与社会的协同发展:中国地方治理发展的新趋势》,载《上海行政学院学报》2008年第6期。
② 樊红敏:《转型中的县域治理:结构、行为与变革》,中国社会科学出版社2013年版,第230—231页。
③ 周庆智:《在政府与社会之间:基层治理诸问题研究》,中国社会科学出版社2015年版,第3—6页。

来的,也就是说,构建这样一套组织体系的目的,就是去完成和实现集体行动的目标任务。由此可见,当我们思考如何去改进县域治理体系的时候,也就只可能是从县域治理的目标任务着手,这才是根本所在。而中国县域治理体系的根本问题,恰恰就在于目标任务的定位存在一些偏差。

一 县域治理目标任务存在的偏差

人类实践的目标任务是一个复杂的体系,因为目标结合具体环境形势条件形成的任务又会成为次级目标,由此大致可以说有根本的、基本的和具体的目标任务之区分,形成了一个多层嵌套且会变化的复杂体系。

就中国县域治理体系来说,由于它是随整个国家治理体系的构建而建立起来的,是国家治理体系的一个组成部分,因此县域治理的根本目标任务就是县域所不能自主决定的,而是来自于中央的决定。甚至在根本目标任务之下,基本目标任务也不能由县域自主决定,因为在县域之上还有各级地方。所以从整个国家治理体系的角度来看,县域只能制定一些具体的目标任务。但不管是什么层次的目标任务,它们共同规定了县域治理体系的整体功能。

中华人民共和国成立以来,县域治理体系的整体功能随不同时期而变化。有学者认为,改革开放以前,县域治理体系的主要功能是服务于国家现代化和工业化建设,而面向农村的基本建设和服务功能受到了挤压。改革开放以后,县域增加了搞活经济的功能,集经济管理者和经济主体于一身,存在着农村公共管理和经济建设两种功能的错位和紧张关系。只是在农村税费改革之后,县域才开始转向农村管理和服务功能。[①] 且不论这种判断是否完全准确,但毫无疑问,大家公认县域治理的目标任务确实存在一些偏差。

在我们看来,中国县域治理的目标任务存在的偏差,主要表现为公共治理观念还没有完全树立起来,公共治理的内涵也还没有得到完全澄清,由此导致县域治理的目标任务存有遗漏和偏颇的情况,有时甚至还发生扭曲变异。

我们知道,作为一种规定性,公共治理的根本目标就是使结成社会共同体的人们互惠互利、共同受益和获得幸福,因为若非如此,人们没有结

---

① 暴景升:《当代中国县政改革研究》,天津人民出版社2007年版,第147—152页。

成社会共同体而生活的必要。为实现这个目标，就需要管理公共事务，这就是公共治理的根本任务。这项根本任务按照不同的公共事务类型进行分解，又包括造福于民、为民除害和主持公道三项基本任务。这三项基本任务没有先来后到之区别，也没有主次轻重之区分，良好的公共治理只意味着这三项任务都完成得很好，而不是哪一方面做得好，否则公共治理的根本目标是不可能实现的。我们把这些关于公共治理的基本观念称作天下之公义和人间之正道。

但是自国家产生以来，人类就进入了人统治人的时代，久而久之，人们竟然只知统治而不知有公共治理。统治就是控制他人、支配他人、命令他人，使他人服从于自己，而这一切的目的当然是自利。就中国来说，统治史不仅悠久而且连贯，统治观念在国人心中可谓根深蒂固。所以我们看到，历史上中国构建起来的始终是一个统治体系，是统治者以自我为中心，将广大民众控制于其中的体系，如何控制民众使之成为顺民和更好地服务于统治者，始终是这种体系试图解决的核心问题。近代以来，人类进入扭转统治、恢复公共治理的时代，这是现代化的一个重要内涵。但在中国，直至今天仍有许多人（包括不少的公务人员）习惯于用统治的观念来理解和解释公共治理，以为治理就是治人。但我们知道这是错误的，公共治理不是治人，而是治事——管理公共事务，治人是统治思想。

在统治观念并未根除甚至还比较强大的情况下，一些当政者就始终不能完全摆脱把自己当成统治者、同时把广大民众当成被统治者、甚至从民众中寻找敌对者（不服从者、反抗者）的思想和行为桎梏。结果民众维护自身正当权益、正常表达诉求以及行使合法正当的监督权利的一些行为，反而被当政者看成是"闹事"，这些民众也因此被看成是"刁民"。[①]正是由于这种统治思想作祟，应对民众这些行为的举措通常便是构建庞大而严密的维稳体系，加大维稳投入，甚至不惜使用军警暴力，把维稳当成一个重要的目标任务。如果维稳的目的是制止那些侵害民众合法权益的不法行为，保证民众有安宁的生活环境，而不是维护谁的统治地位，那么可以说任何时候任何地方都需要维稳，这的确是一项重要的治理目标任务。但在维稳的名义下往往就夹带着这样一些带有统治性质的目标任务，就会导致公共治理的目标任务遭到扭曲和发生变异。

---

① 唐奕主编：《基层治理之路：来自基层实践着的中国梦》，中央编译出版社2016年版，第48页。

除去维稳，现在广大县域另外承担的主要目标任务就是发展和服务。从理论上说，这两个目标任务完全符合公共治理的规范性要求，不存在扭曲变异的问题，但却存在遗漏和偏颇的问题。我们发现，尽管科学发展观已经提出十多年了，但各县域仍旧把经济增长看成是发展的主要内涵；至于服务，则几乎各界都将其理解为公共产品和服务的供给。所以总结起来，现在真正被各县域当成治理目标任务的也就是三项：经济增长、维稳、提供一些公共产品和服务（特别是物质产品和管理服务）。但这些目标任务存在重要的遗漏，比如维护社会公正、消除各种公共危害（特别是"囚徒困境"、政府祸患）、良好制度的供给等都不在其列。甚至在有遗漏的情况下，各县域也从未把这三个目标任务同等看待，实际上是有排序的：经济增长和维稳始终第一位，服务是第二位的。各县域主政者长期提"中心工作"、强调为大局服务，就是此意。但这就有偏颇了。尽管在特定的情境下，我们承认管理公共事务要区分轻重缓急，但这不等于县域治理的目标任务也有主次轻重之分。这是错误的观点，因为县域要治理良好，那么就要实现和完成所有这些目标任务。瘸腿走路不可能产生良好的县域治理。

二 匡正县域治理目标任务的途径

中国县域治理的目标任务定位存在偏差，势必会导致县域治理体系的构建或调整也存在偏差，如前述之城市社区网格化管理体系一样。所以，中国县域治理体系要实现现代化，首先就必须匡正县域治理的目标任务，这是起点，也是根本所在。如果在这里出现偏差甚至错误，那么无论以后如何费尽心思进行改革，都难以构建起良好有效的县域治理体系。

那么如何才能匡正县域治理的目标任务？看起来这是一个转变和树立观念的问题，也就是要真正树立并澄清公共治理的观念。就此而言，加强宣传教育学习之类的办法固然必要，但却是不够的，甚至不是最重要的。要知道在中国，宣传教育学习几乎成了一种常态，然而收效甚微也是人所共知的，例如科学发展观和服务型政府的宣传教育学习已经开展了十多年，但似乎并没有完全改变各地主政者对发展和服务的理解。所以，就树立和澄清公共治理观念来说，其实最好的教师就是广大民众。什么才是真正的公共事务，什么才是真正的公共治理目标任务，对此民众一清二楚。因为广大民众跟公共事务有切身的利害关系，他们每天都在接触公共事务，知道有什么公共事务需要处理，也知道要达到什么目标。这本不是什么高深的学理问题，而是非常简单却又非常实在的生活实践问题。

所以要让县域主政者和公务人员树立和懂得公共治理的观念，最有效的办法，不是自上而下不断地进行灌输，或者期待他们自觉主动地学习和转变观念，而是反过来，让县域民众来教育他们什么叫作公共治理。当然这里所说的教育不是指学堂教育，而是指在县域治理的过程中引入民众的参与，保证县域民众对县域治理有发言权甚至决定权。当县域民众通过动议提出种种诉求和议题的时候，那就是在教育县域主政者和公务人员，什么叫作公共事务，为此需要实现和完成什么样的目标任务。反过来，如果堵塞县域民众的诉求和参与，而任由主政者们自以为是，自作主张，提出一个又一个响亮的口号、目标、任务，结果都不能保证县域治理的目标任务不会发生偏差。同样，不寻求县域民众参与这个途径，却把希望寄托于自上而下的教育、指示或控制，也很难保证这些做法不是自以为是的，不会出现偏差，结果往往产生的是形式主义、弄虚作假和阳奉阴违。

一句话，只要保证县域民众对于县域治理的发言权和参与权，那么不但能够有效教育县域主政者和公务人员树立和澄清公共治理观念，还能够匡正县域治理的目标和任务。但在现实中，县域治理目标任务的制定权始终掌握在上级地方、县级党组织和县域主政官员的手中，县域民众很难分享到一点权力。结果就导致，县域治理的目标任务会不会发生偏差，完全取决于上级、党组织和主政官员跟县域民众的联系程度。但是，这个问题过去没有解决好，现在也没有解决好；地方基层没有解决好，上级高层也没有完全解决好；中国没有解决好，其他共产党领导的国家也没有解决好。

因此，要保证县域民众对县域治理目标任务有发言权甚至决定权，就必须做到两个转变。一是县域治理的目标任务由上级地方指定转变为县域自主决定。上级地方负责辖区范围内的、属于本级层面上的事务，但不宜给县域下派和指定目标任务，这是上下级之间的基本分工，要法定。现在正在进行的中央与地方以及地方各级之间的事权财权划分改革，依旧是政策性调整，而没有法定，这是一个不足。通过这样的转变，实行了多年的上级对下级的目标考核管理就没有继续存在的意义了。如果上级地方需要县域协助完成某些任务，可以通过规范的委托、协商、购买等机制来进行，而不必采取过去一直实行的强制命令、严格控制甚至一票否决等方式。二是如果县域掌握了制定目标任务的自主权，那么也不能像过去一样，继续由县委常委会或者主政官员这样的官员小圈子甚至某一个人把持，而必须充分引入县域民众参与。县域民众可以通过"两代表一委员"、其他社会组织、媒体甚至个人亲自出面，来提出议题、表达诉求和发表意见。党是中国最广大人民根本利益的代表，立党为公，执政为民，因此，县域党组织应该主动和县域民众站在一起，积极支持和带领县域民众参与这个过程。

第三节　澄清县域党组织的功能定位

在县域治理的目标任务得到匡正之后，接下来面临的挑战，就是如何保证县域治理体系是完全为着完成和实现这些目标任务而构建和运作的，这也就是县域治理体系现代化的实质内容。

由于中国县域治理体系现代化不是全盘推倒重来，而是对现有体系进行改进完善，现有的党领导国家和社会的"一体两翼"框架是不会变的，我们需要做的只是针对现实弊端，考虑如何调整该体系的局部组成以及相互关系，使之更好地发挥治理功能。有鉴于此，我们将根据"一体两翼"的基本框架，遵循集体行动的组织逻辑，从三个方面来探讨中国县域治理体系现代化的实质内容：县域党组织的功能定位、县域治理体系的内部分工以及县域治理体系的协调控制。

按照中国县域治理体系的"一体两翼"框架，县域党组织在其中的地位作用极为重要，在某种意义上说是县域治理体系能否正常发挥治理功能的关键所在，所以必须首先明确其在县域治理体系中的功能定位。

毋庸置疑，正如在整个国家治理体系中一样，党组织在县域治理体系中的作用就是领导人民。但领导意味着什么？有一种统治思维，竟然把党领导人民理解为党统治人民，这当然是极其错误且贻害无穷的。早在1956年邓小平就明确指出，党没有超乎人民群众之上的权力，没有向人民群众实行恩赐、包办、强迫命令的权力，没有在人民群众头上称王称霸的权力。[①] 当然这种基于统治思想的理解太极端，相对少见，更常见的理解是政治、思想、组织领导，甚至认为基层和底层的党组织也是这样一些

---

① 《邓小平文选》（第1卷），人民出版社1994年版，第218页。

功能，这就属于僵化的教条主义了。因为很明显，作为政治领导内涵的大政方针政策的制定，属于中央党组织的功能，在基层特别是底层，根本就不存在什么大政方针政策的问题，而只有执行的问题。然而在实践中，这种教条主义仍大行其道，成了基层和底层党组织深度介入各部门、单位和组织具体事务的借口和挡箭牌。结果就是这些基层和底层党组织代替相关部门单位组织作决定、拿办法，也就变成了党代替人民当家作主。

实际上党的领导的本质是党领导人民开展治理（当家作主），而不是党代替人民治理；是党领导而不是代替人民通过国家机关和社会组织来开展治理，更不是党通过国家机关和社会组织来统治人民。正如《宪法》所明文规定的那样，中华人民共和国的成立标志着中国人民成为了国家的主人，国家一切权力属于人民，是人民治理国家，而不是其他什么治理国家，这就是"人民共和国"的本义。既然如此，那么党领导人民还有什么意义呢？这就是党组织的功能定位问题了。我们认为党组织履行以下两项功能，就是其领导人民的意义所在，也就是其领导功能的具体内涵。

一 代表功能

虽然人民是国家的主人，是人民治理国家，但人民群众是分散的且规模庞大，即便在一县之内也是如此。所以人民群众要开展治理并不是一件容易的事情，首先遇到的问题就是，人民群众怎样才能表达自己的诉求和意志主张？正是在这里，党组织有了它存在的价值和意义，这就是要积极主动地跟人民群众站在一起，倾听和搜集人民群众分散的诉求和意见，并将其集中起来形成议题，然后通过法定程序提交决策。我们可以把这项功能简称为代表功能。对于本身就处于基层和底层的县域党组织来说，这应当是其首要的也是最基本的功能。

当然，党组织倾听、搜集和集中人民群众的意见，并不意味着人民群众只能通过这个途径来表达意见，事实上人民群众的其他党派、群团和社会组织甚至群众联名或个人亲自出面也可以，人民群众发表意见的渠道应该是多元的。

同时，党组织在倾听搜集民众意见基础上形成的议题，也不能如过去那样直接变成决策，而必须经由人民群众包括他们的代表确认之后才能变成决策。过去一贯的做法是，只要是党组织特别是党委常委会甚至党委书记提出来的议题，最终必然形成决策，只不过走一个形式化的决策程序而已。这就不能保证这些所谓集中了各方面意见的议题是不是真正符合人民群众的意志,就容易出现党代替人民作决定的情况。因为党组织提出的议题,即便是在倾听和搜集民众意见基础上形成的,也有可能只是代表了部分民众的意见,并且也不一定概括准确。所以为了防止出现偏差,对这些议题,非常有必要由民众或其代表予以审议和决定,而不能直接变成决策。当然这就对人大提出了更高的要求,也就是要改变一直存在的人代会官员化和仪式化问题,要把人大变成真正代表广大人民进行审议和决策的国家权力机关。甚至可以考虑在县域建立公决和复决制度,将议题交付县域民众直接投票决定。一百年前,孙中山先生就提出了国民有选举、罢免、创制和复决的"四大民权"说①,作为人民共和国主人的中国人民,当然也应该拥有并且可以行使这些权力。

二 组织功能

也正因为人民群众规模庞大且分散,不容易开展治理,所以必须组织起来。正是在这里,党组织又显示了它存在的价值和意义,这就是组织人民开展治理。党组织的组织功能,就是号召、发动、支持、帮助广大人民群众参加动议、决策和执行全过程。就县域来说,我们已经看到,当前存在的重大弊病,就是县域治理全程都比较缺乏民众的参与。这对于立党为公、执政为民的县域党组织来说,不啻为失职,也就是没有真正发挥它应有的组织功能。

但是党组织在发挥组织功能的时候,需要抛弃一直习惯采用的搞运动方式。这种组织方式是对既有治理体系的否定和破坏,是法治不彰的充分表现。就县域来说,我们知道中国已经构建起了一套法定的县域治理体系,已经有了一套法定的制度规范,这就是前述的"一体两翼"基本框架。我们说县域民众开展治理,其实就是通过社会组织(特别是基层群众组织)和国家机关来进行治理。既然如此,那么县域党组织在组织人民开展县域治理的时候,就应当是引领或推动广大县域民众通过社会组织和各种国家机关来开展治理。但是一些党组织却始终摆脱不了从革命战争年代沿袭下来的搞运动方式,习惯于抛开既有的县域治理体系,经常打乱体系安排。其结果正如我们已经指出的那样,在运动治理体系中,各组成

---

① 广东省社会科学院历史研究所等合编:《孙中山全集》(第五卷),中华书局1985年版,第189页。

部分的既有功能发挥深受影响，新承担的功能也发挥不好，两头不利，实际上整个治理能力是非常低下的，完全不可取。所以党组织在发挥组织功能的时候，应当遵从既有的县域治理体系安排。

当然这种遵从并不意味着既有的县域治理体系不可更改、不可变革。如果既有体系已经不利于人民群众开展治理，治理能力发挥出现了严重障碍，那么改进既有体系就是完全必要的。而党作为世界上最先进的政党，应当以其总揽全局的高瞻远瞩和先见之明，责无旁贷，主动承担起改进治理体系之责，首倡体系改革动议，提出改革方案，引领和推动县域治理体系的改进。这恰恰是党组织所承担的组织功能的另一项重要内涵，也是它作为县域治理体系组织者角色的应有之义。但无论如何，县域治理体系的不完善，不是党组织抛开既有体系而为之的理由。

三 发挥领导功能的路径

我们将县域党组织的领导功能概括为代表和组织功能，这并不是什么新鲜的发明创造，实际上就来源于党的群众路线。邓小平早就说过，"党的全部任务就是全心全意地为人民群众服务；党对于人民群众的领导作用，就是正确地给人民群众指出斗争的方向，帮助人民群众自己动手，争取和创造自己的幸福生活"，共产党"是人民群众的全心全意的服务者，它反映人民群众的利益和意志，并且努力帮助人民群众组织起来，为自己的利益和意志而斗争"。[①]

由此也可以看出，县域党组织所发挥的这些功能，本质上是一种帮助人民开展治理（当家作主）的辅助性功能。对此邓小平曾说过："工人阶级的政党不是把人民群众当作自己的工具，而是自觉地认定自己是人民群众在特定的历史时期为完成特定的历史任务的一种工具。"[②] 由此，人民群众就是党的生命线，是党承载领导功能的唯一依据。

既然如此，县域党组织要发挥领导人民群众的作用，就只能是积极主动地去密切联系群众，争取主导权，这才叫作领导，也才能形成真正的领导地位。一句话，领导地位不是等来的，也不是靠垄断或权势获得的，而只能依靠密切联系群众、全心全意为人民服务才能获得。胡锦涛就曾明确指出，党的领导核心地位是"赢得"的，因而不是一劳永逸的，过去拥

[①] 《邓小平文选》（第1卷），人民出版社1994年版，第217—218页。
[②] 同上书，第218页。

有不等于现在拥有，现在拥有不等于永远拥有。① 比如就代表功能的发挥来说，党组织并不能只是简单地宣称代表最广大人民的根本利益，就表示发挥了代表功能。要真正发挥这项功能，就要切实地俯下身子，走进群众，真正做到密切联系群众，和人民群众打成一片，了解民情民心，倾听民声民意。

那么县域党组织怎样才能做到密切联系群众呢？要知道现实中这个问题是非常严重的，许多基层和底层党组织似乎患上了办公室依赖症和人民群众恐惧症，与人民群众缺少互动联系，不深入群众了解民情民意，基层党组织不但没有成为广大人民群众表达诉求的重要管道，反而可能成为了堵塞甚至打压人民群众诉求的力量。所以有人认为，当前党内脱离群众的现象大量存在，如果不下决心解决，党就真的危险了。② 应当说对现状的这种看法是贴切的，但把原因归结为一些党员干部宗旨意识淡薄，对群众的感情变化了，是一个作风问题，这样的解释就太肤浅了。其实真正的原因在于密切联系群众的动力机制缺失。我们看到，在确立执政地位并且执政地位得到巩固以后，各级党组织特别是基层和底层党组织迅速地行政化和官僚化，变成了发号施令的权力机构，在此情况下怎么可能产生密切联系群众和做群众工作的动力？在此情况下，如果始终寄希望于通过宣传教育，提升党员干部的觉悟和自觉性，那就将陷入形式主义泛滥的死循环。

所以要充分调动基层和底层党组织和党员干部做群众工作、密切联系群众的积极性，最重要的就是构建有效的动力机制。在这方面，可以说新加坡人民行动党是践行群众路线的榜样，而前苏共则可以说是一个反面教材。借鉴这些经验教训，我们认为不妨在县域试验"两代表一委员"三合一改革。即县域内的党员只有竞选成为人大代表，或者被推选为政协委员，才能够成为县级党代表，同时县级党组织负责人必须从本级党代表中选举产生。在这里，相当于把竞选人大代表设置为推动基层和底层党组织和党员干部做群众工作的动力机制，从而使县级党组织能够真正做到代表县域民众，真正有动力去帮助县域民众参与县域治理。当然这项改革的前提是，县级人大要革除仪式化弊病，成为真正代表县域人民审议和决策的

---

① 中共中央文献研究室编：《十七大以来重要文献选编》（上），中央文献出版社2009年版，第112页。

② 李庚香：《提升县域治理能力和水平须把握好的战略要点：学习习近平总书记视察河南重要讲话精神的体会》，载《领导科学》2014年10月（上）。

国家权力机关。

第四节 理顺县域治理体系的内部分工

在中国，党领导人民治理国家，形成的是党领导国家和社会的国家治理体系框架，实际上应当理解为，广大人民群众在党的领导下，通过不同层次的各种国家机关和社会组织以及二者的相互结合来开展国家治理。这当中，国家机关体系和社会组织体系的区别主要在于，前者是专门且专职化的公共治理组织，而后者不是；从分工上看，宏观治理主要靠国家机关体系，微观治理主要靠社会组织体系。按照这种分工安排，县域的地位非常特殊，恰好处于国家和社会的交接点，所以县域治理体系的内部分工面临更大的挑战。

一 县域国家机关之间的分工

首先我们来看县域国家机关体系，这是由一系列国家机关组成的，本身就存在进一步分工的问题。但是我们发现各种国家机关的功能合理性并没有得到确切的理解，有关的分工也就存在不尽合理之处，需要理顺。

这方面最突出的就是作为司法机关的法院。一直以来，特别是在地方，法院习惯性地被看成是一种统治性质的暴力镇压机关。实际上之所以要设立法院，完全是出于实行法治的需要。法治就是法律规则之治，依法之治，在公共治理体系中本质上是一种控制机制（主要是约束性的），因为法律本身就是一种社会控制手段（其他还有道德、宗教等）[1]，而法院就是近代以后流行起来的、专门用来实施这种手段（法律适用）的国家机关[2]。法院通过依法裁判争端，支持或补救守法者而惩处或纠正违法者，把人们的行为引导到遵守法律所确定的秩序上去。由此可见，法院之设立与否，根本上取决于要不要实行法治，也就是要不要把法律作为公共治理体系的一种控制机制。

如果确定要实行法治，那么根据法律的普遍适用性要求，法律体系必

---

[1] ［美］罗·庞德：《通过法律的社会控制·法律的任务》，沈宗灵、董世忠译，商务印书馆1984年版，第8—9页。

[2] 同上书，第12—13页。

须是统一的。这就导致在一个法制统一的国家，法院的设置也应该是统一的，而不能归属于各级地方政权。中国是一个法制统一的国家，立法权掌握在中央，地方只有省市掌握一定限度的立法权，县级没有立法权。据此来看，从前的县域国家机关一直包括法院在内，这是不够合理的，由此产生了司法地方主义等弊病。现在司法体制改革已经将省以下法院（连带检察院）的人财物收归于省级，这是正确的改革取向，但还不够协调。所以我们认为，通过进一步的司法体制改革，将来县级国家机关主要就是三个部分：县级人大和政协、县级政府和县级监察机关。

（一）县级人大和政协

根据中国宪法规定，人民是国家的主人，人民行使国家权力的根本途径就是人民代表大会，人大是代表人民行使权力的国家权力机关。这说明人大在中国的国家治理体系中占据着首要而根本的地位，极其重要。就县级人大来说，作为代表县域人民进行治理的国家权力机关，理论上具有全部的治理功能，从动议、决策到执行。但实际上县级人大只有动议和决策两项法定治理功能，而将执行交付于县级政府。事实表明，县级人大也没有真正发挥这两方面的功能，人大仪式化问题十分突出。不管人们是否真正认识到县级人大的应有功能，现实中县级人大是比较受到轻视的，加之代表兼职化、党员官员比例太高、会议次数极少、会期极短、没有会议商讨辩论等，这样的人大当然难以真正发挥其应有的治理功能，结果造成当前中国县域治理体系最大的弊端——县域民众在治理过程中的缺场。所以对于县级人大来说，其实并不存在功能定位的问题，而是如何将功能落实到位的问题。

要使县级人大真正成为代表县域人民行使权力的国家权力机关，需要采取的举措实在是太多了，毕竟这方面的欠账太多，不过总的方向就是要使县级人大常态化运作。改革开放以后，县级人大增设了常委会，原本就是对县级人大非常态运作的补救措施。但是这项举措又造成人大机构叠床架屋，而且如果说当初作为一种权宜之计有一定合理性的话，那么现在已无必要了。通常县级人大代表总数不过百余名，规模并不算大，如果适当缩减规模，完全没有必要设立常设机构。所以我们认为真正需要改进的地方，是使县级人大常态化运作（一旦实现，人大常委会便无存在之必要）。为此需要采取两项相互关联的举措：一是延长县级人大的会期或者增加会议次数；二是县级人大代表专职化。我们认为这两条是解决县域治理过程中人民缺场的重要举措，是县域治理体系现代化的重中之重。但是始终有人对此存有疑虑，特别是对于人大代表专职化。对此我们认为，首先，基于县级人大在县域治理体系中的重要地位，任何改进和加强人大的举措都是正确的，而削弱或虚化人大的做法是错误的。其次，我们已知国家机关本身就是专门且专职化的公共治理组织，专职化本身就是它的特性。既然如此，人大作为首要而根本的国家机关，其成员却不能专职化，岂不荒谬？如果人大代表不能专职化，那么政府工作人员又为何可以专职化？甚至连一些群团组织的人员都是专职化的，这又是何逻辑？又次，有人担心县级人大代表专职化会增加财政负担，这也是站不住脚的。为了提升县域治理的有效性而投入，这是有效投入，不是浪费也不是负担，只有那些错误的开支和无效的投入才是真正增加财政负担，比如巨量的维稳投入、庞大的行政开支、贪腐造成的损失、政绩工程和面子工程等造成的债务和损失，等等。综上，对于改进县级人大的这些举措，没有疑虑和争议的必要，而应当是抓紧实施，以大力推进县域治理体系现代化进程。

至于县级政协，这的确是一个具有中国特色的机构，前全国政协主席李瑞环曾经说它"说官亦官，说民亦民，亦官亦民，非官非民"[①]。但从其功能定位（政治协商、民主监督、参政议政）来看，我们实在很难将它和人大截然区分开来。事实上在1949—1954年期间，政协就曾代替过人大发挥作用；而且政协是由人民中的各界杰出人士组成的，而人大是人民选举的代表组成的，二者都来源于人民，可以说都是人民的代表。二者的区别仅在于，政协委员是推选而非选举产生的，并且政协的决定或决议没有国家法定效力。但也正因为政协的决定没有国家法定效力，所以容易导致政协委员提案或议事不够慎重负责，容易变成走过场的形式主义，不利于发挥其应有的作用。诸此种种表明，县级政协有必要予以改进。鉴于县域的实际需要和承受能力，我们认为可以考虑将县级政协实质性地整合进县级人大。也就是说，县级人大代表大部分由选举产生，代表县域各地方（选区）民众，其余部分则按照原来政协委员的推选方式产生，代表县域各界民众。正因为政协是分界别代表民众的，能够更充分地代表民众，对于人大来说是个有益的补充，所以将二者结合起来，无疑将更加有助于县域民众参与县域治理和实现县域人民当家作主。

[①] 李瑞环：《政协说官亦官、说民亦民、非官非民、亦官亦民》，载《人民政协报》1993年12月7日。

(二) 县级政府

从功能定位上说，县级政府毫无疑问是县级人大的执行机关，因此县域内的大量公共事务，特别是县域内的宏观公共事务，是依靠县级政府来管理的。但也正因如此，县级政府必须有所分工，否则难以有效管理各项公共事务。

县级政府的内部分工是一个难题，中国多年来反复进行的行政机构或行政体制改革，似乎一直都没有找到比较好的解决办法。过去一度总结教训，认为只要合理地确定政府职能，也就是明确政府必须管什么和不必管什么，就能合理地设定机构和编制了。但是政府职能这个问题似乎也是无解的，争论至今也没有一个确切的结论。何以至此？从我们构建的公共治理理论来看，根据政府职能来构建政府机构，其实就是按照公共事务的类别来进行分工。但这种分工必然存在缺陷。因为即便假定人们对公共事务的判定标准没有异议，也不能保证政府机构的分工可以将全部公共事务囊括无遗（所以有些国家为此不得不建立不管部），更何况公共事务还会随着环境形势条件的变化而发生变化，很难固定。比如近十余年来出现的网络信息安全问题，在从前谁能预料得到？反过来，过去存在的一些公共事务，很可能在未来就消失了。所以这种按公共事务类别来进行分工的办法始终存在缺陷。除此之外还有两种分工方式，但也是有缺陷的。按地域进行的分工之所以存在缺陷，是因为公共事务并不必然会严格地按照地域界限来出现，对于那些跨越辖区的公共事务又当如何处理？近年来一些地方推行的大部制改革（最先是"行政三分制"改革），试图突破上述分工的局限，而按照治理过程的环节来划分，把政府机构分成决策、执行和监督三个部分。但是这种分工仍有不足，别的不说，把决策和执行部门强行隔离开来就是一个严重的问题，势必造成决策者不了解执行情况，从而使决策的可行性大打折扣，同时执行者也不能深刻领会决策者的意图，从而影响执行的导向。

可见每一种分工方式都是有缺陷的，政府分工不能单独依靠任何一种分工方式，那么剩下的唯一出路，就只能是将三种分工方式结合起来。就县级政府的内部分工来说，首先需要根据对当下环境形势条件的考察和对未来一段时间的预期，粗略地按照公共事务类别设立政府部门，基本原则是宜粗不宜细、宜宽不宜窄，部门承担事务越细致越狭窄，就越是不合理。就此而言，现在绝大多数县级政府一般都有20多个部门，还不是按照大部制原则来构建的。

其次,跟其他上级地方政府的部门不同,县级政府的这些大部门要分别设置落地机构,而不能悬浮在县一级。因为县域公共事务都是跟县域民众有切身利害关系的,是贴近民众生产生活的,而县级政府是直接贴近民众的基层政府,因此这些政府部门不管是审批、管制还是提供服务,都需要走近民众,跟民众直接打交道。但县域民众分散在县域各地,这就要求各大部门进行地域分工,建立落地机构。然而现实中这个问题普遍比较严重,县级政府的各部门集中设立在县城,采取的是机关工作方式,存在严重的办公室依赖症和疏远脱离县域民众的问题。

不过县级政府各大部门建立落地机构,并不意味着这些落地机构必须集中于某一处,而应当是根据实际需要来选择落地位置,宜集中则集中,宜分散则分散。举例来说,如果某县有煤矿生产,那么负责安全生产的部门就应当在煤矿地点建立落地机构,而其他没有煤矿生产的地方则没有这个必要。而在城区,由于人口集中,公共事务也必然集中,而且各处事务必然相似,所以可以分片区集中设立一些必要的落地机构。但在过去,人们似乎形成了一种思维定式,认为如果县级政府部门要落地则必须集中落地,这可能就是改革开放初恢复乡镇建制的一个重要原因。由于这种集中落地的做法欠缺合理性,思虑不周,结果留下一个"半拉子"工程:乡镇虽有法定一级地方政权之名,却从无其实,其功能和机构体系从未完整过;但要说乡镇是县级政府派出的落地机构,也不尽符合事实。所以恢复乡镇建制之后,中国各县域一直面临着一个选择:乡镇究竟是去是留?

2006年农村税费改革全面完成之后,关于乡镇的定位和存废问题,主要出现了三种意见:一是主张撤销乡镇建制,如徐勇提出乡镇政府作为县级政府的派出机构,温铁军提出设立乡公所。二是保留意见,如党国英提出缩小乡镇规模,取消村的层级,建立乡镇大社区,实行民主选举、议行合一、两委合一制度;黄卫平等人提出乡镇长直选和强化乡镇人大建设;于建嵘、吴理财等人提出实行乡镇自治;张新光主张在分别明晰中央、省、县和乡镇职能范围的基础上,撤市、强县、精乡、补村。三是认为要灵活对待,不搞"一刀切",如贺雪峰等人提出差别性、依附性、适应性、整体性和消极行政五项原则。①

---

① 赵树凯:《乡镇治理与政府制度化》,商务印书馆2010年版,第40—41页。

在我们看来,中国县域数量庞大且多样,的确不宜"一刀切"。在这方面,赵树凯的意见是比较中肯的。他提出应区别三种情况来分别处理:在经济发达的地区,乡镇规模很大,应当将其完善完整化,扩大权限;在一些边远地区,县乡规模都很小,事务少,乡镇设置纯属叠床架屋,可以直接取消;其余大多数地方可以将乡镇改成县级派出机构。[①] 我们原则上同意这个意见,同时认为,其实只需区分经济发达地区的一些大型乡镇和其余的乡镇就足够了,而且对于各自的出路,我们有一点不同的见解。对于经济发达地区(并不仅限于沿海地区)的一些大型乡镇来说,我们认为扩权强镇这类做实做大做强乡镇的举措,还是在乡镇的层次和框架中打转,格局太小,也不足以解决问题,并不可取。比如广东省在2010年印发了《关于简政强镇事权改革的指导意见》,向镇街下放权限,优化镇级机构设置和编制配备,试图把镇级政府打造为一级全面的实体性政府。而从前区县政府一些垂直管理部门派驻镇街的分局,现在改由镇街政府负责人事、考核和预算,街镇分局局长通常由副镇长或街道副主任担任。但结果是什么呢?县区政府各部门在部署有关工作时,得不到派驻镇街分局的积极响应;而且分局的人员经常被镇街抽调去参加村居换届、维稳、综治、驻村、扶贫等"不务正业"的工作,本职工作得不到有效保证;加之这些分局没有行政许可、处罚等权限,只能以区县相关部门的名义执法,所以不用承担法律责任,而把责任包袱甩给区县相应的部门,结果就出现了监管不力的严重问题。[②] 由此可见,扩权强镇在不打破乡镇一级政权设置的前提下,通过把县级政府部门权限下放给乡镇政府,结果产生的是管理混乱、低效甚至无效的局面。而且这项改革还遗留下一个几乎无人提及的重要问题:既然县级政府有关部门的权限已经全部下放至乡镇,那么这些部门还有什么存在的意义?所以现在看来,扩权强镇不过是一个折中权宜的办法,其实践效果证明谈不上成功,并不可取。实际上对于这些大镇强镇来说,真正的出路是成为和县市区并列的建制城市。我们发现不少大镇强镇早已具备一个小型城市的规模和条件。例如,作为首批国家新型城镇化综合试点镇的浙江省苍南县龙港镇,2013年常住人口43.7万人,户籍人口36.2万人,其中建成区常住人口24.9万人;生产总值

[①] 赵树凯:《乡镇治理与政府制度化》,商务印书馆2010年版,第243—244页。
[②] 原超:《地方治理中的"小组机制"研究》,中央编译出版社2017年版,第80—82页。

185.6亿元，财政总收入18.8亿元。① 这样的规模和条件，恐怕是内地许多县市区都达不到的，因此实有必要单独建成一个小型城市。然而目前的改革气魄不足，步子太小，还不到位，始终局促在乡镇的层次和框架中打转，例如龙港镇就只是作为县级单列管理对象来对待和处理的。

除去经济发达地区的这些大镇强镇朝着独立城市建制方向发展外，对于其余的乡镇来说，下放权力或扩权强镇同样不可取，因为势必同样会产生上述的那些弊病，但是简单地取消乡镇建制却无补救措施也不可取。我们认为比较妥宜的方案是，首先取消乡镇一级建制，然后各县域根据自身实际和需要，在各地建立县级政府各大部门的落地机构。这样的方案，既不是扩权强镇的做法，也不是保留乡镇的做法，而是第三条道路。我们发现人们似乎没有准确区分派出落地机关跟一级政权的差别。派出落地机关本质上归属于县级政府的各大部门，而一级政权则是完整的政府。就此而言，如果废除乡镇建制，那就意味着不再存在乡镇这一级政府。所以派出机关就是派出机关，各有其名，乡镇也不可能叫作派出机关。而且派出机关可能集中在原来乡镇驻地和辖区范围内，也可能不是；可能派出一个机关，也可能是多个机关。不同区域的派出机关不尽一致也不求一致，一切视实际需要而定。总之，派出机构跟原来的乡镇没有任何关系。既然如此，那就不存在将乡镇政府转变为县级政府派出机关一说。这不是转变的问题，也无法转变，而是废除作为一级政府的乡镇，同时重新构建县级政府各大部门的落地机构。构建落地机构，就是在废除乡镇之后的补救措施，但不是对等的替换，也不是原来乡镇政府的转换。

最后，县级政府内部要建立起明确的决策和执行机制。这里所说的决策和执行机制，并不一定意味着建立单独的机构，但是必须要有可以进行决策的平台或机制，同时要有负责执行的人员和机构。我们认为把决策和执行截然分割开来并不是好办法，恰恰相反，应当是将二者衔接起来。就此而言，议行合一机制是一个比较合理的方案。也就是说，县级政府各大部门虽然是执行者，但各部门的负责人应当参与县级政府的决策，然后带回使命负责去执行。在各大部门内部如果存在进一步的分工，那么也类似于此，即各小部门作为执行者，其负责人也应当参与大部门的决策。若非如此，则决策的可行性和执行的导向都难以保证。至于"行政三分制"

----

① 《关于印发国家新型城镇化综合试点方案的通知》，见"国家发改委"官网（http://www.ndrc.gov.cn/fzggz/fzgh/zcfg/201502/t20150204_663086.html）。

改革提到的监督,在我们看来,不宜作为政府内部分工的一个部分,否则必然会因为缺乏独立性而使其功能大打折扣,即使由政府首长直接掌握监督部门也不能解决这个问题,因为这种监督毕竟是内部监督。2018年以来,全国已经通过建立同各级政府并列的国家监察机关来解决这个问题,这正是下面所要探讨的问题。

(三) 县级监察机关

中国在帝制时代一直建立有庞大而完备的监察体系,从中央各部门到地方各级官员,全都在其监察范围之列,不过它主要是维护皇权统治的工具。孙中山先生后来在批判借鉴中国古代和西方各国经验的基础上,首创"五权宪法"学说,其中就主张建立掌握纠察权的独立监察机关,用以专门监督弹劾官吏。[①] 在党的革命传统脉络中,原苏俄也曾在苏维埃之下先后建立过工人监督委员会、国家监察人民委员部、工农检查院等监察机构,后来逐渐与俄共的党内纪检机构(监察委员会)合并。[②] 苏俄的经验直接影响到党在中华人民共和国成立后对政权体系的设计和构建。1949年成立的中央政务院就建立了人民监察委员会;1954年宪法体制建立之后,国务院设立监察部;1982年宪法体制延续了这一做法,直到2018年修改宪法和制定《监察法》以后,才建立了外在于政府的独立监察机关(各级监察委员会),同时继续与党的同级纪检机关合署办公。

目前监察机关的功能是对广泛的公职人员和有关人员进行监察,包括:(1)党的机关、人大及其常委会机关、政府、监察委员会、法院、检察院、政协各级委员会机关、民主党派机关和工商联机关的公务员,以及参照《公务员法》管理的人员;(2)法律法规授权或者受国家机关依法委托管理公共事务的组织中从事公务的人员; (3)国有企业管理人员;(4)公办的教育、科研、文化、医疗卫生、体育等单位中从事管理的人员;(5)基层群众性自治组织中从事管理的人员;(6)其他依法履行公职的人员。而监察的含义是监督、调查和处置,包括:(1)对公职人员开展廉政教育,对其依法履职、秉公用权、廉洁从政从业以及道德操守情况进行监督检查;(2)对涉嫌贪污贿赂、滥用职权、玩忽职守、权力寻租、利

[①] 广东省社会科学院历史研究所等合编:《孙中山全集》(第一卷),中华书局1981年版,第331页。

[②] 王正泉主编:《从列宁到戈尔巴乔夫:苏联政治体制的演变》,中国人民大学出版社1989年版,第237—249页。

益输送、徇私舞弊以及浪费国家资财等职务违法和职务犯罪进行调查；(3)对违法的公职人员依法作出政务处分决定，对履行职责不力、失职失责的领导人员进行问责，对涉嫌职务犯罪的向人民检察院移送调查结果予以依法审查、提起公诉，向监察对象所在单位提出监察建议。为履行这些功能，各级监察委员会可以向本级党的机关、国家机关、法律法规授权或者委托管理公共事务的组织和单位以及所管辖的行政区域、国有企业等派驻或者派出监察机构、监察专员。

目前新建立的这套监察体制其实是从原来纪检监察合一体制直接转变过来的，算不上完全新颖，其主要的变化应该是监察机关名义上从政府内部独立出来并且扩大了监察范围。就此而言，新监察体制对于解决前述的政府祸患问题可能会有一定成效，但是其功能定位和为此作出的体制安排也有可商榷之处。从功能定位来看，新的监察机关所监察的对象极为广泛，意图实现"全覆盖"，而且所行使的监察权甚至包括职务违法犯罪的调查，这就存在逻辑混乱、与司法机关有功能交叉等问题，从分工的角度来说不尽合理。从体制安排来看，监察机关没有整合审计机关，会严重影响其功能发挥。同时监察机关权力极大，但自身只受同级人大及其常委会监督，并通过公开监察工作信息接受民主监督、社会监督和舆论监督，以及通过内设的专门监督机构进行自我监督，这可能是个隐患。因为自我监督不足为信，来自外部的社会舆论等监督目前来看恐怕缺乏有效途径，来自人大的监督在人大仪式化的状态下几无可能。所以实际上新体制和旧体制一样，其真正的功效取决于监察机关跟党的纪检组织合署办公。换言之，这个体制能否发挥监察功能，实际上取决于党的纪检组织。而纪检组织受同级党委领导，所以其真正的效力又取决于上级纪检组织，这就差不多又回到了旧体制的原点。所以我们发现，虽然这套新的监察体制才建立起来，但它存在一些明显的缺陷，特别是完全没有考虑配套体制改革，总体上作为一种权宜之计的痕迹十分明显，不大可能成为长效机制。

鉴于此，就县级监察机关来说，我们认为将其独立于政府之外是一个正确的选择，但在其他方面也还有可改进之处。我们认为，合理有效的监察机关必须建立在整体配套改革的基础上，在此前提下，其合理的功能定位应该是针对县级政府（结合中国国情，可以拓宽涵盖国企、事业单位和授权或委托单位这些准政府组织）的公职人员进行监察，从性质上说是县级人大授权它履行对政府的监督功能（就如同人大授权政府行使执行功能一样），而且监察的含义是指从政风政纪方面监督政府公职人员行使职权，包括监督运行、调查事实、政纪处分和弹劾官员。针对其他人员的监察功能或者无其必要（通过配套改革），或者需要剥离而采取其他的监督约束机制，如党内纪检机构、司法机关、特别是社会组织和舆论以及广大县域民众。指望建立一个强大而缺乏有效约束的监察机关实现"全覆盖"，不尽合理也不够现实，未必能够真正收到成效。在体制安排上，我们认为县级监察机关非常有必要和审计机关整合，但和党内纪检机关整合于理不通，在开展配套改革的情况下也无其必要。

二 县级国家机关与县域社会组织的分工

按照上述改进思路，县级国家机关（特别是县级人大和政府）将直接面对县域民众和社会，无须任何其他中介。而民众的社会组织形式，在改革开放以后总的来说越来越多且数量剧增，其中在县域内活动的有代表性、行业性、专业性、公益性、营利性、地域性等各种类型的社会组织。不过相对来说，发达地区县域内社会组织的类型和数量更多，而在不发达地区主要还是基于地域和居住状况形成的村社组织——这是中央立法推广而非民间自发成立的结果。在县域内的各种社会组织中，只有村社组织是法定的、专门的但非职业的底层公共治理组织，其他社会组织并非专门的公共治理组织，只是在一定程度上参与公共治理。

关于县级国家机关与县域社会组织特别是村社组织之间，究竟应当如何分工，确立一种什么样的关系，最后形成什么样的底层治理体系，对此问题，目前主要就是两种反向而行的主张和实际的做法：一是将村社组织行政化，变成县级政府的"手脚"；一是坚持村社自治和相对于政府的独立性。对于这两种主张和做法，我们感到很难笼统地作出评判和结论，因为每一种都有一定的合理性和适应性，但同时又有一定的弊端和不足，而未来县级国家机关与县域社会组织之间的分工关系和相应形成的底层治理体系，也未必就只能是这种二选一的结果。实际上，正如乡镇之出路需要区分具体情况而不可一概而论，底层治理体系的出路也需要区别具体情况来看待。

目前国家正在实施乡村振兴战略，根据《规划》，将区别四类村庄来实施：（1）集聚提升类村庄，即现有规模较大的中心村和其他仍将存续的一般村庄，这被认为是大多数，是乡村振兴的重点，要继续推行党支部领导下的村民自治体系。(2)城郊融合类村庄,即城市近郊区以及县城城关镇所在地的村庄,将向城市转型。(3)特色保护类村庄,即历史文化名村、传统村落、少数民族特色村寨、特色景观旅游名村等自然历史文化特色资源丰富的村庄,对此要进行保护。(4)搬迁撤并类村庄,即位于生存条件恶劣、生态环境脆弱、自然灾害频发等地区的村庄,因重大项目建设需要搬迁的村庄以及人口流失特别严重的村庄,对此将通过易地扶贫搬迁、生态宜居搬迁、农村集聚发展搬迁等方式实施搬迁撤并。①

不过我们发现,这里所概括的乡村状况存在重大遗漏,并非对目前全国乡村状况的全面把握。实际上,尤其是在中西部地区,最常见的是"留守型乡村"。这些乡村远离城区,没有什么特色,环境不一定恶劣,从民居布局看可能集中也可能不集中。最关键的地方在于,这些乡村的主要劳动人口常年在外务工,留下大量老弱妇孺在乡务农,但农业也基本上不再是农民的主要收入和生活来源。这样的乡村算不上真正的人口流失,因为外出务工者的户籍、住所和家人还在乡村,并非真正迁入城市,但其实际状态又跟人口流失相去不远。这种留守型乡村显然属于乡村振兴战略的盲点,即便不列入乡村振兴的范围,必要的公共治理还是免不了的。可是这种状态下的乡村应该建立怎样的底层治理体系来开展治理？要知道对于这些留守型乡村来说,既有的村民自治组织体系已无可能发挥村民自治功能。

但是人们似乎陷入了一种思维定式,谈到乡村基层就必然联想到村社自治,结果一切观点和举措都围绕着这个方向打转。从 2005 年提出的新农村建设②到现在的乡村振兴战略③,全都是这个整齐划一的思路。于是在现实中,尽管乡村情况已经发生了重大变化,但应对思路和方案还是旧的,那就是不断给村社自治组织体系打补丁,想方设法维持残存的村社自治组织体系。比如大量村民常年在外打工,致使村民大会无法召开,于是

---

① 《中共中央、国务院印发〈乡村振兴战略规划(2018—2022 年)〉》,见"中国政府网"(http://www.gov.cn/gongbao/content/2018/content_ 5266232.htm)。

② 《中共中央、国务院关于推进社会主义新农村建设的若干意见》,见"中国政府网"(http://www.gov.cn/gongbao/content/2006/content_ 254151.htm)。

③ 《习近平在中国共产党第十九次全国代表大会上的报告》,见"人民网·中国共产党新闻网"(http://cpc.people.com.cn/n1/2017/1028/c64094-29613660-7.html);《中共中央、国务院关于实施乡村振兴战略的意见》,见"中国政府网"(http://www.gov.cn/gongbao/content/2018/content_ 5266232.htm)。

村民代表会议的补丁方案应运而生。尽管大多数村民不在村，但村委会选举照旧。然而这些做法十分怪诞，因为村民自治本来就是指村民直接治理，现在竟然需要通过代表来治理；村民大量在外务工，留下的多是老弱妇孺，这样的村委会选举有其名而无其实。其实村社层面的公共事务，并不见得必须要自治才能管理得好，也不见得必须采取村民委员会的组织形式。事实上直到1988年《村民委员会组织法（试行）》实施后，全国农村地区才全面推行村民委员会这种组织形式和实行村民自治。也就是说，在改革开放以后的十年内，全国各县域的乡村并不都是在实行村民自治和采取村民委员会的组织形式，然而依旧可行，而且那十年正是农村发展的黄金十年。[①] 今天乡村情况变化了，也更加复杂，仍旧统一划齐采取某种方案，殊为不妥。特别是对于留守型乡村，不一定要构建基于土地集体所有和农业经济的村社组织，也不一定要追求自治。原来设计和构建的村社，实际上沿袭了中国传统的乡里或里甲思路，其共同的前提就是建立在土地资源之上的农耕经济。农耕经济把人们束缚在土地上，农业人口严重缺乏流动性，在这种条件下，村社才能建立起来，开展村社治理也才有可能——不管是自治还是其他什么治理方式。但是今天大量农村人口处于实际流失状态，留下一群老弱妇孺，农业也不再是农民的主要收入和生活来源，对于这样的留守型乡村，村社及其自治组织体系的构建还有何基础和意义可言？

不过否定了留守型乡村实行村民自治的可能性，我们也不认为目前许多地方采取的行政化举措是完全可取的。其实这些行政化举措仅仅是一种权宜之计。也就是说，虽然看到了村社自治组织体系的失效，但又没有法定权限移除或搬开村社组织而由政府直接代替，于是只好采取变通办法，把村社组织行政化（如村干部待遇公务员化、选拔村干部进入乡镇公务员队伍、向村社派驻支部书记和各种"村官"、对村社实行目标考核），相当于将其变成政府组织。应当承认，行政化举措在一定程度上弥补了留守型乡村治理的疲软或空缺，有一定的合理性和适应性。但这种做法毕竟逻辑不通，显得不伦不类，彰显的是整个县域治理体系改革遇到了体制性障碍。我们现在探讨县域治理体系现代化问题，自然不必如实务工作者那样瞻前顾后，讲究变通。在我们看来，对于留守型乡村，行政化终究不是

[①]《农村改革30年，徐勇谈农村巨变的历史脉络》，见"搜狐网"（http://business.sohu.com/20080306/n255570909.shtml）。

长久之计，不妨考虑采取政府托管方案。这就是说，县级政府专门设置一个乡村托管部门，在全县所有的留守型乡村地区分别设置一定的落地机构，全盘接收原来属于村社自治的公共事务，如合作医疗、农保、扶贫、救济、土地、合作经济等，从而取消村社及其自治组织体系，不再实行名不副实的村民自治。这里的托管不是行政化，因为它建立在取消村社组织体系的基础上，所以不会不伦不类。托管机构也不是乡镇政府的恢复重建，本质上还是县级政府的派出机构，也不追求一级政府的完整性。

很明显，那些留守型乡村本已不具备实行村民自治的条件，若固执地坚持村民自治，那就只能导致荒诞的结果，产生各种不可收拾的弊端，比如给各种村干部和"村官"提供贪腐作弊、坑害留守村民的大量机会。当然，在其他具备条件的、特别是有希望实现振兴的乡村地区，还是可以考虑实行和做实村民自治的。同时在城市中，由于人口集中，社会组织相对发达，实行社区居民自治的条件似乎更加充足。不过即便如此，我们也不认为在这些有条件的城乡地区，只有村社自治一条路可选择。从实行村社自治几十年的情况来看，毋庸讳言的是，村社自治的形式远远多于实际，实际的收效和产生的弊病完全可以相提并论。这就让我们不得不反思在中国的环境和条件下，追求纯粹的村社自治究竟值不值得和有多大的可能性。在这里，由日本提供的一条中间道路，可能对于我们具有很大的启发性和参考价值。

日本城市的区政府下设地域中心部，专门负责领导和管理下属的各个地域中心。地域中心由所长领衔，一般有30余名工作人员，都是公务员，又分为地域担当系、青少年担当系等部门，开办有高龄者会馆、儿童馆等服务场所。地域中心的工作人员由地域中心部常勤部长、区议会议员以及各方代表总共五人负责考核，在工作人员自我评价的基础上，每两年考核一次。地域中心主要负责收集区域内居民对地域管理的意见、支持援助市民活动和民间公益团体活动、管理地域内各项事业、执行区政府计划、为居民提供窗口和设施服务、管理青少年健康育成事务等。各地域中心每年编制预算，上报区地域中心部和区政府，由区议会审议通过，再分配给各地域中心，由所长根据工作计划安排使用。所有资金的使用都有明确的范围（如地域工作、民政福利、防灾防病等）、标准和要求。其他不列入预算的资金，如城建、对个别团体的补助、临时性工作费用等，则由区政府地域中心部安排解决。区政府地域中心部每月召开两次所长会议，进行工作交流和联络,各地域中心的所长之间也有联络网。在各地域范围内的社会组织,首先就是由居民自愿参加组成的住区协议会,主要负责讨论区政府的计划任务,并将区民的意见反馈给区政府,同时讨论解决住区内的共同事务,如设施建设、高龄者问题、街道改造等;其次是其他各种团体组织,如防灾、青少年教育、交通安全协会、委员会等公益团体和义务服务组织,由各地域中心负责联系并支持其活动。[1]

可见日本在城市的底层治理体系,是以区政府专设部门的落地机构(地域中心)为最基本的治理主体,同时吸收和支持各种社会组织参与。我们认为这种模式非常适合包括中国在内的东亚国家。这些国家普遍缺乏公民文化传统,公民文化基础薄弱,社会组织发育不够充分,居民比较缺乏自主性和自治能力,远远达不到欧美国家那种自主程度、志愿贡献程度和捐助力度。比如在美国,50%以上的成年人和70%以上的大学生都参加过各种志愿服务活动,包括照顾老人、儿童、残疾人,免费送午餐,提供咨询服务、安慰电话等,还有大量民间捐赠形成的基金会。[2] 在这种巨大落差下,如中国这样的东亚国家,追求纯粹的村社自治显然是不切实际的。

如果借鉴日本的这个模式,那么在中国的县域治理体系中,抛开留守型乡村实行政府托管的情况,底层治理体系的大致模式就是以县级政府各大部门的落地机构为最主要的治理主体,同时吸收和支持各种社会组织(包括有条件且自愿成立的村社组织)参与治理。当然,在条件允许的情况下,包括村社在内的社会组织自主开展一些底层微观公共事务的管理活动,也是可行且值得鼓励的。

在这里,我们区分全国县域内城乡的不同情况,大概提出了三种可能的底层治理体系模式供选择:政府托管、政府主导加社会参与、村社自治。这就说明,中国县域太多,各县域情况迥异,而且目前各县域正处于城乡大转型时期,因此肯定找不到一种可以普遍适用且相对稳定的底层治理体系模式。鉴于此,我们认为国家不宜作出统一的设计安排,也不必追求统一的模式。各县域的情况只有自己最清楚,所以除了县级治理体系需要统一设计安排,底层治理体系还是由各县域自主探索和安排为宜,应当

---

[1] 唐奕主编:《基层治理之路:来自基层实践着的中国梦》,中央编译出版社2016年版,第182—184页。

[2] 同上书,第261—262页。

把这项权限交给各县域,只要能达到有效治理的目的就行。

第五节　改善县域治理体系的协调控制机制

县域治理体系的治理功能能否正常发挥,不仅取决于目标任务定位是不是正确,相应的任务分工是不是合理,还取决于协调控制机制是否有效——这方面也有可改进完善之处。

一　调整协调机制

协调是为了防止和解决组织体系内部冲突,理顺内部关系,减少甚至杜绝内耗。按照上述的分工模式,县域治理体系中主要有两种关系需要协调。

一是县级国家机关(特别是县级政府)跟社会组织(特别是村社组织)之间的关系协调,这一直是个突出的老大难问题。主要问题就在于县域政府和部门将村社组织看成是下级执行机构,甚至动用目标考核手段加强控制,保证执行。很多地方都反映村社有三难:"婆婆"多,任务重,各种考核泛滥。如广州某社区就承担着100多项工作,其中考核事项就多达70多项,还包括计生、安全生产、综治信访等实行一票否决的事项。计生工作一年抽检四五次,有的部门甚至把考核事项具体到月份,每月都进行排名评比。[1] 按照这种关系,县域治理功能难以有效发挥。一方面,对于基层政府和部门来说,这种对村社的所谓考核评比,实际上是一种不负责的"甩锅"失职行为[2],当然也就不大可能充分发挥其应有的服务、监管等功能。另一方面,对于村社组织来说,这种考核评比则是对村社人财物力的严重消耗,村社组织人员对此抱怨甚重,抵触情绪强烈,自然没有什么动力去完成指派任务,更难有精力去管理微观公共事务。

我们认为,要协调这种关系,首先取决于合理的分工,这些年来之所以关系难以理顺,根子就在于分工不够合理。我们已经表明,中国各县域情况千差万别,不可能笼统地给出一个整齐划一的分工方案,构建整齐划

---

[1] 唐奕主编:《基层治理之路:来自基层实践着的中国梦》,中央编译出版社2016年版,第101页。

[2] 傅荣校:《警惕基层治理"节点"上的权责失衡:关于上级"甩锅"现象的思考》,载《人民论坛》2018年第17期。

一的底层治理体系模式。如果如上所述,将来县域内建立了三种底层治理体系模式,那么首先,在政府托管的情况下不存在政府与社会关系的协调问题,可以排除。于是只有两种情况下才存在关系协调问题。如果是参照日本模式构建的底层治理体系,那么县级政府部门的落地机构是最主要的治理主体,而各种社会组织(包括有条件和自愿成立的村社组织)只是参与治理,这是一种明确的主次关系。如果是继续实行村社自治,那么需要协调的关系就是怎么保证政府不干预自治同时又能得到自治组织的支持和合作,这是一种平等合作的关系。

但是对于这两种关系的协调,关键还是要靠有效的协调机制。过去对于县级政府部门与社会组织的关系,完全是由政府自己来负责协调,这当然是一种违反逻辑的无效机制。按照改进后的县域治理体系,今后这种协调功能应当转交给县级监察机关,通过监察机关来监督查处政府部门缺位或越位的履职情况,包括监督查处政府部门向村社等社会组织"甩锅"的行为(分不清主次),监督查处政府部门干预村社自治的行为(扰乱平等合作)。

二是各种县级国家机关之间的关系协调。过去的机制一直是县域党组织高居于各种国家机关之上,"总揽全局,协调各方",其基本方式就是直接出面成立各种协调领导小组、发布指示命令、打招呼甚至动用组织手段。党组织作为县域人民的领导者,当然需要总揽全局,协调各方,但是过去的这种方式于理不通,明显有代替县域人民当家作主的嫌疑。既然县域人民当家作主、开展县域治理的根本途径是县级人大,其他各种国家机关都是由它产生的,那么当然应当是由县级人大来负责协调最合理。由此,县级党组织也就只能是通过县级人大的运作,也就是通过党的县级人大代表及其组织,来发挥总揽全局、协调各方的作用。实际上,改进后的县域国家机关已经大大简化,除了县级人大,只剩下县级政府(含各部门的落地机构)和监察机关,三者的关系明确而简单,关系协调问题必不突出。至于各国家机关内部,特别是政府和监察机关内部,因为都设立了综合领导机构和实行垂直管理,相应的协调机制足以有效。

二 改进控制机制

控制分为正向激励和负向约束两种方式,但目的都是为了维持集体行动的目标导向。相较于协调而言,县域治理体系的控制问题更为突出,主要就是一直依赖于党政机关自上而下的控制，而将县域民众排斥在外，结果县域治理难以保证目标任务正确，所产生的负面后果非常突出。所以改进县域治理体系的控制机制，关键就是引入民众的力量，保证县域民众能够控制县域治理的方向。

由于县域治理体系包括国家机关和参与治理的社会组织两个部分，因此它的控制机制就包括对各种社会组织和国家机关的控制。在社会组织方面，对于那些民间自发成立的社会组织来说，由于民众参与一般都有保证，所以控制基本上不成问题。但是对于那些官方成立的社会组织（人民团体、事业单位、国有企业和村社组织）来说，有关民众无法进行有效控制，却是当前非常突出的问题。目前的举措是试图通过监察机关来进行弥补。但是一方面，监察机关采取负向约束的控制机制，缺乏正向激励的能力；另一方面，监察机关对这些社会组织进行监督，理由并不坚实。所以我们认为，对社会组织的控制，除非是违法犯罪必然要交付国家侦查、检察和司法机关处理，否则还是要交给相关的民众，通过设计出一套有效的民众参与机制来保证有效的控制。但社会组织量多而庞杂，恐怕没有什么普遍有效的控制机制，需要各县域自主探索创新。

对于县域国家机关来说，首先就是要保证县域民众对县级人大的控制，这是至为关键的重中之重。这就需要构建人大代表竞争选举、人大代表联系选区选民、选民罢免人大代表、人大会议全程公开、人大资料信息公开备查、选民旁听人大会议等机制。县域民众如果能有效控制人大，就差不多成功地控制了整个县级国家机关，但还不够。对于其他国家机关，即县级政府和监察机关，也需要构建县域民众参与的机制。对于监察机关，要构建起县域民众向监察机关检举投诉、监察机关资料信息公开备查、通过人大代表动议向监察机关及其人员提出问责等机制，来保证监察机关真正对民众负责，认真履责。另一个重点是保证县域民众对县级政府的控制，毕竟政府是人大的执行机关，事实上县域公共事务基本上就是靠它来管理的。目前对政府的控制机制主要是上级通过目标考核、检查评比来决定政府工作人员（包括官员）的奖惩（包括职务、奖金、待遇等），具有很大的弊端，很容易导致县级政府对上负责而不对县域民众负责，而且上级的检查评比也容易被应付和蒙蔽。实际上只有广大县域民众才最适于也最有资格对县级政府进行考核评价，因为他们是县域治理结果的直接承受者，他们的评价最为真实，他们只会看结果，而不会看数字报表等任何形式化的东西，很难被蒙蔽。所以必须建立一种由县域民众来考核评价政府的机制，以保证对政府的控制。这种考核评价或许并不需要构建什么指标，只要是真正由广大县域民众进行考核评价就行。比如可以考虑由县级人大发起对县级政府或其部门进行整体的或个别的民意测评，而不是如过去一般，只是简单地听取、审议和表决政府工作报告。至于县域民众考核评价结果的使用，赵树凯提出了一个富于启发性的方案。他认为应当区分政府的政务官和事务官，让政务官通过选举罢免的方式来升迁流动，事务官则走专业化和职业化的道路。[①] 也就是说，县域民众对政府或者部门的考核评价，将导致政务官的升降出入，以此来保证县域民众对政府的控制。

总之，关于县域治理体系控制机制的改进，除了涉及违法犯罪应交由国家统一的司法体系处置，重点是大力引入县域民众的力量，保证民众对县域治理体系的控制。而作为县域民众领导者的县域党组织，则应当是主动跟民众站在一起，积极发动、支持和参与这种控制，而不是抛开县域民众，高高在上，指挥一切，控制一切，那样并不能保证县域治理方向的正确性，甚至也难以保证自身的正确性。

第六节　结语

从一开始我们就已明确，国家治理现代化命题的实质，就是如何坚持和完善党领导人民有效治理国家。在中国，党领导人民治理国家，形成的是党领导国家和社会的"一体两翼"国家治理体系框架，或者说是党领导人民通过国家机关和社会组织来治理国家的体系框架。所以国家治理现代化，说到底就是如何通过完善这套国家治理体系，来实现党领导人民有效治理国家。中国的县域治理体系从属于宏观的国家治理体系，是其最基础的组成部分，它的现代化当然完全服从于国家治理现代化的这个总体要求，县域治理体系现代化，实质就是通过完善这个体系，来实现县域党组织领导县域人民有效地开展县域治理。这就是本书所要解决的核心问题。

为解决这个问题，我们在领会党和国家有关精神宗旨的基础上，借鉴

---

① 赵树凯：《乡镇治理与政府制度化》，商务印书馆2010年版，第159页。

吸收了国内外的治理研究成果和其他理论方法成果，自主探索构建了一个公共治理理论分析框架。根据这个理论，所谓有效治理或者治理有效，这是从公共治理的目标任务角度来说的，是根据其治理结果来进行评判的。一句话，有效的治理，就是通过管理公共事务，真正实现了公众互惠互利、共同受益和获得幸福。据此，我们考察中国的县域治理，发现特别是改革开放以来，的确取得了一系列重大成果，其中最突出的就是县域民众经济生活条件得到了大幅改善，但是毋庸讳言，也产生了不少非常突出的负面后果。这说明中国的县域治理体系还不够完善，最突出的问题，就是普遍没有真正导入县域民众力量参与治理，同时县域治理体系自身的体制机制也存在一些弊端，这就不能保证县域治理体系能够充分地发挥各方面的治理能力（功能）。

鉴于此，我们认为中国县域治理体系现代化的基本思路，就是在坚持党领导人民开展治理的体系框架的前提下，通过匡正县域治理的目标任务，改革县域治理体系的组成部分及其分工（功能），并通过改善协调控制机制，尽可能地将县域民众引入到县域治理的体系和过程中，消除县域治理体系在体制和机制上存在的弊端，从而使县域治理体系能够充分地发挥治理能力，取得良好的治理结果同时尽可能减少负面后果。

通过改进，我们认为现代化的中国县域治理体系将形成如下一种模式（如图7-1所示）。根据当代中国的立国宗旨，人民是国家的主人，那么在县域，县域人民自然就是县域治理的主体。但是县域人民数量庞大且分散，所以需要在县域党组织的领导下，通过各种社会组织和国家机关来开展治理，主要发挥动议和监督功能，在条件允许的情况下也可以参与决策和执行。其中县级国家机关的核心和根本就是县级人大，这是宪法明确规定的根本政治制度。理论上县级人大掌握县域内一切国家权力，但从可行性角度来看，主要掌握重大决策权（含公共议题的动议权），然后授权县级政府去执行，同时授权监察机关去监督。除了国家机关的制度途径，县域民众也可以通过成立和参加各种社会组织来开展一定范围和程度的治理。这既是县域民众直接开展治理的表现，也是对通过国家机关来进行治理的有益补充。当然，这个模式能否成立或成功运作，关键取决于县域党组织如何领导县域人民。如果县域党组织脱离人民，高高在上，颐指气使，那么县域治理就将故态复萌，完全回到起点，县域治理体系现代化将归于失败。所以关键就在于怎样保证县域党组织能够真正做到密切联系群众，与县域民众打成一片。为此，我们界定县域党组织的领导功能就是代表和组织功能，并且为有效发挥这些功能，提出实行"两代表一委员"三合一改革，推动和促使县域党组织以县级人大为根本途径来发挥领导人民的功能。

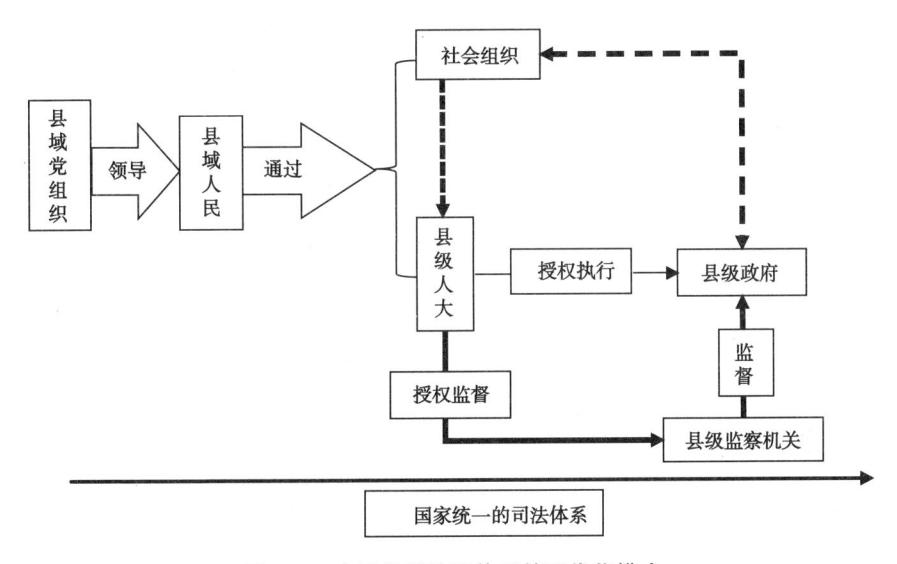

图 7-1 中国县域治理体系的现代化模式

当然，我们这里所说的中国县域治理体系现代化模式，只是最粗略的框架。毕竟中国地域广袤，各个地方所面临的环境形势条件不尽相同，所以不可能要求各县域治理体系完全一致，相反，各县域可以而且应该有些许差异和自我特色。特别是各县域的社会组织发育程度、自主性和治理能力必然千差万别，不能强求一律，不必统一规划某种社会组织形式或者必须跟国家机关构建什么样的关系，这些都是各县域可以自主探索创新的。

不仅如此，这里所提出的中国县域治理体系现代化模式，并不意味着将成为永恒，而不过是总结近几十年的情况，特别是针对当前状况而提出来的一个改进方案。然而我们知道，环境形势条件总是会变化的，所以中国县域治理体系的改进不可能一劳永逸。以深圳为例。改革开放前，深圳只是一个人烟稀少的边陲小镇，其所在的宝安县也是典型的农村地区。1979年宝安撤县建立深圳市（省辖市），1980年成立深圳经济特区，城市化进程开始启动。1992年深圳推行农村城市化改革，2003年出台《关于加快宝安龙岗两区城市化进程改革的意见》，将特区外的农村地区也纳入城市化进程。在这样一种急剧变化的形势下，深圳的基层治理体系不可能不进行调整。1983年深圳撤销人民公社，设立区公所，生产大队改为乡，设立乡政府，生产队改为村，设立村民委员会。1987年深圳率先在特区内开展村级集体经济组织股份合作制改革，农村出现了村党支部、村委会和村集体股份合作公司的"三驾马车"格局。在1992年推行农村城市化改革期间，深圳市又将特区内村委会改为居委会，2004年推向宝安、龙岗两区，居委会成为街道办或镇政府的下属机构，主要协助开展计生、治安、调解、民政等工作。2006年深圳市颁布《社区工作站管理试行办法》，将居委会和社区工作站分离，通常是"一站多居"的设置格局，居委会回归群众自治组织性质，而社区工作站则作为基层政府在社区的工作平台，协助街道开展行政管理和服务工作。[①] 深圳可能是中国近几十年变化最大的地方，其他地方的变化或许不及深圳，但毫无疑问也都发生了变化，而且今后会继续变化，所以中国县域治理体系的改进和完善永远在路上。

---

① 唐奕主编：《基层治理之路：来自基层实践着的中国梦》，中央编译出版社2016年版，第130—133页。

附　　录

A. 对 S 省 P 县的调查问卷设计与结果统计

这是本课题组于 2016 年 7 月下旬在西部 S 省 P 县针对县域民众所进行的一次问卷调查。

[说明]

1. 本次调查属于科学研究，所获得的资料仅用于该项研究。

2. 本次调查是匿名的，完全不涉及您的姓名、性别、生日、身份证号码、手机电话、家庭住址等私密信息。

3. 如果没有特别提示，所有问题均为单项选择，请直接在选项上打勾或者画线均可，如有填空，也可填空。

[问题]

1. 您是

A. 本县城镇居民　B. 本县农村居民　C. 外来流动人员

总计 1077 人，本县城镇居民 361 人，本县农村居民 283 人，外来流动人员 433 人。

2. 您在本县居住了多长时间？

A. 世居于此　B. 10 年以上　C. 不到 5 年　D. 临时暂住

总计 1077 人，世居于此 287 人，居住 10 年以上 351 人，居住不到 5 年 262 人，临时暂住 176 人，未填写 1 人。

3. 您认为本县党委政府做事的目的是

A. 为了老百姓好　B. 为了他们升官发财　C. 两方面都有　D. 说不清

总计 1077 人，认为是为了老百姓好的 265 人，为了他们升官发财的

163人，两方面都有的382人，说不清的266人，未填写1人。

4. 您想过提出本县需要办的大事吗？

A. 想过而且提出过　B. 想过但不知道怎么提　C. 根本没想过

总计1077人，想过而且提出过的32人，想过但不知道怎么提的450人，根本没想过的594人，未填写1人。

5. 您认为本县应当办的大事是（可多选）

A. 发展经济　B. 社会保障　C. 保护环境　D. 维护公平　E. 其他

总计2169人次，认为是发展经济的456人，社会保障的736人，保护环境的414人，维护公平的525人，其他30人，未填写7人。其中的"其他"自填项有：老人和小孩的安全问题及基本的生活保障1，扶贫2，开发旅游1，外来人口医疗保险1，学生医保1，提高教学水平1，加强教育投入2，保护小产权1，车辆停放问题1，农民创业1，加强治安1，没想过7，不知道和不了解9，空白1。

6. 您认为本县党委政府做的事情是不是符合老百姓的需要？

A. 完全符合　B. 完全不符合　C. 有些符合但有些不符合　D. 不清楚

总计1077人，认为完全符合的55人，完全不符合的49人，有些符合但有些不符合的808人，不清楚的3人，未回答问题162人。

7. 您认为由本县党委政府做的事情是不是也可以由老百姓自己来做？

A. 完全可以　B. 根本不行　C. 有些可以但有些不行　D. 说不清

总计1077人，认为完全可以的35人，根本不行的146人，有些可以但有些不行的489人，说不清的407人。

8. 您知道本县党委政府是怎样做事情的吗？

A. 知道　B. 知道一点但不多　C. 完全不知道

总计1077人，知道的42人，知道一点但不多的484人，完全不知道的550人，未填写1人。

9. 您愿意在本县居住的原因是（可多选）

A. 经济发达，生活富裕　B. 区位有优势，交通方便　C. 环境好　D. 其他

总计1663人次，原因是经济发达、生活富裕的472人，区位有优势、交通方便的745人，环境好的281人，其他158人，未填写7人。其中的"其他"自填项有：房价便宜1，安置房在此2，本地人46，工

作原因30，上学16，孩子在此上学1，工作机会多3，流动人口1，带孙子2，做生意8，地域因素1，治安好1，恋家2，习惯本地生活方式13，找对象1，家人朋友在此1，父母在此居住4，工作地点方便1，传统1，安静1，不愿意走1，想在此安家1，养老1，生活便利1，离高中学校近1，没选择4，迁不走1，离家近2，教育资源便利1，人文条件好1，无原因2，空白6。

10. 您不想在本县居住的原因是（可多选）

A. 贪官太多　B. 环境太差　C. 治安太乱　D. 社会不公　E. 其他

总计1397人次，原因是贪官太多的169人，环境太差的198人，治安太乱的351人，社会不公的510人，其他166人，未填写3人。其中的"其他"自填项有：官员作为不够1，消费过高3，想回家乡3，非本地人2，愿回农村1，工作机会少6，红白事酒席不规范1，没有公厕1，经济发展缓慢2，办社保不方便4，户口问题无法解决2，独生子女政策1，买不起房子1，孩子不在此地1，公共设施不健全1，吵闹1，车辆不按顺序停放1，不好停车1，高楼太多1，工作问题3，交通不便3，空白123，无效回答3。

[调查问卷发放规则]

1. 发放地点要广泛覆盖城乡地区。
2. 只能选择精神正常的成年人（18岁以上）发放调查问卷。
3. 不得重复发放调查问卷。
4. 必须向被调查者解释清楚调查的目的、条件、保证和规则。
5. 可以帮助被调查者阅读或填写，但不得诱导或代替对方作出选择。
6. 调查问卷必须当场回收。

B. 对Z省若干县市区的一项问卷调查结果

这是本课题主持人从前参加过的一项课题研究，是于2012年在Z省14个县市区针对县域民众所实施的问卷调查结果。

一　基本情况调查结果

1. 性别

男384人，女310人。

2. 年龄

20—30 岁 208 人，30—40 岁 195 人，40—50 岁 196 人，50—60 岁 72 人，60 岁以上 23 人。

3. 职业

农民 200 人，国企职工 28 人，教师 30 人，公务员 25 人，私人企业主 37 人，农民工 126 人，医生 26 人，商人 86 人，其他 131 人，未回答 5 人。

4. 户籍

本地 508 人，外地 183 人，未回答 3 人。

二　问题调查结果

1. 您有几个孩子？

没有 162 人，1 个 307 人，2 个 152 人，3 个 31 人，4 个 8 人，5 个及以上 4 人。

2. 您的孩子在上什么学？（没有孩子的不用填写，有多个孩子的可以多选）

没上学 76 人，托儿所 37 人，幼儿园 48 人，学前班 15 人，小学 76 人，初中 81 人，高中 84 人，大学 95 人，研究生 4 人。

3. 您父母的健康状况如何？（父母不健在的不用填写，父母健康状况不一样的可多选）

健康 386 人，一般 192 人，较差 49 人，有严重疾病 7 人。

4. 您父母是否依靠您赡养？（父母不健在的不用填写）

是 259 人，否 375 人。

5. 您家的年收入大概是多少？

10000 元以下 32 人，10000—20000 元 72 人，20000—30000 元 76 人，30000—40000 元 107 人，40000—50000 元 100 人，50000—100000 元 183 人，100000 元以上 120 人，未回答 4 人。

6. 您的健康状况如何？

健康 512 人，一般 160 人，较差 22 人，有严重疾病 4 人。

7. 您孩子一年的教育支出（学校支出）大概是多少？（没有孩子的不用填写）

500 元以下 54 人，500—1000 元 42 人，1000—2000 元 61 人，2000—

4000 元 58 人，4000—8000 元 65 人，8000—10000 元 86 人，10000—20000 元 60 人，20000 元以上 58 人。

8. 您家庭一年的医疗开销大概是多少？

500 元以下 100 人，500—1000 元 153 人，1000—2000 元 174 人，2000—4000 元 149 人，4000—8000 元 48 人，8000—10000 元 20 人，10000—20000 元 12 人，20000 元以上 15 人。

9. 您参加医疗保险了吗？

是 625 人，否 69 人。

10. 您的家人都参加医疗保险了吗？

是 572 人，否 122 人。

11. 您参加失业保险了吗？

是 184 人，否 510 人。

12. 您参加工伤保险了吗？

是 265 人，否 427 人。

13. 您有养老保险吗？

是 372 人，否 325 人。

14. 您对政府提供的各种保险满意吗？

非常满意 15 人，满意 126 人，一般 260 人，不满意 126 人，很不满意 16 人。

15. 您对政府为您孩子提供的教育条件满意吗？（没有孩子的不用填写）

非常满意 11 人，满意 179 人，一般 257 人，不满意 64 人，很不满意 9 人。

16. 您生活的小区垃圾处理状况如何？

很好 28 人，好 106 人，一般 330 人，不好 161 人，非常差 45 人。

17. 您生活的小区绿化状况如何？

很好 37 人，好 114 人，一般 372 人，不好 137 人，非常差 30 人。

18. 您生活的地区空气质量如何？

很好 41 人，好 147 人，一般 375 人，不好 98 人，非常差 33 人。

19. 您生活的地区饮用水的质量如何？

很好 45 人，好 204 人，一般 341 人，不好 90 人，非常差 13 人。

20. 您所在地区尘雾天气多吗？

多 42 人，一般 254 人，不多 398 人。

21. 您种地得到政府的资金或技术支持了吗？（非农民职业的不用填写）

有 165 人，没有 139 人。

22. 您生活的地区通水泥公路吗？

是 655 人，否 38 人。

23. 您家使用公用的自来水吗？

是 458 人，否 236 人。

24. 您是否觉得应该把义务教育扩充到幼儿教育？

应该 452 人，可以 210 人，无所谓 79 人。

25. 您家平时主要的文化娱乐活动是？

看电视 425 人，和亲戚朋友打牌 188 人，参加集体娱乐活动 76 人。

26. 您去政府办事觉得怎么样？

方便 77 人，麻烦 334 人，一般 257 人。

27. 社区居民有什么问题给政府反映，政府会很快采取措施解决吗？

有 104 人，没有 240 人，偶尔有 343 人。

28. 您认为政府有没有做到维护社会治安？

有 462 人，没有 232 人。

29. 您认为当前政府支出应主要倾向于什么方面？（可多选）

教育 444 人，医疗 479 人，科技 151 人，社会保障 415 人，环境保护 211 人，公共交通 271 人，行政开支 95 人，社会治安 249 人，其他 21 人。

C. H 省 H 县 2017 年目标考核文件

中共 H 县委、H 县人民政府
关于做好 2017 年度全县目标管理绩效考核工作的意见
（2017 年 8 月 8 日）

为切实加强绩效管理，强化责任落实，促进全县各级各部门认真履行职责，全面完成县委、县政府确定的年度目标任务，加快建设"四个新 H"，现就做好 2017 年度全县目标管理绩效考核工作提出以下意见。

一 指导思想

紧紧围绕县委、县政府工作大局，按照"彰显优劣、鼓励先进、鞭策后进、推动发展"的指导思想，切实把握"科学规范，具体可行"的总体要求，优化指标设置、改进考核办法、注重结果运用，有效发挥考核评估的激励导向作用，加快推动我县全面建成小康社会进程。

二 考评体系设置

（一）考评对象分类

考评对象分为乡镇、党群部门、经济管理服务部门、社会发展部门、司法执法监督部门、省市垂直管理单位、金融类机构、投融资公司共8个类别（共104个单位）。

1. 乡镇（12个）：（从略）。

2. 党群部门（19个）：县纪委（监察局）、县委办、县委组织部、县委宣传部、县委统战部、县委政法委、县人大机关、县政协机关、县委党校、接待处、信访局、总工会、县委老干局、编办、团县委、妇联、工商联、科协、残疾人联合会。

3. 经济管理服务部门（23个）：县政府办公室、经济开发区管理委员会、发展和改革局、经济科技和信息化局、财政局、住房和城乡建设局、国土资源局、交通运输和旅游局、农业综合开发办公室、水利局、农业局、农科所、林业局、商务和粮食局、供销社、畜牧水产局、金融工作办公室、农业机械管理局、公路管理局、农村经营服务中心、能源生态局、矿产资源税费征收管理办公室、国有资产管理中心。

4. 社会发展部门（18个）：人力资源和社会保障局、民政局、教育局、文化体育广电新闻出版局、广播电视台、卫生和计划生育局、统计局、人民防空办公室、档案局、史志办、移民开发局、政务中心、电子政务管理办公室、开云新区管理委员会、X国家湿地公园管理处、禁毒工作社会化办公室、Z林场、机关事务管理局。

5. 司法执法监督部门（12个）：法院、检察院、公安局、司法局、县政府法制办、城市管理行政执法局、城乡规划局、审计局、环境保护局、安全生产监督管理局、食品药品工商质量监督管理局、交警大队。

6. 省市垂直管理单位（7个）：人民银行、国税局、地税局、烟草局、气象局、电力局、邮政局。

7. 金融类机构（9个）：农业发展银行、工商银行、农业银行、建设银行、中国银行、农商银行、邮政储蓄银行、华融X银行、潭农商村镇银行。

8. 投融资公司（4个）：城市和农村建设投资融资管理中心、X土地资产经营有限公司、H经济开发区建设投资开发有限公司、交通建设投资有限公司。

县人大机关、县政协机关分别由县人大常委会办公室、县政协办公室组织进行考核；金融类机构、投融资公司共13个单位的绩效考核由县政府办公室具体组织实施，参照本意见制定考核工作方案和考核指标，报县目标管理绩效考核工作领导小组办公室（以下简称县考核办）备案；信访维稳工作由县委政法委和信访局组织进行单独考核；安全生产工作由县安委办组织进行单独考核；乡镇的人口和计划生育工作以市卫生计生委的考核结果为准。各项年度考核结果经县考核办审核汇总后，报县委常委会审定。

县直被考评单位主管（代管）的人财物独立、实施和参照公务员法管理的二级单位，由其主管（代管）部门参照本意见制定考核细则，报县考核办备案后组织实施考评，对未接受绩效考核的行政机关（含参公单位）和事业单位，原则上不予发放年度绩效考核奖金。

（二）考评体系构成

对接省市党政绩效评估、全面建成小康社会推进工作和县域、工业、旅游经济"植优势、补短板、促发展"行动专项考核三大指标体系设置考核指标。主要突出县委、县政府重大决策部署落实和履行法定职责的情况，以及经济发展、民生建设、改革创新、法制建设、环境优化、干部作风转变、廉政建设、组织建设等内容。考评采取指标测评、内部测评两种方式进行，分别占绩效考核总分的90%和10%。

1. 指标测评。县考核办会同考核指标立项单位（县直相关数据采集责任单位）对照考核指标，定期或不定期对被考核单位完成工作的数量、质量和效益等进行评估打分，全面考评各项工作完成情况。具体采取"听、查、看"的方式进行。

听，即听取被考评单位完成绩效计划情况的汇报，主要包括任务完成情况、主要做法、实际效果与业绩、存在的问题及改进措施等内容。没有完成工作任务的，要说明原因并提出整改措施。

查，即查阅被考评单位工作任务完成情况的相关资料，主要包括工作计划、工作过程记录、自评资料、检查报告、工程验收报告、工作总结、工作业绩等。

看，即察看被考评单位相关工作任务完成结果、工作现场，核验工作落实的具体情况。

2. 内部测评。内部测评分为县级领导评价和单位互评，由县考核办向县级领导及各被考核单位发放测评表，采取无记名形式进行评分（得分均计算其截尾平均数）。县级领导评价由县委、县人大、县政府、县政协领导班子成员对乡镇和机关单位进行评议；单位互评由乡镇评价机关单位、机关单位评价乡镇组成。

3. 分值设置及分数折算办法。乡镇和机关单位考评总分值均为1000分，其中：考核指标设1000分，按其最终得分（包含符合政策的加减分）的90%折算至考评总体得分；内部测评设200分，其中县级领导评分100分，单位互评100分，均按其实际得分的50%折算至考评总体得分。

三 考评内容及程序

（一）考评内容

将全县目标管理绩效考核、全面建成小康社会推进工作和县域、工业、旅游经济"植优势、补短板、促发展"行动专项考核三大指标体系有效整合，合理设置考核指标。各乡镇重点考核经济建设、社会建设、政治建设、农业农村、信访维稳、计划生育六大项工作，机关单位主要考核植优补短、重点工作、主要业务工作、服务发展、廉政建设、机关管理等内容。

（二）考评程序

1. 制定指标。为确保市对县考核取得优良成绩，县考核办根据市对县考核指标体系要求，将市考核县各项指标细化分解到县直各相关单位，逐项明确牵头领导和责任单位；根据县委、县政府的整体工作部署，会同考核指标立项单位研究制定全县年度目标管理绩效考核指标体系，报县委、县政府审定后实施。各乡镇和机关单位根据全县考评指标体系，结合实际制定本乡镇、本单位考核指标体系，明确目标要求、工作措施、时间安排，将任务和责任分解落实到相关责任部门和责任人，并报县考核办备案。在绩效指标落实过程中，因不可抗拒等因素影响确需调整的，须在今年9月30日前提出调整意见，由县考核办审核报批，否则按既定指标进行考核验收。

2. 日常督查及单位自评。县考核办对各被考核单位进行不定期、不定时的督促检查。市考核县各指标责任单位要在12月20日前将本单位负责的市对县考核指标完成情况进行自评，并将相关台账资料报县考核办，由县考核办汇总后，形成H县目标管理绩效考核年度自评报告。年度自评报告在呈报县委、县政府主要领导审阅后，报市考核办前须在H县党政门户网进行挂网公示，接受社会监督。9月下旬和12月中旬，各乡镇和机关单位对绩效指标完成情况分别进行季度和年度自评，总结经验，查找问题，研究制定整改措施，并分别于9月30日前和12月20日前将自评报告报送县考核办。各乡镇各单位年终自评报告中的重点工作完成情况在报县考核办前，须在H县党政门户网上进行公示，接受社会监督。

3. 数据采集。各部门通过省、市绩效管理信息平台及时上传指标任务进展情况。按照"谁主管、谁采集、谁负责"的要求，各数据采集责任单位要以事实为依据、以规则为准绳，客观公正评价被考评单位绩效指标完成情况。年终数据采集情况须经数据采集单位领导班子集体审核，加盖单位公章于2018年1月10日前报送县考核办，具体内容为：本单位负责采集数据的绩效指标完成情况及加（减）分事项详细说明、佐证资料。纳入评估范围的专项考核，年终考评时由数据采集责任单位按单位分类提供差异化考核结果。

4. 评估验收。年终评估验收工作紧扣科学合理、权责分明、管理高效的原则，由县考核办牵头组织对各乡镇和机关单位年度绩效进行综合评估。凡纳入绩效考核的项目，除省委省政府、市委市政府和县委县政府另有规定外，县直各数据采集责任单位原则上依据平时考核掌握的情况计分，年终不得单独组织考核验收，确需验收的须由县考核办统一组织或批准后进行。

5. 加分与减分。加（减）分的具体情形和标准由县考核办另行制定。各乡镇和机关单位存在加分事项的，须在2018年1月20日前向县考核办申报，由县考核办审核确定。

6. 汇总考评情况。县考核办汇总评估情况，得分计算方式为：被考评单位绩效考核综合得分=指标评估得分+内部测评得分+加（减）分。

7. 审定考评结果。考核评分完成后，由县考核办组织立项单位对各项工作的考评分集中进行核验。核验结果报经各主管党政县级领导审核把关后，汇总至县考核办完成复核。县考核办审核、汇总绩效考核结果，经县目标管理绩效考核工作领导小组审议后，报县委常委会议审定。

四 考评等次及名额

考核结果按综合得分高低进行排序，分类确定为优秀、良好、合格、不合格4个等次。

（一）优秀等次：名额占被考评单位的30%。根据各单位综合得分从高到低分类确定，其中，乡镇评出4个，党群部门评出3个，经济管理服务部门评出7个，社会发展部门评出5个，司法执法监督部门评出4个，省市垂直管理单位评出2个，金融类机构评出3个，投融资公司中评出1个。

（二）良好等次：名额占被考核单位的50%，除去优秀等次单位后，根据各单位综合得分从高到低分类确定。乡镇评出6个，党群部门评出6个，经济管理服务部门评出12个，社会发展部门评出9个，司法执法监督部门评出6个，省市垂直管理单位评出4个，金融类机构评出5个，投融资公司中评出2个。

（三）合格等次：除去优秀、良好等次单位后，综合得分在600分（含）以上的为合格单位。

（四）有下列情形之一的单位，取消评为优秀、良好等次资格。安全生产、环境保护、综治维稳（平安建设）、计划生育工作被"一票否决"；本单位党政领导班子中发生重大腐败案件的，或因班子不团结造成重大损失或恶劣影响的；单位主要负责人受党内严重警告（含）或行政记过（含）以上处分的，所在单位取消评为优秀等次的资格；被考评单位在自评指标完成情况时，存在虚报、瞒报、谎报等弄虚作假行为的；县直数据采集单位数据采集工作出现差错的；市绩效评估指标得分排名全市倒数第一，或因工作出现严重失误，影响被评估单位评估等次的县直责任单位，经县考核办研究后按程序报批，取消评为优秀、良好等次资格。

（五）有下列情形之一的，为工作绩效不合格单位。综合得分在600分（不含）以下的；有上述取消评为优秀、良好等次资格情况中2种及以上情形的；因工作失职渎职造成重大损失和恶劣影响，经县考核办研究后按程序报批，认定为不合格的。

（六）县委常委任主要负责人的单位评估考核等次不设名额限制。县委常委任主要负责人的单位参与考核评估，考核等次不占党群部门优秀、良好名额，若其综合得分处于同序列单位考核等次得分区间的，则评定为相应等次，享受该等次的相关待遇。

（七）县人大机关、县政协机关各评出1个优秀单位。

（八）设立"全面小康推进工作先进奖"。由县小康办根据省小康办反馈的年度全面小康监测考评结果，结合日常数据报送、台账建管和督查情况，在承担小康指标责任的单位中评选出工作成效突出的单位和个人，报请县委、县政府单独予以表彰奖励。

五 考评结果运用

（一）作为评先评优的依据。一是作为乡镇和县直机关单位确定公务员年度考核优秀比例的依据。年度绩效考核结果被确定为优秀、良好、合格、不合格等次的乡镇和县直单位，其公务员年度考核优秀比例分别确定为20%、15%、10%、5%。二是作为单位领导班子成员评先评优的依据。单位绩效考核综合得分按比例折算计入单位领导班子和领导干部综合考核评价得分。年度绩效考核结果为优秀等次的乡镇和机关单位，其主要负责人在年度考核中可评为优秀；对评估结果为合格等次的乡镇和机关单位，其主要负责人不能评优；对评估结果为不合格等次的乡镇和机关单位，其领导班子成员年度考核不能评优，单位及班子成员不得参加其他奖励项目的评选。

（二）作为行政奖励的依据。评估结果以县委、县政府的名义通报。被评为优秀、良好的乡镇、县直机关单位和省市垂直管理单位，其党政主要负责人可分别各奖励3000元、2000元；单项工作第一名的乡镇，其党政主要负责人各奖励2000元；对被评为全面小康推进工作先进的单位分别奖励2万元，先进个人各奖励2000元。乡镇和县直机关单位被评为优秀、良好、合格等次的，其全体工作人员按本人当年12月份工资标准可分别计发2个月、1个半月、1个月年度奖金，不合格单位不发。省市垂直管理单位考核结果由县考核办向其上级主管部门致函，并提出相关奖励建议。

（三）作为行政问责的依据。评估得分在同类单位中排名最后的，县委、县政府对其主要负责人进行约谈；连续 2 年排名最后，或者当年被评为不合格等次的单位，县委、县政府对其主要负责人进行诫勉谈话，对该单位给予通报批评；单位连续 2 年被评为不合格，或连续 3 年排名最后 1 位的，提请县委调整其主要负责人的工作岗位。对严重失职渎职并造成重大损失或恶劣影响的人员，由县纪检监察机关按照有关规定追究责任。属省市垂直管理单位的，则由县委、县政府向其上级主管部门提出相应建议。

六 其他事项说明

1. 异动人员考核等次确定。年内因岗位调整、调动所造成的人员异动，异动人员的考核等次按以下标准确定：一是县内调整的人员。在一个单位工作时间满 9 个月的，按该单位考核等次确定其应享受待遇；在一个单位工作时间未满 9 个月的，按工作时间最长的单位确定考核等次和应享受待遇。二是调整到外地任职的人员。原则上由新单位确定其考核等次和应享受的待遇（另有规定的除外）；是乡镇和机关单位党政主要负责人且在原单位工作时间满 9 个月后到外地任职的，其绩效奖励工资原则上由新单位发放（另有规定的除外），可继续享受原单位党政主要负责人绩效考核奖金。

2. 未列入单独考核单位的考核等次确定。凡人财物独立、实施和参照公务员法管理的正科级单位，原则上全部纳入县目标管理绩效考核范围。因特殊情况未列入单独考核的单位，按县委常委会议确定的参照单位标准确定考核等次，其全体工作人员按参照单位标准发放绩效考核奖励工资，单位党政主要负责人不享受参照单位党政主要负责人绩效考核奖金。

3. 本考核意见未尽事宜由县目标管理绩效考核领导小组办公室负责解释。

七 工作要求

1. 深化认识。绩效管理是县委、县政府推动工作落实的重要抓手，全县各级各部门要深刻认识抓好绩效考核工作的重要性和导向性，不断增强落实绩效指标的责任感和使命感，不断创新工作方式方法，加强"五位一体"建设工作的落实力度，助推我县经济社会科学发展、跨越发展。

2. 精心组织。全县各级各部门要围绕市县两级绩效考核指标体系，细化措施，确保市、县绩效目标任务的完成。各绩效考核立项单位要及时制定考核细则，强化日常监管。所有的考核评比活动统一归口县考核办统筹总揽，任何单位未经县委、县政府主要领导批准，一律不得组织检查、评比、考核、验收等活动；经批准开展的考评工作要做到务实、精简、高效。各乡镇、各机关单位要认真筹备绩效考核相关工作，积极配合县考核办的各项工作部署和安排，及时建立、妥善管理、按时上报各类考核台账。

3. 严肃纪律。实施绩效考核是各乡镇和机关单位接受上级领导机关及社会监督评议的有效途径。各乡镇、单位要实事求是反映工作情况，严禁弄虚作假。各绩效考核指标立项单位要在县考核办的统一领导下，进一步严格评分标准，认真开展年度绩效考核工作，确保结果公平、公正。县纪检监察机关要全程加强对绩效考核工作的纪律监督检查，凡在绩效考核工作中出现违规违纪情形的单位，一律取消其年度评先评优资格，情节严重的要追究相关当事人的责任。

（此件发各乡镇，县直机关各单位、各人民团体，省市垂直管理单位）

中共 H 县委办公室　　2017 年 8 月 9 日印发

D.S 省 C 县 2017 年考核指标体系

类别	考核内容	考核指标	分值
建设区域中心城市考核指标（42分）	经济繁荣的指标（26分）	生产总值增长 10.5%。	3分
		地方财政收入同口径增长 12%。	2分
		财政支出占预算比例达到 96%。	1分
		社会消费品零售总额达到 46.47 亿元。	2分
		规模以上工业增加值增长 12%。	2分
		工业技改项目建设完成投资 115600 万元。	1分
		第二产业增加值增长 14%。	1分
		城镇居民人均可支配收入增长 10%。	4分
		农村居民人均可支配收入增长 11%。	5分
		粮食总产量达到 13.64 万吨。	1分
		新增高效节水灌溉面积 0.35 万亩。	1分
		农业增加值增长 4.6%。	1分
		农业园区产值增长 10%。	1分
		农产品加工业产值比达到 1.5∶1。	1分

续表

类别	考核内容	考核指标		分值
建设区域中心城市考核指标（42分）	充满后劲的指标（16分）	完成重点项目年度任务投资370201万元。		3分
		全社会固定资产投资增长21%。		3分
		非公经济增加值占GDP比重达到49%。		2分
		第三产业增加值增长11%。		1分
		工业园区新增入园企业5户。		1分
		园区工业增加值占全县工业增加值比重达到34%。		1分
		新培育"四上"企业户数	新培育规模以上工业企业12户。	1分
			新培育限额以上商贸企业12户。	1分
			新培育规模以上服务企业12户。	1分
			新培育资质等级以上建筑企业1户。	1分
			新培育房地产企业2户。	1分
建设文化旅游强市考核指标（27.5分）	活力开放的指标（12.5分）	科技进步贡献率达到30%。		2分
		R&D投入达到47000万元。		2分
		技术合同成交总金额达到750万元。		1分
		发明专利申请66件。		1分
		创建省级著名商标3个。		0.5分
		招商引资55.84亿元，其中省际到位资金54.46亿元。		3分
		实际利用外资90万美元。		1分
		进出口贸易总额达到9100万元。		2分
	文明和谐的指标（15分）	文化产业增加值增长12%。		2分
		新增规模以上文化企业1户。		1分
		规模以上文化企业营业收入增长14%。		1分
		公共文化服务年度任务完成率达到100%。		2分
		基层综合性文化服务中心达标率达到22%。		2分
		万人拥有公共文化设施面积370㎡。		1分
		净化文化市场和网络文化环境抽查合格率达到92%。		1分
		旅游收入增长21%。		2分
		旅游业增加值占GDP比重达到6.5%。		1分
		完成全域旅游示范市创建任务	完成三建设一整治年度任务。	0.5分
			完成T丝路花海生态农业园建设投资6000万元。	0.5分
		省级重点示范镇和文化旅游名镇建设投资8.1亿元。		1分

续表

类别	考核内容	考核指标	分值
建设 S 最美城市考核指标（30.5 分）	精致灵动的指标（6.5 分）	新增财力和财政总支出用于民生比重达到80%。	2分
		城镇化率达到46.5%。	1分
		困难群众低保率达到95%。	1分
		建成社区服务中心站1个。	0.5分
		棚户区改造开工2554套（1分），政府投资公租房分配入住累计3274套（1分）。	2分
	宜居宜业的指标（24分）	建档立卡贫困人口减少2.65万人。	1分
		贫困人口识别和退出准确率达到100%。	1分
		驻村帮扶工作群众满意度达到98%。	1分
		扶贫资金使用管理成效达到A级。	1分
		建档立卡易地扶贫搬迁3173户。	0.5分
		2016年度移民（脱贫）搬迁入住率达60%。	1分
		避灾生态搬迁703户。	0.5分
		完成国省干线公路投资18000万元；建成农村公路43公里（含5个贫困村和堤顶路）；完成年度养护任务。	1分
		城镇新增就业3600人。	1分
		普惠性幼儿园占比率达到65.6%。	1分
		义务教育发展均衡县达标验收完成率达到100%。	1分
		城乡居民医保统筹区域基本医保政策补偿率达到75%。	1分
		县城环境空气质量优良天数不少于286天。	2分
		化学需氧量、氨氮化物、二氧化硫、氮氧化物、挥发性有机物排放分别下降3%（0.4分）、3%（0.4分）、3%（0.4分）、2%（0.4分）、0（0.4分）。	2分
		县城细颗粒物PM2.5浓度年均值不高于50微克/立方米。	2分
		万元GDP能耗下降3.3%。	1分
		辖区秸秆禁烧率达到100%，综合利用率达到85%以上。	1分
		辖区所有国、省、市控地表水监测断面达到水功能标准，且水质不低于上年水平，湑水河（湑水桥）、南沙河入汉江水质达到Ⅲ类标准，文川河入汉江水质达到Ⅱ类。	1分
		气象灾害预警信息有效覆盖率≥90%。	0.5分
		印发河长制实施方案，成立河长制办公室。H江、X水河、M河的县、镇两级河长设置完成率100%。辖区内50km² 以上河流分级河长设置完成率100%，按照"一河一策"整治水系要求调查摸底完成率100%。	1分
		绿化造林0.8万亩。	0.5分
		完成2条美丽乡村风景线环境整治和景观打造任务；建设清洁村90个、生态乡村35个、幸福乡村26个、魅力乡村2个；新启动建设市级示范村11个、市级标杆村1个、一般整治村46个。	1分
		完成综合创建年度任务。	1分

E.G省F县向乡镇下放权限清单

序号	单位	内容	类别	备注
1	人社局	退休人员和享受遗嘱的生存认证	行政许可	乡镇人社中心直接办理
2		享受养老保险待遇领取的生存认证	行政许可	
3	计生局	再生育审批（二孩、三孩生育）	行政确认	不能提供相关资料的，夫妇作承诺，县级网上审核把关，乡镇办理。
4		恢复生育手术	行政许可	
5		独生子女父母光荣证	行政确认	不能提供相关资料的，夫妇作承诺，县级网上审核把关，乡镇办理。
6		非医学需要的政策内怀孕中期以上终止妊娠	行政许可	
7		计划生育利益导向"四项制度"	行政许可	
8		社会抚养费征收	行政征收	委托乡镇征收
9		生殖保健服务	便民服务	
10		流动人口婚育证明	便民服务	
11	国土局	乡镇农村村民建房用地审批（占用耕地和县城规划区除外）	行政许可	授权乡镇国土所
12	住建局	技术人员挂帮乡镇	便民服务	
13		惠农资金	行政许可	委托乡镇直接兑现
14		农村住房建设质量监管及工匠管理	行政许可	委托乡镇村管站监管
15		农村居民房屋所有权证办理，核办房屋和质量问题	行政许可	委托乡镇村管站监管
16		工匠培训	便民服务	乡镇组织、县级培训
17	交通局	乡镇区域内的区间客运行政审核审批	行政许可	
18		乡镇区域内三类机动车维修业主开业许可及管理	行政许可	

续表

序号	单位	内　容	类别	备　注
19	卫生食药局	新农合县外就医报销	便民服务	授权乡镇合医办
20		农村孕产妇住院分娩补助	便民服务	授权乡镇卫生院
21		卫生院、卫生室100%使用基药，100%实行网上采购，严格执行零差率销售	行政许可	达不到3个100%的，取消其从业资格
22	民政局	社会救助（大病医疗救助、临时救助）	行政许可	委托乡镇办理
23		老年证办理	行政许可	委托乡镇办理
24	公安局	启用流动车管所	行政许可下乡服务	
25	农牧局	农机车辆及驾驶员的检、验、审	行政许可下乡服务	
26		兽药经营许可证	行政许可	
27		内河渔业船员证	行政许可	
28		渔业捕捞许可证	行政许可	
29		渔业船舶检验合格证	行政许可	
30		动物诊疗许可	行政许可	
31		动物防疫条件审核	行政许可	
32		动物及动物产品检疫合格证	行政许可	
33		动物和动物产品检疫费征收	行政许可	
34		乡村兽医登记	行政许可	
35		兽医执业注册	行政许可	
36		农作物种子备案登记	行政许可	
37		农药备案登记	行政许可	
38		肥料备案登记	行政许可	
39		农机购置补贴受理	行政许可	
40	文广局	农家书屋建设	便民服务	
41	邮政局	村邮站建设	便民服务	
42		邮政综合平台服务	便民服务	
43	供电局	村电共建	便民服务	
44		支部联建	便民服务	
45		小康电	便民服务	
46	网络公司	开通有线电视网上缴费业务	便民服务	
47	林业局	农村自用材审批	行政许可	授权乡镇林业站

F.S 省 R 县 2017 年一般公共服务支出预算

人大事务	1670	商贸事务	1230
行政运行	1268	行政运行	556
一般行政管理事务	172	一般行政管理事务	336
人大会议	230	招商引资	316
政协事务	387	事业运行	22
行政运行	240	工商行政管理事务	2701
一般行政管理事务	147	行政运行	2443
政府办公厅（室）及相关机构事务	24638	一般行政管理事务	258
行政运行	16026	质量技术监督与检验检疫事务	37
一般行政管理事务	2194	一般行政管理事务	37
专项业务活动	375	宗教事务	8
政务公开审批	418	其他宗教事务支出	8
法制建设	90	档案事务	691
信访事务	764	行政运行	126
事业运行	148	一般行政管理事务	153
其他政府办公厅（室）及相关机构事务支出	4623	档案馆	412
发展与改革事务	1968	民主党派及工商联事务	90
行政运行	883	行政运行	66
一般行政管理事务	192	一般行政管理事务	24
其他发展与改革事务支出	893	群众团体事务	1259
统计信息事务	671	行政运行	795
行政运行	264	一般行政管理事务	369
一般行政管理事务	87	其他群众团体事务支出	95
专项统计业务	77	党委办公厅（室）及相关机构事务	4190
专项普查活动	243	行政运行	3430
财政事务	3060	一般行政管理事务	620
行政运行	2379	其他党委办公厅（室）及相关机构事务支出	140
一般行政管理事务	433	组织事务	901
其他财政事务支出	248	行政运行	653
税收事务	2987	一般行政管理事务	248
其他税收事务支出	2987	宣传事务	2674
审计事务	1363	行政运行	628

续表

行政运行	373	一般行政管理事务	1481
一般行政管理事务	941	其他宣传事务支出	565
审计业务	49	**统战事务**	215
人力资源事务	289	行政运行	208
行政运行	131	其他统战事务支出	7
其他人力资源事务支出	158	**其他共产党事务支出**	653
纪检监察事务	1596	行政运行	431
行政运行	1318	一般行政管理事务	146
一般行政管理事务	278	其他共产党事务支出	76
		其他一般公共服务支出	2013

参考文献

说明：此处所列文献不包括网络文献和资料。

白钢：《中国政治制度通史》（第一卷），人民出版社1996年版。
暴景升：《当代中国县政改革研究》，天津人民出版社2007年版。
财政部社会保障司：《财政部："资金投入"加快综合防灾减灾能力建设步伐》，载《中国减灾》2014年第9期。
岑大利：《中国历代乡绅史话》，沈阳出版社2007年版。
陈高华、史卫民：《中国政治制度通史》（第八卷），人民出版社1996年版。
陈国强主编：《简明文化人类学词典》，浙江人民出版社1990年版。
陈剑主编：《第三轮改革：中国改革报告2014》，法律出版社2014年版。
迟福林、田夫主编：《中华人民共和国政治体制史》，中共中央党校出版社1998年版。
杜婉言、方志远：《中国政治制度通史》（第九卷），人民出版社1996年版。
《邓小平文选》（第1、2卷），人民出版社1994年第2版。
樊红敏：《县官看"县改"，哪些切入点可行?》，载《廉政瞭望》2013年第5期。
樊红敏：《转型中的县域治理：结构、行为与变革》，中国社会科学出版社2013年版。
冯尔康等编著：《中国社会史研究概述》，天津教育出版社1988年版。
冯尔康、阎爱明：《中国宗族》，广东人民出版社1996年版。

冯军旗：《中县干部》，博士学位论文，北京大学，2010年。

傅荣校：《警惕基层治理"节点"上的权责失衡：关于上级"甩锅"现象的思考》，载《人民论坛》2018年第17期。

高秉雄、张江涛：《公共治理：理论缘起与模式变迁》，载《社会主义研究》2010年第6期。

广东省社会科学院历史研究所等合编：《孙中山全集》（第三卷），中华书局1984年版。

广东省社会科学院历史研究所等合编：《孙中山全集》（第五卷），中华书局1985年版。

广东省社会科学院历史研究所等合编：《孙中山全集》（第九卷），中华书局1986年版。

郭建光：《一个县的"超高频"干部任免》，载《政府法制》2010年第15期。

郭松义等：《中国政治制度通史》（第十卷），人民出版社1996年版。

国家统计局农村社会经济调查司编：《2017中国县域统计年鉴（乡镇卷）》，中国统计出版社2018年版。

胡鞍钢等：《中国国家治理现代化》，中国人民大学出版社2014年版。

胡恒：《皇权不下县？清代县辖政区与基层社会治理》，北京师范大学出版社2015年版。

胡平生、陈美兰译注：《礼记·孝经》，中华书局2007年版，第110页。

黄晓星、杨杰：《社区治理体系重构与社区工作的行动策略：以广州C街道社区建设为研究对象》，载《学术研究》2014年第7期。

江必新等：《国家治理现代化：十八届三中全会决定重大问题研究》，中国法制出版社2014年版。

金城：《非一般县域治理》，载《21世纪经济报道》2011年10月3日第17版。

瞿磊、王国红：《广西县域治理创新实践及其发展方向》，载《学术论坛》2013年第1期。

瞿磊：《中西部地区发展型县级政府治理困境及其纾解：基于广西的调查与分析》，载《湖北行政学院学报》2012年第5期。

郎友兴：《中国式的公民会议与地方治理：浙江省温岭市民主恳谈会的经验》，载《21世纪的公共管理：机遇与挑战（第三届国际学术研讨会文集）》，2018年10月14日。

李庚香：《提升县域治理能力和水平须把握好的战略要点：学习习近平总书记视察河南重要讲话精神的体会》，载《领导科学》2014年10月上。

李进修：《中国近代政治制度史纲》，求实出版社1988年版。

李克军：《县委书记们的主政谋略》，广东人民出版社2014年版。

李泉：《治理思想的中国表达》，中央编译出版社2014年版。

李瑞环：《政协说官亦官、说民亦民、非官非民、亦官亦民》，载《人民政协报》1993年12月7日。

李玉洁主编：《中国早期国家性质》，河南大学出版社1999年版。

《列宁全集》（第24卷），人民出版社1990年第2版。

《列宁全集》（第35卷），人民出版社1985年第2版。

《列宁全集》（第39—41卷），人民出版社1986年第2版。

林剑鸣：《秦汉史》，上海人民出版社2003年版。

刘军宁等编：《市场逻辑与国家观念》，生活·读书·新知三联书店1995年版。

刘泽华主编：《中国政治思想史》（秦汉魏晋南北朝卷），浙江人民出版社1996年版。

刘泽华主编：《中国政治思想史》（隋唐宋元明清卷），浙江人民出版社1996年版。

罗丹、陈洁：《中国县域财政的现状、困境与改改革取向》，载《改革》2009年第3期。

罗荣渠：《现代化新论》，北京大学出版社1993年版。

马宝成：《国家与社会的协同发展：中国地方治理发展的新趋势》，载《上海行政学院学报》2008年第6期。

《马克思恩格斯文集》（第1、2、3、4、10卷），人民出版社2009年版。

《毛泽东文集》（第7、8卷），人民出版社1999年版。

《毛泽东选集》（第4卷），人民出版社1991年版。

毛佩琦主编：《岁月风情：中国社会生活史》，广西教育出版社2000

年版。

毛寿龙等:《西方政府的治道变革》,中国人民大学出版社 1998 年版。

毛万磊、吕志奎:《厦门综改区"社区网格化"管理的优化：以鼓浪屿社区为例》,载《东南学术》2013 年第 4 期。

孟祥才:《中国政治制度通史》(第三卷),人民出版社 1996 年版。

南方日报社编著:《治理创新：广东的实践与探索》,南方日报出版社 2012 年版。

欧阳静:《中心工作与县域政府的强治理》,载《云南行政学院学报》2017 年第 6 期。

《潘恩选集》,马清槐等译,商务印书馆 1981 年版。

钱乘旦等:《世界现代化历程：总论卷》,江苏人民出版社 2015 年版。

人民论坛编:《大国治理：国家治理体系和治理能力现代化》,中国经济出版社 2014 年版。

人民论坛问卷调查中心:《79%的受调查者认为借"维稳"名义不作为乱作为"较严重"："'维稳'怪圈、谁的烦恼"问卷调查分析报告》,载《人民论坛》2010 年第 27 期。

任宝玉、杨震林:《流动中的乡村"弱治理"：对河南省林州市 Y 镇的调查》,载《社会主义研究》2004 年第 5 期。

申建林、徐芳:《治理理论在中国的变异与回归》,载《学术界》2016 年第 1 期。

施由明:《明清时期宗族、乡绅与基层社会：以万载县辛氏宗族以例》,载《农业考古》2008 年第 4 期。

史卫民等:《中国选举进展报告》,中国社会科学出版社 2009 年版。

《斯大林选集》(上卷),人民出版社 1979 年版。

谭双泉编著:《中国近代政治思想史（1840—1949）》,湖南师范大学出版 1995 年版。

唐皇凤:《现代治理视域中的县域治理与县政发展：基于县乡公务员问卷调查的分析》,载《社会主义研究》2014 年第 1 期。

唐奕主编:《基层治理之路：来自基层实践着的中国梦》,中央编译出版社 2016 年版。

田凯、黄金:《国外治理理论研究：进程与争鸣》,载《政治学研究》

2015 年第 6 期。

王成、谢新清：《中国地方政府发展史》，山东大学出版社 2011 年版。

王建学编：《近代中国地方自治法重述》，法律出版社 2011 年版。

王敬尧：《县级治理能力的制度基础：一个分析框架的尝试》，载《政治学研究》2009 年第 3 期。

王名、杨丽：《北京市网格化服务管理模式研究》，载《中国行政管理》2011 年第 2 期。

王浦劬：《国家治理现代化：理论与策论》，人民出版社 2016 年版。

王浦劬、臧雷振编译：《治理理论与实践：经典议题研究新解》，中央编译出版社 2017 年版。

王绍光、胡鞍钢：《中国国家能力报告》，辽宁人民出版社 1993 年版。

王绍光：《治理研究：正本清源》，载《开放时代》2018 年第 2 期。

王诗宗：《治理理论与公共行政学范式进步》，载《中国社会科学》2010 年第 4 期。

王轶智：《县域城镇的"候鸟现象"》，载《中国发展观察》2014 年第 3 期。

王宇信、杨升南：《中国政治制度通史》（第二卷），人民出版社 1996 年版。

王正泉主编：《从列宁到戈尔巴乔夫：苏联政治体制的演变》，中国人民大学出版社 1989 年版。

韦庆远、柏桦编著：《中国政治制度史》，中国人民大学出版社 2005 年第 2 版。

（战国）尉缭：《尉缭子全译》，刘春生译注，贵州人民出版社 1993 年版。

吴友仁、吕咏梅译注：《礼记全译·孝经全译》，贵州人民出版社 1998 年版。

吴宗国主编：《中国古代官僚政治制度研究》，北京大学出版社 2004 年版。

萧公权：《中国乡村：论 19 世纪的帝国控制》，张皓、张升译，联经出版事业股份有限公司 2014 年版。

徐连达、朱子彦：《中国皇帝制度》，广东教育出版社1996年版。

徐中约：《中国近代史》，世界出版公司2008年版。

许海清：《国家治理体系和治理能力现代化》，中共中央党校出版社2013年版。

许嘉璐主编：《二十四史全译·明史》（第三册），汉语大词典出版社2004年版。

许耀桐：《中国国家治理体系现代化总论》，国家行政学院出版社2016年版。

（战国）荀况：《荀子全译》，蒋南华等注译，贵州人民出版社1995年版。

杨鸿年、欧阳鑫：《中国政制史》，安徽教育出版社1989年版。

杨涛：《公共事务治理机制研究》，南京大学出版社2014年版。

杨振保：《县域治理现代化的新探索：对西峡县"一专三员"治理模式的调查与思考》，载《学习论坛》2015年第4期。

杨宗辉、田野：《网格化管理的再思考》，载《暨南学报》（哲学社会科学版）2017年第12期。

（明）叶子奇：《草木子》，中华书局1959年版。

易建平：《从摩尔根到塞维斯：酋邦理论的创立》，载《史学理论研究》2008年第4期。

于建嵘：《当前中国基层政治改革的困境和出路》，载《当代世界社会主义问题》2010年第2期。

于建嵘：《抗争性政治：中国政治社会学基本问题》，人民出版社2010年版。

余炎光：《孙中山和国民革命》，载《广东社会科学》1987年第1期。

俞可平：《论国家治理现代化》，社会科学文献出版社2014年版。

俞可平主编：《国家治理评估：中国与世界》，中央编译出版社2009年版。

俞可平主编：《治理与善治》，社会科学文献出版社2000年版。

俞可平：《作为一种新政治分析框架的治理和善治理论》，载《新视野》2001年第5期。

俞鹿年：《中国政治制度通史》（第五卷），人民出版社1993年版。

虞崇胜、唐皇凤：《第五个现代化：国家治理体系和治理能力现代化》，湖北人民出版社 2015 年版。

郁建兴、王诗宗：《当代中国治理研究的新议程》，载《中共浙江省委党校学报》2017 年第 1 期。

袁春湘：《依法惩治刑事犯罪、守护国家法治生态：2014 年全国法院审理刑事案件情况分析》，载《人民法院报》2015 年 5 月 7 日第 5 版。

袁继承等主编：《中华民国政治制度史》，湖北人民出版社 1991 年版。

原超：《地方治理中的"小组机制"研究》，中央编译出版社 2017 年版。

曾资生：《中国政治制度史》（第一册），南方印书馆 1942 年版。

张金鉴：《中国法制史概要》，正中书局 1974 年版。

张维迎：《博弈与社会》，北京大学出版社 2013 年版。

张五常：《经济解释卷一·科学说需求》（神州增订版），中信出版社 2010 年版。

张小劲、于晓虹编：《推进国家治理体系和治理能力现代化六讲》，人民出版社 2014 年版。

张新光：《质疑古代中国社会"皇权不下县、县下皆自治"之说》，载《学习与实践》2007 年第 4 期。

赵树凯：《乡镇治理与政府制度化》，商务印书馆 2010 年版。

赵树凯：《重新界定中央地方权力关系》，载《中国经济报告》2013 年第 9 期。

赵一苇等：《财税体制改革：中央和地方的进一步磨合》，载《中国新闻周刊》2018 年总第 858 期。

《贞观政要》，骈宇骞、骈骅译，中华书局 2009 年版。

郑杭生、邵占鹏：《治理理论的适用性、本土化与国际化》，载《社会学评论》2015 年第 2 期。

郑谦等：《当代中国政治体制发展概要》，中共党史资料出版社 1988 年版。

郑士源等：《网格及网格化管理综述》，载《系统工程》2005 年第 3 期。

中共中央党校教务部编：《十一届三中全会以来党和国家重要文献选

编》，中共中央党校出版社 2008 年版。

中共中央文献研究室编：《建国以来重要文献选编》（第九册），中央文献出版社 1994 年版。

中共中央文献研究室编：《建国以来重要文献选编》（第五册），中央文献出版社 1993 年版。

中共中央文献研究室编：《十二大以来重要文献选编》（上），人民出版社 1986 年版。

中共中央文献研究室编：《十六大以来重要文献选编》（上），中央文献出版社 2005 年版。

中共中央文献研究室编：《十七大以来重要文献选编》（上），中央文献出版社 2009 年版。

中共中央文献研究室编：《十三大以来重要文献选编》（上），人民出版社 1991 年版。

中共中央文献研究室编：《十五大以来重要文献选编》（中），人民出版社 2001 年版。

中央档案馆编：《中共中央文件选集》（第 1 册），中共中央党校出版社 1989 年版。

中央档案馆编：《中共中央文件选集》（第 15 册），中共中央党校出版社 1991 年版。

周庆智：《县政治理》，中国社会科学出版社 2014 年版。

周庆智：《在政府与社会之间：基层治理诸问题研究》，中国社会科学出版社 2015 年版。

周振鹤、李晓杰：《中国行政区划通史·总论、先秦卷》，复旦大学出版社 2009 年版。

朱峰：《县委书记何以沦为亿元巨贪?》，载《人民日报》2015 年 8 月 3 日第 11 版。

朱瑞熙：《中国政治制度通史》（第六卷），人民出版社 1996 年版。

［德］韦伯：《社会学的基本概念》，顾忠华译，广西师范大学出版社 2005 年版。

［法］克罗戴特·拉法耶：《组织社会学》，安延译，社会科学文献出版社 2000 年版。

［法］米歇尔·克罗齐耶、埃哈尔·费埃德伯格：《行动者与系统：

集体行动的政治学》，张月等译，上海人民出版社 2007 年版。

［法］皮埃尔·卡兰默：《破碎的民主：试论治理的革命》，高凌瀚译，生活·读书·新知三联书店 2005 年版。

［法］让-皮埃尔·戈丹：《何谓治理》，钟震宇译，社会科学文献出版社 2010 年版。

［法］托克维尔：《论美国的民主》（上卷），董果良译，商务印书馆 1991 年版。

［古希腊］亚里士多德：《尼各马可伦理学》，廖申白译注，商务印书馆 2003 年版。

［美］B. 盖伊·彼得斯：《政府未来的治理模式》，吴爱明、夏宏图译，中国人民大学出版社 2001 年版。

［美］C. E. 布莱克：《现代化的动力》，段小光译，四川人民出版社 1988 年版。

［美］W. 菲利普斯·夏夫利：《政治科学研究方法》，新知译，上海人民出版社 2006 年版。

［美］W. 理查德·斯格特：《组织理论》，黄洋等译，华夏出版社 2002 年版。

［美］埃莉诺·奥斯特罗姆：《公共事物的治理之道：集体行动制度的演进》，余逊达、陈旭东译，生活·读书·新知三联书店 2000 年版。

［美］费正清、刘广京编：《剑桥中国晚清史》（下卷），中国社会科学院历史研究所编译室译，中国社会科学出版社 1985 年版。

［美］弗朗西斯·福山：《国家构建：21 世纪的国家治理与世界秩序》，黄胜强、许铭原译，中国社会科学出版社 2007 年版。

［美］汉密尔顿、杰伊、麦迪逊：《联邦党人文集》，程逢如等译，商务印书馆 1980 年版。

［美］加布里埃尔·A. 阿尔蒙德等：《当今比较政治学：世界视角》，顾肃等译，中国人民大学出版社 2014 年版。

［美］加布里埃尔·A. 阿尔蒙德、小 G. 宾厄姆·鲍威尔：《比较政治学：体系、过程和政策》，曹沛霖等译，上海译文出版社 1987 年版。

［美］迦纳：《政治科学与政府：绪论、国家论》，孔寒冰译，东方出版社 2014 年版。

［美］莱斯特·M. 萨拉蒙主编：《政府工具：新治理指南》，肖娜等

译，北京大学出版社 2016 年版。

［美］罗伯特·墨菲：《第一本经济学》，程晔译，海南出版社 2018 年版。

［美］罗纳德·哈里·科斯：《企业、市场与法律》，盛洪、陈郁译校，生活·读书·新知三联书店 1990 年版。

［美］罗·庞德：《通过法律的社会控制·法律的任务》，沈宗灵、董世忠译，商务印书馆 1984 年版。

［美］曼瑟尔·奥尔森：《集体行动的逻辑》，陈郁等译，生活·读书·新知三联书店 1995 年版。

［美］乔纳斯·哈斯：《史前国家的演进》，罗林平等译，求实出版社 1988 年版。

［美］塞缪尔·P. 亨廷顿：《变化社会中的政治秩序》，王冠华等译，生活·读书·新知三联书店 1989 年版。

［美］托马斯·R. 戴伊：《理解公共政策》，谢明译，中国人民大学出版社 2011 年版。

［美］威廉·詹姆士：《实用主义》，陆羽纶、孙瑞禾译，商务印书馆 1979 年版。

［英］Stephen P. Osborne 编著：《新公共治理？公共治理理论和实践方面的新观点》，包国宪等译，科学出版社 2016 年版。

［英］阿·莱·莫尔顿：《人民的英国史》，谢琏造等译，生活·读书·新知三联书店 1962 年版。

［英］阿兰·瑞安：《论政治》（上卷），林华译，中信出版集团 2016 年版。

［英］约翰·伊特维尔等编：《新帕尔格雷夫经济学大辞典》（第二卷），经济科学出版社 1996 年版。

Aristotle, *Politics*, translated with introduction and notes by C.D.C. Reeve. Indianapolis/Cambridge: Hackett Publishing Company, 1998.

Aristotle, *Politics*, with an English translation by H. Rackham, M. A.. London: William Heinemann LTD, 1932.

Cicero, *On the Commonwealth and On the Laws*, edited by James E. G. Zetzel. Cambridge University Press, 1999.

David Levi-Faur (ed.), *The Oxford Handbook of Governance*, Oxford University Press, 2012.

David Schmidtz, *Elements of Justice*, Cambridge University Press, 2006.

Mark Bevir (ed.), *Encyclopedia of Governance*, Thousand Oaks: SAGE Publications, Inc., 2007.

Mark Bevir (ed.), *The SAGE Handbook of Governance*, London: SAGE Publications Ltd, 2011.

Mark Bevir, *Governance: A Very Short Introduction*, Oxford University Press, 2012.

Robert Audi (general editor), *The Cambridge Dictionary of Philosophy* (2nd edition), Cambridge University Press, 1999.

后　　记

本书是我主持的国家社会科学基金项目"我国县域治理体系现代化研究"（14XZZ011）的最终研究成果，该成果已通过鉴定和结项，具备出版的条件。

本书由我执笔写成，但课题组的成员在整个研究过程中也发挥了重要作用，在此向他们致以深深的谢意。吴玉宗老师作为课题组最主要的成员，对课题的研究给予指导，提出建议，牵线搭桥，共赴调研，修阅书稿，劳苦功高，难以言表。其他各位成员（魏艳芳、李强、饶天府）亦在条件允许的范围内发挥各自的优势和作用，尽最大可能参与研究，提供帮助，也属不易。

此外，我于2016年起开始指导硕士研究生，此后研究生金禹参与了课题研究工作，包括实地调研、资料整理等，付出了辛劳。我还借用了四川省社会科学院的两名硕士研究生宋玉霞和郭玲丽开展实地调研。在烈日炎炎的夏天，她们走街串巷，进城下乡，挥汗如雨，令人感动。

在课题研究的过程中，我还动用了课题组成员的一些私人资源，涉及他们的一些亲朋好友，在此一并向他们表示感谢。

本书写成之后，曾提交几位专家评审，专家们提出了宝贵的意见，对本成果的完善提高起了很大作用，在此亦对他们表示感谢。

最后，本书得以出版，还有赖于贵州师范大学历史与政治学院领导和中国社会科学出版社的大力支持和扶助，在此致以衷心的谢意。

古洪能
2019年秋，于贵州师范大学